全国经济专业技术资格考试**应试教材**

高级经济实务

（金融）

环球网校经济师考试研究院 / 编

中国石化出版社
HTTP://WWW.SINOPEC-PRESS.COM

图书在版编目（CIP）数据

高级经济实务·金融/环球网校经济师考试研究院编.—北京：中国石化出版社，2021.7（2022.4重印）

全国经济专业技术资格考试应试教材

ISBN 978-7-5114-6391-3

Ⅰ.①高… Ⅱ.①环… Ⅲ.①经济学—资格考试—自学参考资料②金融—资格考试—自学参考资料 Ⅳ.①F0

中国版本图书馆CIP数据核字（2021）第146692号

中国石化出版社出版发行

地址：北京市东城区安定门外大街58号

邮编：100011 电话：(010) 57512500

发行部电话：(010) 57512575

http://www.sinopec-press.com

E-mail：press@sinopec.com

三河市中晟雅豪印务有限公司印刷

全国各地新华书店经销

*

787×1092毫米16开本16印张390千字

2021年9月第1版 2022年4月第2次印刷

定价：59.00元

全国经济专业技术资格考试应试教材
高级经济实务(金融)

编 委 会

丛书主编　伊贵业

特邀主编　赵　聪

编 委 会　沈雪纯　　武　磊　　张　欣

姜亚芹　　坚启峰

前言

经济专业人员是专业技术人才队伍的重要组成部分，是推动我国经济高质量发展的重要力量。为了释放经济专业人员创新创业活力，推动我国经济高质量发展，近年来逐步建立并完善了经济专业人员职称制度。人力资源社会保障部颁发的《经济专业技术资格规定》明确规定经济专业技术资格分为初级、中级、高级三个级别，列入国家职业资格目录。其中，参加高级经济专业技术资格考试合格并通过评审者，可获得高级经济师职称。

为帮助读者通过考试、评审两大关卡，顺利获得高级经济师职称，环球网校经济师考试研究院精心打造了这套《高级经济专业技术资格考试应试教材》。本套书具有如下特点：

◎资深专家倾心创作 考试评审一站备考

环球网校经济师考试研究院在经济师培训领域深耕18年，拥有业界具备较高理论水平和丰富实践经验的资深专家。这些专家具备丰富的一线教学经验，长期潜心研究经济师的考试特点和命题趋势。他们倾心推出的这套《高级经济专业技术资格考试应试教材》，不仅可以帮助您高效通过考试，还可以在评审环节为您提供专业而准确的辅导。您可以通过这本书知晓考试政策，了解评审流程，获取答辩技巧，省时省力、快捷高效地进行一站式备考。

◎夯实基础构建体系 练就主观题必杀技

高级经济专业技术资格考试题型为主观题。要做好主观题，必须有足够完善的知识体系、足够扎实的知识基础。本书通过考纲再现、本章导学、考点详解、名师点拨等栏目，紧扣考试大纲，分析考试趋势，利用图文结合、标注重点等形式让您在备考的过程中夯实基础、构建知识体系、准确把握复习方向。

此外，本书为案例题设置了“思路点拨”栏目。该栏目通过拆解答题思路、示范作答、视频辅助教学等方式让您掌握最佳的答题方法。

◎灵活设计学科板块 易读易懂学练结合

本套应试教材针对不同学科特点，灵活设置“时政速览”“专题讲解”“拓展阅读”等栏目。这些栏目与专业贴合，帮助学员从理论中来、到实践中去，对知识的理解更加全面和深入。本书对考点的讲解通俗易懂，考点后设置了“考点回顾”栏目，您可以自测学习情况；本书还设置了“综合练习卷”，您可以对全书的知识点进行系统回顾；您还可以扫码获取“考前模拟卷”，在考前冲刺备考。

感谢一路陪伴和信任环球网校的您，希望您翻开此书不仅能学到高级经济师相关的专业知识，还能感受到我们的用心和专注。由于时间仓促，书中难免存在疏漏和不足之处，望广大读者斧正。

最后，衷心祝您早日获得高级经济师职称，跨入人生新的阶段！

环球网校经济师考试研究院

第一篇　高级经济师考试介绍及备考指南

第二篇　考点精解及同步练习

第三篇　高级经济师评审流程指导

第四篇　高级经济实务（金融）练习卷及仿真模拟卷

第一篇

高级经济师
考试介绍及备考指南

只要路是对的

就不怕路远

一、人力资源社会保障部关于高级经济师考评的相关规定

人力资源社会保障部关于印发
经济专业技术资格规定和经济专业技术资格考试实施办法的通知

人社部规〔2020〕1号

各省、自治区、直辖市及新疆生产建设兵团人力资源社会保障厅（局），国务院各部委、各直属机构人事部门，各中央企业人事部门：

为加强经济专业人员队伍建设，更好地适应我国经济高质量发展新要求，根据《人力资源社会保障部关于深化经济专业人员职称制度改革的指导意见》（人社部发〔2019〕53号）和国家职业资格制度等有关规定，我们制定了《经济专业技术资格规定》和《经济专业技术资格考试实施办法》。现印发给你们，请遵照执行。

本通知自印发之日起施行，原人事部《关于印发〈经济专业技术资格考试暂行规定〉及其〈实施办法〉的通知》（人职发〔1993〕1号）同时废止。

人力资源社会保障部

2020年1月8日

经济专业技术资格规定

第一条　为加强经济专业人员队伍建设，科学客观公正评价经济专业人员，释放经济专业人员创新创业活力，根据经济专业人员职称制度改革要求和国家职业资格制度，制定本规定。

第二条　本规定适用于从事经济专业工作的专业技术人员。

第三条　国家设置经济专业技术资格，分为初级、中级、高级三个级别，列入国家职业资格目录。

经济专业技术资格英文名称为 Economics Professional Qualification。

第四条　经济专业技术资格实行全国统一组织、统一大纲、统一命题的考试制度。

第五条　人力资源社会保障部负责经济专业技术资格的政策制定、实施与监管。

有关行业主管部门按照职责分工参与相应专业的考试大纲拟定、命审题等工作。

第六条　人力资源社会保障部会同有关行业主管部门组织成立考试专家委员会，行业主管部门推荐、管理专家。专家委员会拟定考试大纲，负责命审题工作，研究提出考试专业设置、考试合格标准建议。

人力资源社会保障部确定考试大纲、专业设置，公布考试合格标准。

第七条　凡遵守中华人民共和国宪法和法律，具有良好的道德品行和业务素质，符合初级、中级、高级经济专业技术资格考试报名条件的经济专业人员，均可报名参加相应级别的考试。

第八条　凡从事经济专业工作，具备国家教育部门认可的高中（含高中、中专、职高、技校，下同）以上学历，均可报名参加初级经济专业技术资格考试。

第九条　具备下列条件之一者，可以报名参加中级经济专业技术资格考试：

（一）高中毕业并取得初级经济专业技术资格，从事相关专业工作满10年；

（二）具备大学专科学历，从事相关专业工作满6年；

（三）具备大学本科学历或学士学位，从事相关专业工作满 4 年；

（四）具备第二学士学位或研究生班毕业，从事相关专业工作满 2 年；

（五）具备硕士学位，从事相关专业工作满 1 年；

（六）具备博士学位。

第十条 具备下列条件之一者，可以报名参加高级经济专业技术资格考试：

(1) 具备大学专科学历，取得中级经济专业技术资格后，从事与经济师职责相关工作满 10 年；
(2) 具备硕士学位，或第二学士学位或研究生班毕业，或大学本科学历或学士学位，取得中级经济专业技术资格后，从事与经济师职责相关工作满 5 年；
(3) 具备博士学位，取得中级经济专业技术资格后，从事与经济师职责相关工作满 2 年。
取得会计、统计、审计中级专业技术资格，符合以上学历、年限条件的，可以报名参加高级经济专业技术资格考试。

➡ 报考高级经济师资格：
(1) 具备一定的学历；
(2) 取得中级经济专业技术资格或相关资格证书；
(3) 满足一定的经济师相关工作经验。

【注释】

第二学士学位：已修完一个专业学位，再修一个专业学位。

双学位：同时修完两个学士学位。

第十一条 人力资源社会保障部负责确定初级、中级和高级经济专业技术资格考试全国统一合格标准。

根据国家战略需求，人力资源社会保障部可以单独划定相关地区经济专业技术资格考试合格标准。

各省级人力资源社会保障部门可根据本地区人才需求状况，确定本地区本年度参加高级经济师（高级人力资源管理师、高级知识产权师，下同）评审的使用标准。

第十二条 初级、中级经济专业技术资格考试合格者，颁发人力资源社会保障部统一印制的经济专业技术资格证书，在全国范围内有效。人力资源管理和知识产权专业分别颁发相应级别的人力资源管理师证书和知识产权师证书。
高级经济专业技术资格考试达到全国统一合格标准者，颁发人力资源社会保障部统一印制的经济专业技术资格考试成绩合格证明。合格证明自考试通过之日起，在全国范围 5 年内有效。
第十三条 各地区、各部门及具有经济系列高级职称评审权的用人单位按照经济专业人员职称评价标准条件开展高级经济师职称评审。
第十四条 获得初级、中级经济专业技术资格即可认定具备助理经济师（助理人力资源管理师、助理知识产权师）、经济师（人力资源管理师、知识产权师）职称。参加高级经济专业技术资格考试合格并通过评审者，可获得高级经济师职称。

➡ 高级经济师职称采取“考试＋评审”相结合的方式进行评定。

通过单独划定合格标准或使用标准取得的职称，在划定区域内有效。

第十五条　经济专业人员应当认真履行工作职责，按照国家专业技术人员继续教育的有关规定接受继续教育，不断提高专业能力和业务水平。

第十六条　取得导游资格、拍卖师、房地产经纪人协理、银行业专业人员初级职业资格，可对应初级经济专业技术资格；取得房地产估价师、咨询工程师（投资）、土地登记代理人、房地产经纪人、银行业专业人员中级职业资格，可对应中级经济专业技术资格；取得资产评估师、税务师职业资格等相关职业资格，可根据《经济专业人员职称评价基本标准条件》规定的学历、年限条件对应初级或中级经济专业技术资格，并可作为报名参加高一级经济专业技术资格考试的条件。

第十七条　本规定施行前取得的初级、中级经济专业技术资格证书与按照本规定取得的证书效用等同。各地执行的有关职业资格与经济专业技术资格的对应关系，与本规定不一致的按照本规定执行。

第十八条　本规定由人力资源社会保障部负责解释。

经济专业技术资格考试实施办法

第一条　人力资源社会保障部人事考试中心负责经济专业技术资格考试的具体组织实施工作。

各省、自治区、直辖市人力资源社会保障厅（局）人事考试机构承担本地区经济专业技术资格考试的组织实施工作。

第二条　经济专业技术资格考试专家委员会下设考试办公室，办公室设在人力资源社会保障部人事考试中心，承担专家委员会具体工作。

第三条　初级、中级经济专业技术资格考试均设《经济基础知识》和《专业知识和实务》两个科目，《经济基础知识》为公共科目，《专业知识和实务》为专业科目。

高级经济专业技术资格考试设《高级经济实务》一个科目。

第四条　初级、中级经济专业技术资格考试专业科目和高级经济专业技术资格考试均设工商管理、农业经济、财政税收、金融、保险、运输经济、人力资源管理、旅游经济、建筑与房地产经济、知识产权等 10 个专业类别。考生在报名时可根据工作需要选择其一。

人力资源社会保障部会同有关行业主管部门根据经济社会发展、职业分类要求和从业人员队伍情况，适时调整经济专业技术资格考试专业设置。

第五条　经济专业技术资格考试原则上每年组织一次，各科目的考试时间根据考试方式、频次等确定。

第六条　初级、中级经济专业技术资格考试成绩实行 2 年为一个周期的滚动管理方法，应试人员须在连续的两个考试年度内通过全部应试科目，方可取得相应级别经济专业技术资格证书。

第七条　符合考试报名条件的报考人员，按照考试机构规定的程序和要求报名，凭准考证和有效身份证件在指定的日期、时间、地点和考场参加考试。

中央和国务院各部门及所属单位、中央管理企业的人员按属地原则报名参加考试。

第八条　考点原则上设在地级以上城市的大中专院校、中考高考定点学校或考试机构建设的专门场所。

机考考点应具备足够数量的考点机、监考机、考试机等设备，并满足有关软、硬件要求。

第九条 坚持回避原则和考试与培训分开的原则。凡参与考试命题、审题、阅卷等工作的专家及工作人员，不得报名参加当次相关科目的考试，不得参与或举办与考试内容相关的培训。应考人员参加培训坚持自愿原则。

第十条 参与考试组织的考试实施机构、专家及工作人员，应当严格执行专业技术人员资格考试有关的法律法规和规章制度，遵守考试工作纪律和保密规定。

第十一条 对违反考试工作纪律和有关规定的人员，按照国家专业技术人员资格考试违纪违规行为处理规定处理。

经济专业技术资格考试科目设置表

专业代码	专业名称	报考说明
01	工商管理	对应原工商管理、商业经济专业
02	农业经济	—
07	财政税收	—
09	金融	—
10	保险	—
15	人力资源管理	—
19	旅游经济	—
22	运输经济	对应原公路运输、水路运输、铁路运输、民航运输专业，包含邮政专业内容
23	建筑与房地产经济	对应原房地产经济、建筑经济专业
24	知识产权	新增专业

附：扫码观看环球网校高级经济师政策解读暨备考指导公开课。

高级经济师备考指导

二、高级经济师考试和评审全流程简介

参加高级经济专业技术资格考试合格并通过评审者，才可获得高级经济师职称。总的来说，高级经济师的取证过程需要经过考试和评审两个环节。

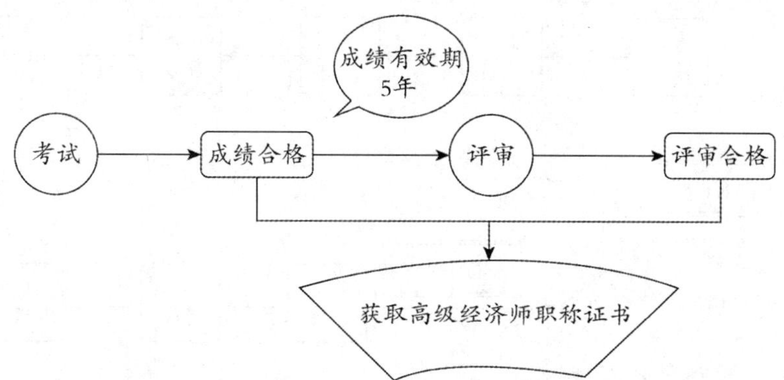

需要提醒大家的是，高级经济师实行资格评价与职务聘任相分离的制度，因此取得高级经济师证书之后，还需要到单位完成聘任之后，方能享受对应的待遇。大部分单位的高级职称名额很少，因此大家一定要尽早取得高级经济师证书，当名额出现空缺时将有机会参与评聘。

下面就高级经济师职称获取的考试和评审环节准备事项做如下说明：

➢关于高级经济师考试：

高级经济师考试由全国统一组织、统一大纲、统一命题，在进行高级经济师考试准备的时候，需要经过确认报考资格、选择报考专业、了解考试情况、准备复习资料、专注备考复习、知晓注意事项六个步骤。

确认报考资格：根据高级经济师报考条件，从学历、中级职称资格、经济师相关从业年限判断自己是否具备报考资格。

选择报考专业：高级经济师只考专业实务，需要从工商管理、农业经济、财政税收、金融、保险、运输经济、人力资源管理、旅游经济、建筑与房地产经济、知识产权等10个专业中进行选择。在进行专业选择时，首先要考虑单位需求，如果单位没有明确需求可以结合自己的专业背景进行选择，最后可以参考自己的职业发展需求，这三个选择专业的参考因素建议按照从高到低的优先级选择适合自己的报考专业。

了解考试情况：熟悉高级经济师考试的基本情况，包括但不限于考试范围、考查题型、命题特点、考试形式、考试时间等。（详细见下文统考机试说明）

准备复习资料：根据考试大纲选择相对应的教材、课程，并制定学习计划。

专注备考复习：按照制定好的学习计划，有条不紊地进行学习，避免拖沓低效和考前突击的不成熟备考方法。

知晓注意事项：了解考场注意事项，高级经济师考试现场只允许携带铅笔，不允许携带草稿纸和计算器，所以，在进行考试内容准备的同时还要有意识练习电脑自带计算器的使用和提升电脑打字速度。

高级经济师的报考流程如下：

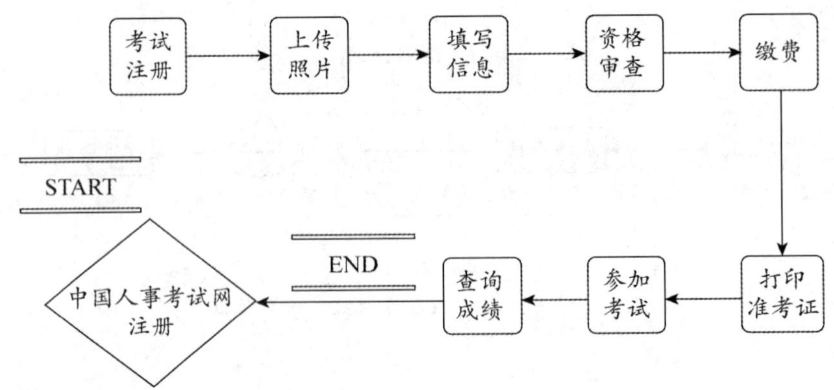

➢关于高级经济师评审：

高级经济师评审主要是在评审材料和答辩上，在第三篇评审流程指导中会进行详细说明。

三、高级经济师统考机试说明

根据中国人事考试网经济专业技术资格考试最新通知，高级经济专业技术资格考试设《高级经济实务》一个科目，题型为主观题，采用电子化考试方式，应试人员作答试题需要通过计算机操作来完成。

值得注意的是，统考元年考试题型为主、客观题相结合，其中客观题分值占比为 20%、主观题分值占比为 80%（各专业考生反馈总题量略有不同）；统考第二年考试题型为案例题和论述题，主观题分值占比为 100%。一方面说明高级经济师机考系统尚在完善期，仍有不稳定的趋势；另一方面也说明高级经济师的考试难度在逐步增加，更加侧重对知识理解运用能力的考查。

在统考机考成绩合格之后，需要参加各地组织的评审答辩，顺利通过答辩环节，可以取得高级经济师证书。

附：高级经济师大纲解读公开课二维码。

高级经济师大纲解读

四、高级经济师电子化学习指南

鉴于高级经济师采用电子化考试的形式，在进行经济师考试备考的时候需要同时做好知识复习和机考练习两个方面的安排。

➢关于知识复习：

01
基础阶段

★目标：重拾理论知识，做好基础夯实
★建议学习时长：2~3个月
★学习重点：系统学习理论知识，结合题目练习，融汇贯通

02
强化阶段

★目标：二次学习理论知识，查漏补缺
★建议学习时长：1~2个月
★学习重点：考试重难点的针对学习，时政热点的补充学习，加大高质量题目练习

03
冲刺阶段

★目标：保持考试的最佳状态
★建议学习时长：考前15天
★学习重点：回归学习资料，将日常标注的重难点和易错易混点再次消化学习；同时进行仿真机考练习，培养考试状态

➢关于机考练习：

电子化练习

电脑操作练习
★电脑自带计算器的使用方法练习
★打字速度和准确率的练习

仿真机考体验
★仿真模考系统上机操作练习

五、高级经济实务（金融）考试特点

目前来看，高级经济实务（金融）考试题型全部为主观题，仍然会以案例题、论述题为主。

高级金融考核的范围非常广，辐射到从现代金融体系的构建到现代中央银行制度；从金融服务实体经济到金融的发展、创新、改革、金融监管、监管科技等很多方面。要求考生根据给定的题目（材料）作答主观题目，对考生抓取题干要义，分析热点金融现象（问题），并在规定时间内系统作答有很高的要求。所以考生要以金融大纲为本，大纲框架下的考察内容为脉，全面理解、掌握，并能够借助系统化的知识，对时事热点、新闻事件等加以关注。

希望在我们的共同努力下，助力各位考生，顺利通过高级金融的考试。

第二篇

考点精解及同步练习

要想壮志凌云
先要脚踏实地

第一章　党对经济金融工作的领导

本章导学

内容概述：本章是高级经济实务（金融）的开篇章节。本章统领性地提出党对经济、金融工作的领导，在这一指导思想下，维护党中央集中统一领导，自觉在思想上、政治上、行动上同党中央保持高度一致，确保金融改革发展的正确方向，确保国家金融安全成为贯穿始终的主题。

考情分析：金融为民与金融服务实体经济是复习重点，离开实体经济，金融就是无源之水、无本之木，故本章内容是全书的重中之重，也是案例题的应用考查章节。统考第二年的案例题结合时事热点——数字人民币问题，考查了现代金融的功能及金融服务实体经济的途径。

学习要求：本章增加了“党对经济、金融工作的指导”“金融促进共同富裕”“金融为民”等切合政策导向的热点内容，另外将原第二章的“金融为实体经济提供服务”设置在指导思想之后，突出了正确的“金融观”和“服务观”，适合结合时事出题，需要灵活掌握。

考纲再现

包括党对经济、金融工作的指导思想；新发展格局下，推进金融行业高质量发展、有效支持实体经济、促进共同富裕的内在要求；近年来我国金融为民、服务实体经济的重要政策举措、实践探索与主要成效等。

考点1　党对经济、金融工作的领导

习近平总书记在全国金融工作会议中提到：金融是国家重要的核心竞争力，金融安全是国家安全的重要组成部分，金融制度是经济社会发展中重要的基础性制度。因此，新形势下开展金融工作，必须坚持党的统一领导。

一、金融工作的指导思想

做好我国经济发展新常态下金融工作，要以邓小平理论、“三个代表”重要思想、科学发展观为指导，深入贯彻新时代中国特色社会主义思想，加强党对金融工作的领导，坚持稳中求进工作总基调，遵循金融发展规律，紧紧围绕服务实体经济、防控金融风险、深化金融改革三项任务，创新和完善金融调控，健全现代金融企业制度，完善金融市场体系，推进构建现代金融监管框架，加快转变金融发展方式，健全金融法治，保障国家金融安全，促进经济和金融良性循环、健康发展。

二、坚持党对金融工作的领导

（一）坚持党中央对金融工作集中统一领导的内涵

坚持以马克思主义的立场、观点、方法为指导，立足我国国情，从实际出发，准确把握我国金融发展特点和规律，深化金融改革，加强金融监管。

坚持党中央集中统一领导，完善党领导金融工作的体制机制，加强制度化建设，完善定期研究金融发展战略、分析金融形势、决定金融方针政策的工作机制，提高金融决策工作的科学化水平。

维护党中央对金融工作的集中统一领导，在思想上、政治上、行动上同党中央保持高度一致，确保金融改革发展方向正确，确保国家金融安全。

（二）进一步提高党领导金融工作的能力

(1) 大力培养、选拔、使用思想政治过硬、作风优良且专业精通的金融人才，特别是金融高端人才，建设一支德才兼备的、高素质的金融人才队伍。

(2) 各级领导干部加强学习金融知识，加深对金融规律的认识和把握，在通过金融手段促进经济社会发展的过程中，有意识地加强金融风险管理。

(3) 引导督促企业服从党的领导，服从和服务于经济社会发展大局，鼓励支持企业在促进科技进步、繁荣市场经济、便利人民生活、参与国际竞争中发挥积极作用。

（三）两个“一以贯之”的思想在金融工作中的应用

(1) 坚持党对国有企业的领导是重大政治原则，必须一以贯之：党中央就加强国有企业党的领导作出部署，国有金融机构要全面贯彻落实。

(2) 建立现代企业制度是国有企业改革的方向，必须一以贯之：党的领导同公司法人治理是一体的，党的领导须贯彻到公司治理全过程中，在公司法人治理结构的建设中强化党的领导，肯定党的领导。

三、党的领导是做好金融工作的坚强政治保证

加强党对金融工作的领导是维护国家金融安全、强化金融监管、深化金融改革、发挥金融在经济中核心作用的重要保证。

考点2 金融的内涵与本质

一、金融的范畴

(1) 20世纪30年代，世界性的经济大危机使主要国家先后采取了彻底不兑现的银行券流通制度。此后，便将货币流通与信用活动变成了同一过程，即货币的流通在信用基础上实现，信用活动也伴随着货币运动而运动，形成了货币流通与信用活动的相互影响、相互渗透，共同发挥作用，完善整个金融体系。

(2) 金融是资金的融通，是以货币本身为经营标的、通过货币融通使货币增值的经济活动。

(3) 伴随着当前这一经济体制的飞速发展，货币流通和信用活动之间所产生的影响也在进一步加深，在这一渗透过程中扩大金融范畴，从最初较为单一的业务逐步向投资、保险、信托

等多项业务领域覆盖。

二、金融的本质及其体现

（一）时事资料

2019 年 2 月 22 日，习近平总书记在主持中共中央政治局第十三次集体学习中阐述经济与金融的关系时指出“金融活，经济活；金融稳，经济稳。经济兴，金融兴；经济强，金融强”。他进一步以生命体为喻：经济是肌体，金融是血脉，两者共生共荣。

（二）金融的本质

金融的本质在于优化配置，从而为实体经济所服务。

（1）金融的产生。货币与信用（主要指银行信用）在这一过程中两者的结合是为了更好地满足当前市场经济的发展，以及商品经济的生产、交换与支付等各项需求，在这一过程中最根本性的资本需求是源自于实体经济的。

（2）实体经济的发展将持续推动金融行业的科学发展。金融发展旨在满足实体经济的各项资金需求，金融为适应实体经济向着更高阶段发展变化，自身也得到了实质性发展。

考点 3 现代金融的主要功能

一、支付与清算功能

（一）支付与清算功能的定义

支付与清算功能是指在金融活动中提供使商品、劳务和资产交易便捷化程度更高、更具科学性的支付清算手段。

（二）支付与清算功能的应用

（1）支付与清算是一项基本的金融功能，安全、便捷的支付体系有助于促进实体经济的发展，是建设现代金融体系的必要条件。

（2）实体经济的运行需要金融体系为全社会的交易活动提供支付与清算服务。

（3）支付与清算的便捷性和安全性有助于整个经济降低交易成本，提高运行效率。

（三）经济发展对金融的要求

（1）作为金融系统的基础设施，需打造和持续完善有效的、适应性强的交易和支付系统。

（2）作为社会化大生产的必要条件，需构建一个趋于完善、更加便捷化的交易和支付系统。这个系统的优势表现为：

①降低社会交易过程中涉及的成本。

②推动社会专业化发展。

【点拨】

（1）金融市场需要参与主体高效完成商品和劳务交易，并完成债权债务的结算。在金融市场上借助各种形态的货币进行结算，将大幅度提高了结算效率，节约了社会资源。

（2）金融机构通过创造各种票据、信用卡、各种支付账户等方式使结算工具日益多样化；通过提供转账支付系统使货币支付方式发生了根本的变化。

二、资金融通功能

（一）资金融通功能的定义

资金融通功能是指提供形式多样的机制汇聚资金，从而将这一集中资金导向大规模的、物理上不能实施分割的投资项目。

（二）资金融通的两层含义

（1）积少成多，汇聚资金。其表现为：

①当前所创建的这一金融体系聚集全部储蓄资源，发挥资源的规模效应。

②金融市场存在长期、大规模的项目投资和企业融资需求，金融体系为其提供融资通道和各种机制，还为风险投资和技术革新提供资金来源。

（2）化大为小，股权细化。其表现为：

①金融体系将大型投资项目划分为若干小额股份，中小投资者有机会参与大项目投资，进一步提升社会资源的利用效率。

②股权细化功能可以加强对经营者的监督，推动公司治理结构完善。随着现代市场经济的发展，股权高度分散化和公司经营职业化使得外部投资者的资本投入加强了对公司经营管理活动的监督。

【点拨】

（1）金融机构通过吸收存款或发行各种金融工具，从不同部门集聚资金，积少成多、续短为长，然后再通过一定的专业化运作将资金提供给需求者，促进储蓄向投资转化并最终实现资金价值的增值。

（2）金融中介角色的扮演目的是创造流动性。金融中介机构是指经济中在最终借款人（债务人）与最终贷款人（债权人）之间充当中间人的机构。金融中介将吸收的储蓄在短期证券等资产间配置，实现客户流动性风险与银行资产负债期限的匹配和转换。银行等金融中介将金融资产风险直接转化、沉淀为自身的存量风险，即采取“风险内部化、存量化”的风险管理方式。

（3）间接金融机构借助信用，一方面通过负债业务动员和集中社会闲散货币资金；另一方面则通过资产业务把这些资金投向有关经济部门，实现资金盈余方和资金短缺方的资金融通，从而使资金得到有效利用，在不改变社会资本总量的条件下，推动扩大再生产的规模，提高生产率。

（4）直接金融机构的职能体现在为投融资提供各种服务。

三、风险管理功能

（一）风险管理功能概述

风险管理功能是指在不确定性的条件下基于多项机制，将经济运行中潜在风险进行有效的规避、转移和分散。常用的风险管理手段有金融机构风险自身的管理和控制、对于金融市场的规则约束及相关监管标准进一步强化等。

（二）风险管理功能的分类

按照美国学者富兰克林·艾伦和道格拉斯·盖尔的研究成果，金融体系风险分担机制分为金融市场的横向风险分担机制与银行中介的跨期风险分担机制。

1. 金融市场的横向风险分担

（1）定义：在某一个特定的时点，不同的投资者通过风险互换实现有效的风险分担。金融市场通过向投资者提供各类投资工具使投资者的异质性风险得到分散。异质性风险是指每个企业所面临的来自外部资本市场的影响所带来的个股回报率的异常波动。近十几年来，各国资本市场个股的异质性波动显著增加，给上市公司造成了极大影响。

（2）对策：金融市场在既定时点上，通过金融工具、衍生产品等交易组合，将风险流量化、分散化，从而实现风险管理，投资者再根据自身具体情况承担对应的风险和收益。

【示例】以期货行业为例，每家实体企业和金融机构对风险的对冲需求是个性化的。所谓金融服务于实体经济，对期货经营机构而言，其核心能力在于对个性化风险的对冲管理，一边是市场的异质性风险，一边是风险对冲市场，有效的风险管理至关重要。以保险行业为例，保险公司提供的产品与服务是一种典型的集中保险基金从而分担、转移意外风险的机制。

2. 银行中介的跨期风险分担

（1）本理论主要针对不可分散的系统性风险。

（2）在特定时间内针对于一些不能实施分散的风险，可以基于减少个人福利的冲击进一步实施跨时平均化；通过不同时期之间均衡投资得失来规避金融资产价格过度波动的风险，从而达到跨期平滑投资收益的目的。

（3）风险的跨期平滑又称为跨期风险分担，通俗而言，是在资金储备量相对丰富时吸收短期流动资产，当出现资金短缺时，通过这些流动资产来进一步缓解风险和涉及的资金压力，由跨期风险分担衍生出流动性风险分散。（跨期风险分担中，金融中介机构具有明显作用）

【点拨】

（1）流动性风险分散：

①流动性风险产生的根本原因是资金供求期限存在结构方面的不匹配。

②金融中介和金融市场都可以在不同程度上降低流动性风险的发生。

（2）金融市场的横向风险分担、银行中介的跨期风险分担、流动性风险分散是金融最基础、最核心的功能。评判一国金融体系的传统与现代、落后与进步，主要看这三个基本功能的实现方式和效率高低，这又与金融业态密切相关。

四、资源配置功能

（一）资产配置功能的定义

资源配置功能是指有效发挥储蓄者与投资者间资金融通过程中的期限转换、信用转换及流动性转换等功能，从而有效打破时间、空间及产业的限制，引导价值交换，促进要素流动，保证资源的合理配置。

（二）资产配置功能的应用

（1）在金融市场中，当资金进行大规模集中后，通过多种灵活、便捷的信用工具向资金的需求者提供帮助，进而解决潜在的资金问题。

（2）通过基金、股票存款等方式进行资金的聚集，与此同时再将这一资金转移至资金需求者。

【点拨】这里的“转移方式”分为直接转移和间接转移。其中企业发行债券和股票都属于直接转移的范畴，而银行贷款、投资基金和保险等需要通过中介帮助才能够完成的，属于间接转移的范畴。

五、信息提供功能

（一）信息提供功能的定义

信息提供功能是指提供价格和具体的汇率、收益率等各类有效信息，从而将不同部门之间的业务进行有效协调，这一过程所涉及的是非集中化决策。

（二）信息在金融体系中的主要作用路径

（1）在理性预期和一般均衡理论的基础上，进一步强调这一市场的资产价格对合理配置资源所起到的积极作用。

（2）在金融中介理论的基础上，强调机构对于企业的代理监督职能。

（三）金融市场中的信息作用路径

（1）基于价格提供信息的效率，当前的资本市场可以分为三类，分别为弱有效市场、半强有效市场和强有效市场。

诸多学者对金融领域的相关内容在进行深入研究后，发现投资者并非完全抱有理性思想，因此很难对企业的信息做出客观的判断，另外在这一过程中也存在诸多的噪声交易者，因此导致资产价格更加偏离实际价值。

（2）在信息处理方面，金融市场存在显著缺陷。

①“搭便车”现象较为严重。虽然参与了公共物品的消费，却不愿意支付公共物品的生产成本，完全依赖于他人对公共物品生产成本的支付，即不付成本而坐享他人之利的投机行为。

②格罗斯曼—斯蒂格利茨悖论。假设在理性预期和市场完全有效的前提下，市场是有效市场，市场各类要素的价格充分反映出各种公开或者内幕信息，此时将不会有人愿意花钱去收集信息，因为在收集信息的同时，也承担着前期的风险。相反，如果所有交易者都不去搜寻有价值的私人信息，只是单纯通过均衡价格来推测信息，则证券市场中将不再有信息驱动型交易者，股票的内在价值将不再被发现，股票价格变化将不再反映所有信息，市场将再次无效。

（四）金融中介对信息不对称以及交易成本的作用

（1）信息不对称不完全会极大地影响经济体对投资项目收益的判断以及储蓄转投资的效率。不对称信息涉及以下两个方面：

①外生的、一般情况下出现在契约签订前的信息会导致逆向选择。

②内生的、主要取决于当事人行为本身的信息会引发不必要的道德风险。

（2）金融中介的存在对于后期信息获取和处理上能够实现规模经济，从而降低这一过程中所涉及的相关成本。与此同时，金融中介还能够提升信息生产过程中各种信息的可信赖性，很大程度上缓解信息剽窃这一问题。信息剽窃是指信息的公共产品属性导致生产者不能够获得生产信息的全部回报，导致信息生产缺乏经济性，进而导致了信息生产供给不足。

六、激励机制功能

（一）激励机制功能的定义

激励机制功能是指帮助解决在金融交易双方拥有不对称信息及委托代理行为中的激励问题。

（二）激励机制功能的应用

激励机制涉及金融体系在金融工具设计、公司治理方面的功能。在内部治理过程中存在着诸多信息不对称所引发的道德风险及逆向选择，除此之外也存在委托—代理问题，金融在这一过程中发挥着不同程度的作用及影响。

【示例】

（1）现代公司治理将所有权和经营权分离。如股票市场对于上市企业的经营能够有效监督，督促企业内部的管理体系进一步完善，实现利益最大化，将经营者的利益和企业股票的价格进行关联，促使代理人与委托人的利益保持高度一致，有助于缓和委托代理间存在的矛盾。

（2）银行对于贷款要求的抵押担保使借款人在这一过程中更加理性，有助于提升借款人的资金利用率。与此同时，鉴于当前互联网信息技术的高速发展，对抵押担保产品的价值评估成本有效降低，使这一行业的业务范围持续增加，有助于降低银行管理发放贷款的道德风险。

【考点回顾】我国现代金融的主要功能有哪些？并逐一展开说明。

考点4　金融服务实体经济的深刻内涵

金融是现代经济的核心与血脉，而实体则是一国经济的立国之本和坚实基础。

一、实体经济概述

在美联储的表述中，实体经济涵盖了除金融和房地产之外的其他经济部门。

在我国，实体经济是指物质的、精神的产品和服务的生产、流通等与国民生计相关联的内涵和外延的一系列经济活动，不涉及要害部门和尖端领域以及房地产、金融行业，成为国民经济较为丰富的构成部分。

二、金融行业服务实体经济的发展演变及内在要求

（一）传统思维下对金融行业服务实体经济的认知局限

（1）以金融行业是否为实体经济提供了足够的资金支持作为最直接的衡量标准。提供资金支持固然是金融行业的原始基础功能，但是以此概括金融行业的服务方式却是不全面的。

（2）金融体系不健全且金融机构主要优势资源聚集于商业银行，金融服务实体经济的局限性体现在商业银行为企业提供资金支持，弱化了金融机构的职能。

（二）新发展格局下对金融行业支持现代实体经济的多维度要求

深入开展供给侧改革，实现产业升级、新旧动能转换，都需引导金融回归本源与服务实体经济。在新发展格局下，金融服务实体经济被赋予的新内涵，成为了金融支持实体经济发展的理论基础。金融与实体经济相辅相成，即金融可以推动实体经济更好更快发展，实体经济可以给金融指明发展方向，提供发展基础，从而推动金融自身稳健发展。

1. 我国金融行业和实体经济发展之间存在的问题

（1）当前金融行业的发展与实体经济不均衡，主要体现在金融行业相对滞后，在推动实体经济发展的过程中普遍存在能力不足这一问题。

（2）当前国内金融行业与实体经济发展的协调度还需要进一步提升，存在过度虚拟化、泡沫化和诸多的潜在风险，以及内部体制不完善，这些都不利于实体经济的高速发展。

（3）当前货币超发现象较为严重，带来了经济货币过度虚拟化与货币化的宏观环境，挤压实体经济的发展，同时也存在不可避免的系统性金融风险以及其他潜在风险。

（4）金融市场的发展不均衡是影响金融行业与实体经济之间协调程度的一个客观因素。

当前我国金融发展主要是以银行为主导，而这一领域同时又以国有和集体股份制为主导。

2. 金融为实体经济提供服务的认识误区

（1）金融服务的眼光局限于融资服务上。从客观上讲，金融并非是实体经济的附属品，而是与实体经济相互作用的衍生品，最初的功能是提供资金服务，但这仅仅是其中的部分内容并非全部。

（2）要想保证实体经济的高速运转，除了应具有充足的资金外还要保证其交易方式的便捷性。有效降低风险的存在，更新风险管控手段，不断健全内部管理机制，对于金融的发展关系密切，需要进一步发挥金融的功能，给予强有力的支持。

【点拨】上述内容所涉及的发展不均衡问题及认识误区对金融行业提出了新的要求，即进一步实现金融行业的改革，使金融回归本源，促进实体经济的高速发展。

3. 新格局下现代实体经济对金融业发展的要求

（1）金融业推动实体经济更有效率、更快速地发展。

①金融业发挥资源配置功能→影响市场环境（外因）→决定实体经济发展。

金融的功能之一是实现社会资源最优配置，促进实体经济高效率运行。所以，在以金融为代表的虚拟经济的发展过程中，各种形式的虚拟资本最终都应该落实到满足实体经济发展的资金需求上。

实体经济的发展与外部诸多宏观与微观因素（社会资金总量、资金流通速率、融资困难程度等重要指标）有关，都直接取决于金融业的发展，同时这些由金融业决定的外部要素会深刻地影响和改变企业的运营发展状况。

②金融业发挥资金融通功能→提供实体经济发展需要的资金。

③相互作用：实体经济的发展水平受金融市场发展程度制约。不同发展程度的金融市场以不同的方式引导实体经济发展的规模、速度、走向；实体经济的发展很难超越金融市场所在阶段，即金融市场的发展影响实体经济。实体经济在更高阶段金融市场的引导下能够更好地发展。

（2）实体经济的发展推动金融的发展。

①金融发展所需要的一切资本的最初来源是实体经济。

②金融业具有资金融通、资源配置、风险管理等一系列功能，其发展的最终目的就是为了满足实体经济的发展，因此实体经济是金融发展的方向。

③实体经济是金融市场发展程度的试金石。金融市场是否存在漏洞、是否成熟、发展程度是否与经济社会发展匹配，都可以通过实体经济检验出来，即在金融为实体经济提供服务的过

程中，也促进了自身的成熟。

三、新发展格局下金融服务实体经济应遵循的原则

一般来说，并不是所有的实体经济活动都能得到金融的支持。因此，金融服务实体经济应遵循以下原则。

（1）从微观看，金融服务实体经济必须考虑投入产出比和成本收益比这两项指标。

①投入产出比是金融服务实体经济在生产环节需要把握的指标，金融不能支持高耗能、高污染的项目。

②成本收益比是金融服务实体经济在市场销售环节需要把握的指标，金融不能支持产能严重过剩的项目。

（2）从宏观看，总需求和总供给的均衡是宏观经济管理部门在坚持金融服务实体经济时必须把握的基本关系。

四、金融为实体经济提供服务的途径

（1）为实体经济发展提供资金支持，包括向实体经济提供银行贷款等间接融资方式，推动实体经济发行股票、债券等直接融资方式。

（2）为实体经济发展提供交易支付便利、金融信息支持，包括货币发行、支付结算、提供征信服务等。

（3）通过金融交易的价格发现功能提升社会总体资源配置效率，促进实体经济发展。

考点5　新发展格局下，推进金融行业高质量发展

金融活，经济活；金融稳，经济稳。经济兴，金融兴；经济强，金融强。经济是肌体，金融是血脉，两者共生共荣。深化金融供给侧结构性改革、增强金融为民、金融服务实体经济能力、防范化解金融风险、推进金融改革开放，为推动我国金融业高质量发展提供了重要遵循，对做好金融工作具有十分重要的指导意义。

一、我国金融业发展的突出问题

当前，我国金融业在市场结构、经营理念、创新能力、服务水平等方面，还不适应新发展格局下经济高质量发展的要求，诸多矛盾和问题仍然突出。主要表现在以下几个方面：

（1）经营理念方面。金融资源脱实向虚、部分企业高负债经营、个别金融机构内部管理不到位。

（2）市场结构方面。在金融市场准入、金融机构设立、金融工具（如债券）发行等方面的限制还比较多，金融制度还不够完善，金融业竞争环境有待优化。

（3）金融风险积聚，金融企业防控金融风险的能力还不强。

（4）金融创新与服务方面。小型金融机构发展不充分、高质量的金融产品创新不足，直接融资不足，金融有效供给不足。

二、金融业高质量发展的要求

（1）金融回归本源，服务经济社会发展。

①深化金融供给侧结构性改革，要以服务实体经济、服务人民生活为本。

②以调整优化金融体系结构为重点，更高质量、更有效率的为实体经济发展提供金融

服务。

③建设规范、透明、开放、有活力、有韧性的资本市场，构建全方位、多层次金融支持现代化经济体系建设的服务体系，推动金融服务结构和质量的转变。

（2）全面优化金融市场结构，完善金融市场、金融机构、金融产品体系。

①从市场准入、金融监管政策等方面入手，完善金融市场政策，营造公平、公正、公开、透明的市场竞争环境。

②通过金融产品价格、供求、竞争等市场机制引导金融资源流向，更好发挥市场在金融资源配置中的决定性作用，提高金融资源配置效率。

（3）在高水平双向开放中提高金融管理能力和风险防控能力。

要以强化金融监管为重点，以防范系统性金融风险为底线，加快相关法律法规建设，完善金融机构法人治理结构，加强宏观审慎管理制度建设，加强功能监管，更加重视行为监管。

（4）扩大金融业双向开放，增强金融发展的普惠性，构建符合经济高质量发展要求的现代金融体系。

构建多层次、广覆盖、有差异的银行体系，开发个性化、差异化、定制化金融产品，改进小微企业和“三农”金融服务。

考点6 新发展格局下，金融促进共同富裕的深刻内涵

党的十八大以来，党中央把握发展阶段新变化，把逐步实现全体人民共同富裕摆在更加重要的位置上，推动区域协调发展，采取有力措施保障和改善民生，打赢脱贫攻坚战，全面建成小康社会，为促进共同富裕创造了良好条件。现在，已经到了扎实推动共同富裕的历史阶段。

一、共同富裕概述

（一）共同富裕的内涵

共同富裕是社会主义的本质要求，是中国式现代化的重要特征。我们说的“共同富裕”是全体人民共同富裕，是人民群众物质生活和精神生活都富裕，不是少数人的富裕，也不是整齐划一的平均主义。

（二）分阶段促进共同富裕

（1）到“十四五”末，全体人民共同富裕迈出坚实步伐，居民收入和实际消费水平差距逐步缩小。

（2）到2035年，全体人民共同富裕取得更为明显的实质性进展，基本公共服务实现均等化。

（3）到本世纪中叶，全体人民共同富裕基本实现，居民收入和实际消费水平差距缩小到合理区间。

（4）要抓紧制定促进共同富裕行动纲要，提出科学可行、符合国情的指标体系和考核评估办法。

二、金融促进共同富裕的内在要求

新的发展格局之下，金融业要坚持以习近平新时代中国特色社会主义思想为指导，立足新发展阶段，贯彻新发展理念，深刻理解共同富裕的历史意义和时代内涵，自觉将其贯穿到服务

新发展格局、推动经济高质量发展的全过程。

金融作为现代经济的核心，应全面提升服务效率和水平，把更多资源配置到经济社会发展的重点领域和薄弱环节，更好满足人民群众对美好生活的向往，以高质量的金融服务促进共同富裕。

（一）发挥金融资金的推动作用

金融支持乡村振兴，更好地支持产业升级和创新发展，更好地支持完善分配制度，不断解决发展的不平衡、不充分问题，进而实现全体人民的共同富裕。

（二）做好促进共同富裕的金融服务

金融机构是体现政府、市场、人民群众良性互动关系的重要载体，其中大型金融机构还发挥着贯通产业链全流程、连接国内外全市场的重要作用。促进共同富裕，需要金融机构主动服务好供给侧结构性改革，助力需求侧管理，助推供需实现更高水平的动态平衡。

（1）在供给侧，金融机构应在服务要素市场化配置、服务创新驱动和推动绿色发展方面发力，加快形成与构建新发展格局、推动高质量发展相契合的经营新质态。

（2）在需求侧，金融机构作为促进消费和加快内需体系建设的重要力量，应坚持扩大内需这个战略基点，系统布局与新发展格局相契合的服务体系，增强金融服务对收入结构优化和消费需求升级的适应性。

考点7　政策支持——近年来我国推动金融为民的举措

党的十九届五中全会通过的《中共中央关于制定国民经济和社会发展第十四个五年规划和二〇三五年远景目标的建议》（以下简称《建议》），对金融工作提出了新的要求、做出了新的部署。

（1）《建议》明确把“以满足人民日益增长的美好生活需要为根本目的”列入“十四五”时期经济社会发展指导思想，把“人民生活更加美好，人的全面发展、全体人民共同富裕取得更为明显的实质性进展”作为奋斗目标。明确要求坚持把实现好、维护好、发展好最广大人民根本利益作为发展的出发点和落脚点，扎实推动共同富裕，不断增强人民群众获得感、幸福感、安全感，促进人的全面发展和社会全面进步。

（2）践行金融为民，进一步推动党建与业务深度融合、高质量发展。

近期，国务院办公厅下发了《关于切实解决老年人运用智能技术困难的实施方案》，明确要求保留传统金融服务方式、不得拒收现金、强化支付市场监管，是如何体现金融为民的？

解读：整治拒收现金工作是人民银行金融为民的基础工程，以服务消费、畅通支付流通环境、保障民生为指导，以维护人民币法定地位、鼓励多元化支付方式发展、尊重公众选择权为根本目标，既鼓励多元化支付方式的发展，又要充分发挥各种支付手段的优势，更要尊重公众的选择权，满足公众多层次的支付需求，打造多元化支付条件下现金和谐流通环境。

考点8　政策支持——近年来我国助力金融为实体经济提供服务的举措

一、举措（时间轴）

（1）2011年，中央经济工作会议提出“金融服务实体经济”的原则。

（2）2012年，第四次全国金融工作会议提出，在当前发展的基础之上确保资金投入的重心向实体经济转移并确定了“金融为实体经济服务”的总方针，提出了“坚持金融服务实体经济的本质要求”。

（3）2013年，中央经济工作会议提出，进一步科学扩大社会融资规模，保持贷款在安全区间内持续累增，维护人民币汇率的稳定性，从根本上降低实体经济发展总体融资成本。

（4）2015年，“十三五”规划提出，在“十三五”期间加大金融服务在实体经济上的突出贡献，完善和更新金融体制改革，进一步提高金融在实体经济领域的服务质量和服务范畴，保证在制度允许的情况下分工合理、相互补充，打造科学的金融机构体系；深层次、广覆盖、有差异的银行机构体系扩大民间资本融入银行业领域，大力提倡发展普惠金融，加强对中小微企业的扶持力度，尤其是贫困地区的金融服务更要落实到位。

（5）2015年12月，国务院总理李克强主持召开国务院常务委员会议，推动金融改革创新试点工作的开展。在这一过程中遵守规则和纪律的基础上要突出特色、层层推进，选择有条件的地区可以进行金融改革创新试点工作，以此来提高金融服务实体经济的能力。

（6）2017年3月，第十二届全国人民代表大会第五次会议上的《政府工作报告》提到“促进金融机构发展过程中要落实和突出重点，增强服务实体经济的决心和能力，杜绝脱实向虚”。

（7）2017年7月，在第五次全国金融工作会议上，习近平总书记提出，首要的内容是务必要遵循金融发展的客观规律，围绕服务实体经济、防控金融风险、深化金融改革三项任务进行突破和创新。李克强总理提出，进一步增强资本市场服务实体经济功能，使股权融资的发展走上正轨，提高直接融资在金融领域中的总占比。会议强调：进一步优化金融资源空间配置及布局，扶持中小金融机构的发展，增强金融服务实体经济的科学可持续性，着力强实抑虚。“回归本源，全力服务于经济社会发展”被确立为金融工作的基础原则。

（8）2017年12月，中央经济工作会议提出，大力发展稳健中性的货币政策，从而促进货币信贷和社会融资规模的合理增长，将人民币汇率控制在一个趋于合理的水平上，保证其更好地为实体经济服务；结构性政策要发挥更大作用，强化实体经济自身的吸引力，增强竞争力，将金融和实体经济、金融和房地产、金融体系的发展融入良性循环之中。

二、把“六保”作为“六稳”工作的着力点，稳住经济基本盘

（1）“六稳”：稳就业、稳金融、稳外贸、稳外资、稳投资、稳预期工作。

中央首次提出“六稳”是在2018年7月。当时，中美贸易摩擦加剧，外部环境发生明显变化，经济运行稳中有变，稳中有忧。中央审时度势，未雨绸缪，旗帜鲜明提出把“六稳”作为实现中国经济稳中求进的基本要求。在“六稳”发力下，我国经济经受住了外部环境变化的冲击，保持了平稳健康发展。

（2）“六保”：保居民就业、保基本民生、保市场主体、保粮食能源安全、保产业链供应链稳定、保基层运转。

（3）疫情之下的工作安排：2020年年初，突如其来的疫情严重冲击我国经济，造成前所未有的影响。一是经济增长不稳。生产、消费、交换等经济活动大范围停滞，导致投资、消费、进出口快速下行，经济负增长；二是经济陷入危机，收入骤减，债务积累问题凸显；三是金融风险加大，资产价格波动加大；四是内外经济失衡。

中央在扎实“六稳”的基础上，提出“六保”，形成新的工作框架。

三、进一步明确金融与实体经济间的关系

2019年中共中央政治局针对于当前这一背景下的金融服务、防范金融风险进行专题学习。

习近平总书记的讲话全面深刻地阐述了金融与实体经济的关系，科学精准地对金融服务实体经济作出了重要部署，为深化金融供给侧结构性改革、增强金融服务实体经济能力提供了发展方向和行动指南。讲话如下：“金融活，经济活；金融稳，经济稳。经济兴，金融兴；经济强，金融强。经济是肌体，金融是血脉，两者共生共荣。”在当前这一严峻的形势背景之下，深化对国际国内金融行业发展的总体认知，把握内在本质，深化供给侧改革，借助改革开放的春风，增强金融服务实体经济的能力。以金融体系的内部调整作为工作重点，进一步优化产业结构和机构体系，从而为实体经济的发展提供更高效的服务，打造多层次、覆盖广、具有针对性的银行体系，开发个性化的定制产品，增加中小金融机构的数量及总业务占比。从根本上改善小微企业与“三农”金融服务，打造规范、开放、具有活力的资本市场，进一步完善市场经济制度，对于市场的进出口做好把控工作，加强交易流程的监管，围绕建设现代化产业体系和绿色发展体系等提供精准的服务，构建风险投资，银行信贷等全方位、多层次的服务体系，进一步研究和遵守市场的客观规律，加强精准政策的投放，并在这一基础上加大扶持的力度，选择符合国家标准的、具有发展潜力的产业进行重点扶持，对于贫困的民营企业要额外给予更多的支持力度。

2021年是《中共中央关于制定国民经济和社会发展第十四个五年规划和二〇三五年远景目标的建议》（以下简称《建议》）的开局之年。《建议》提出加大力度在推动金融、房地产同实体经济均衡发展方面，及在金融科技水平的提升和金融普惠性的增强方面，构建金融支持实体经济的体制和机制等方面对金融服务实体经济作出重要部署。

考点9　应用实践——近年来我国金融服务实体经济的探索与成效

一、遏制金融资金“脱实向虚”趋势

（一）采取措施补充实体经济资本金

（1）发展股权融资，解决企业融资难、融资贵问题。

对于大中型商业银行可以采取设立普惠金融事业部这一方针，农业银行设立“三农”金融事业部，进一步强化各大企业与“三农”金融服务之间的密切关系。

（2）完善和巩固资本市场的发展。

完善“沪港通”，启动“深港通”；深化创业板和新三板的改革，规范股权市场，不断健全退出机制；拓宽实体经济自身的融资渠道，有效降低杠杆率。

（3）加大对实体经济的投入力度。

各项金融机构增强政策的支持力度，完善产业结构升级，把基础设施的优化和改革提到日程上，对能源资源等重点领域的改革及养老健康等服务行业的效率要进一步提升。

（4）推动金融业支持京津冀协同发展和长江经济带建设。

引导金融机构对水利和农业基础设施的完善与建设，农业对外合作新农村建设的支持力度要在原有基础上有所提升。

（5）扩大金融服务覆盖面。

对当前极具影响力和发展潜力的科技文化信息等重点领域加大扶持力度。

（二）治理金融乱象

2019年2月25日，中国银行保险监督管理委员会在国务院新闻办公室举行的新闻发布会上提到，目前金融行业发展错综复杂的现象已经得到了很大的遏制，各类影子银行活动也逐步得到了监管，整体风险有效降低，影子银行的存在以及房地产金融过热这一问题都得到了很好的控制。

二、鼓励金融业扶持小微企业和农业

（一）扶持小微企业

（1）2014年，国务院印发《关于扶持小型微型企业健康发展的意见》，其中提到的整改措施包括：

①对于当前所设置的中小企业专项资金要落实到位，发挥其自身的引导作用，将小型企业与微型企业纳入重点扶持范畴。

②制定免征税政策，鼓励企业从事某些项目的投资，对于自用和国内不能够进行生产的先进设备，要依照规定实施免征关税这一政策。

③加大专项资金对于微型企业孵化园、科技孵化器等小型企业创业基地建设的支持力度。

④鼓励各大企业积极解决当前社会上存在的就业难这一问题，根据相关规定给予一定的社会补贴。

⑤对地方政府设立创业投资引导基金给予大力支持，鼓励小微企业自身的发展。

⑥不断完善小微企业融资担保政策，引导担保机构的长足健康发展。

（2）2017年5月，中国人民银行、财政部、商务部等印发《小微企业应收账款融资专项行动工作方案（2017—2019）》，提出小微企业在应收账款融资业务发展中的三大目标：

①增加小微企业应收账款融资渠道。

②持续提升小微企业应收账款融资发展规模。

③优化企业商业信用环境，拓宽企业商业信用信息采集渠道。

通过这些措施，小微企业融资难、融资贵问题得到有效缓解。

（二）支持农业发展

2016年推行了下述支持措施：①农业支持保护补贴政策；②农机购置补贴政策；③农机等设备报废更新补贴试点政策；④农作物最低收购价政策；⑤新疆棉花、东北和内蒙古大豆目标价格政策；⑥产粮（油）大县保护政策；⑦生畜调出大县奖励政策；⑧完善粮棉油糖高产创建和粮食绿色增产模式攻关支持政策；⑨提高农机深松整地作业补助力度；⑩测土配方施肥补助政策等。

2016年年底发布《关于深入推进农业供给侧结构性改革 加快培育农业农村发展新动能的若干意见》，从以下三个方面提出支持农业农村发展的可实施战略举措。

（1）注重“三区、三园、一体”建设。

①“三区”建设：

a. 粮食生产功能区域建设。

b. 重要农产品保护区建设。

c. 特色农产品优势区建设。

②“三园”建设：

a. 现代农业产业园建设。

b. 科技园建设。

c. 创业园建设。

③“一体”建设：田园综合体建设。

（2）优化内部资源配置及要素协调，制定切实可行的保护措施，实施农业节水工程，疏通农业农村发展的资金来源，撬动财政金融资金，盘活利用闲置宅基地等各方面的政策。

（3）制定农业农村发展长远规划，统筹兼顾各项资源，拓展农业发展的经济和人力资源，促进三位一体（生产、供销、信用）的合作观念，鼓励有条件的高等院校及职业院校创办乡村规划建设及相关课程，从而为农业的发展培养坚实的后备力量。

2018 年 1 月，国家农业综合开发办公室发布《关于编制〈农业综合开发扶持农业优势特色产业规划（2019—2021 年）〉的通知》，要求各级农业综合开发机构开展编制工作，并提出以下要求：

①围绕乡村振兴这一战略，真正做到以市场需求作为最终导向，促进农民群众增收，通过财政补贴等相关措施撬动金融资本和社会资本，将其投向更有优势的农业特色产业，推动农业供给侧结构性改革。

②扶持重点项目，打造具有自身优势特色的产业集群，提升全国农业优势特色产业水平，支持农业产业的发展，在财政资金的使用上也要落实到位，从而显著提升后期效果。

三、全面深化金融体制改革

（一）加强多层次资本市场体系建设

采取系列措施，有效弥补股权市场、债券市场和资本市场发展过程中的薄弱点。

1. 健全多层次股权市场

严格规范股权市场，维持正常的市场秩序，有效保护投资者的合法利益，打击各类违规现象。

2. 促进债券市场健康发展

设立中央国债登记结算有限责任公司，立足实际，在当前金融领域的发展中，切实落实基础设施和服务职能，推动多元化、集体化、国际化的战略方针，深化债券市场的可持续发展。

不断推进债券市场的产品创新，开展绿色债、双创债、可续期债等试点工作，推动债券市场互联互通与债券跨市场流转，优化资源配置，有利于解决债券市场发展过程中所存在的各类问题，如评级水平差异性等，优化交易机制，完善安全信用保障体系。

3. 扩大资本市场有序开放

2017 年 1 月 12 日，国务院印发《关于扩大对外开放积极利用外资若干措施的通知》，不断提高对外开放程度，放宽各大金融机构、证券公司、基金管理公司及中介机构的准入限制，支持外商投资企业开拓融资渠道，从而做好服务工作。

（二）拓宽保险资金支持实体经济渠道

（1）2017 年，十二届全国人大第五次会议《政府工作报告》第一次正式提出“拓宽保险资金支持实体经济渠道”，引导保险业充分发挥风险管理和保障功能，拓宽保险资金支持实体经济渠道。

（2）2017 年保监会出台的文件提出在风险可控的前提下做到：

①支持保险资金投资对宏观经济和区域经济具有重要带动作用的重大工程，并且明确了保险资金通过债权投资计划形式投资重大工程的支持政策，优化增信安排，可在不增加实质性风险的同时，简化投资流程。

②提高注册效率，对投资“一带一路”建设、京津冀协同发展、长江经济带、脱贫攻坚、雄安新区建设等符合国家发展战略的重大项目，中国保险监督管理委员会建立专门的业务受理及注册绿色通道。

这些举措不仅能够拓宽保险资金支持实体经济发展的渠道，还有利于金融行业专注本行业发展，健全内部治理机制，稳健经营，回归服务实体经济的初心。

（三）大力发展普惠金融和绿色金融

普惠金融与绿色金融作为当前背景下金融行业发展的短板，直接关系到国民生计，这一民生问题迫切需要进一步完善和推动，也是近几年来深化体制改革、完善服务方向的着力点。

1. 大力发展普惠金融

（1）2013 年 11 月，党的十八届三中全会提出要“发展普惠金融，鼓励金融创新，丰富金融市场层次和产品”，这也是在国家层面上首次提出“普惠金融”这一概念。

（2）2015 年年底，国务院印发《推进惠普金融发展规划（2016—2020 年）》，借鉴国外先进的经验，结合我国国情，做好市场与政府的推动及引导工作，完善基础金融服务与重点领域金融服务相结合，提高金融服务的覆盖率和满意度，使人民群众能够更好地分享金融改革的硕果；引导和支持各大商业银行设立普惠金融事业部，稳步推动农村“两权”抵押贷款试点，发挥贷款保证保险、融资担保等作用，撬动更多的资金向中小微企业倾斜；到 2020 年，建设与小康社会相适应的普惠金融服务体系与相关的保障制度。

（3）定向降准系列举措。

2019 年 3 月 16 日，中国人民银行实施本年度普惠金融的定向降准，对于符合要求的银行在原有基础上降准 0.5 至 1 个百分点。对于符合相关标准的股份制商业银行，在原有的优惠政策下再额外降低 1%，从而有效支持发放普惠金融贷款，上述定向降准释放资金总额达到5 500亿元。

2019 年 3 月 31 日，国务院召开会议，在当前这一发展背景下进一步强化中小微企业的普惠金融政策，其中涉及实施对各大中小银行的定向扶持，以降准的方式引导信用类债券净融资，同比上年增加 10 000 亿元，鼓励发展供应链金融产品，不断健全风险机制。

2019 年 4 月 3 日，中国人民银行在国务院联防联控机制举行的发布会提到，对于农村信用社、农村商业银行、村镇银行和仅在省级行政区域范围内经营的城市商业银行实施下属优惠政策。下调存款准备金率 1%，在 4 月 15 日和 5 月 15 日分次执行，每次下降 0.5%，这一长期资金释放总额达到 4 000 亿元，无形中增加了中小企业的资金实力，有助于引导更优惠的利率向中小微企业倾斜，从而有效推动金融领域普惠业务的发展。

【点拨】定向是指定的方向，在金融行业中是指定某一个金融领域或金融行业。降准是央行货币政策之一。降低存款准备金率，表明流动性已开始步入逐步释放过程。定向降准是对某金融领域或金融行业进行的一次央行货币政策调整，目的是降低存款准备金率。

2. 加强推动绿色金融

（1）绿色金融是指为支持环境改善、应对气候变化和资源节约高效利用的经济活动，即对

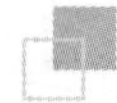

环保、节能、清洁能源、绿色交通、绿色建筑等领域的项目投融资、项目运营、风险管理等提供的金融服务。

（2）时间线。

"十三五"规划纲要提出不断完善"建立绿色金融体系"。

2015 年 4 月，中国金融学会绿色金融专业委员会正式成立。

在 2016 年、2017 年的《政府工作报告》中反复提出，要着力发展绿色金融。

2016 年 8 月 31 日，国务院同意七部门共同发布《关于构建绿色金融体系的指导意见》（以下简称《意见》）。

《意见》内容：从政府这一层面不断推动和落实相关政策，支持当前大力提倡的绿色金融体系建设，动员更多的社会资本投入其中，打造完善的绿色金融体系，并推动这一服务方向向着环保、节能、绿色等领域倾斜，迎合当前所提出的绿色可持续发展战略方针，促进新能源和节能领域的技术开发，培育更多的经济增长点。

《意见》提出，通过设立国家绿色发展基金，再贷款和担保机制以及绿色信贷支持项目等战略决策，进一步加大绿色金融的支持力度。

《意见》意义：进一步确定了证券市场对当前绿色投资的大力支持，提出统一绿色债券界定标准，符合要求的绿色企业上市融资、相关机构发行绿色债券，支持开发绿色债券指数和绿色股票及相关金融产品，完善上市公司和债券发放企业的环境信息披露制度，大力发展绿色保险和环境权益交易市场，在推动环境高风险领域完善污染强制责任保险制度的同时，建立排污权、用能权、用水权等各项环境权益交易市场。

2019 年，我国境内外绿色债券的发行规模已经超过 3 500 亿元人民币，与 2018 年相比增长近 30 个百分点，绿色债券筹集的资金支持了当前大力提倡的环保、清洁、绿色、交通及相关的建设项目，有效推动了实体经济的高速发展。

2020 年 1 月 14 日，中国金融学会绿色专业委员会负责人在亚洲金融论坛的相关研讨会上提出，从 2016 年开始，我国在境内外累计发行的绿色债券已经突破 1.1 万亿元；完善绿色金融的发展体系，体现了党中央的可持续发展理念。

四、推动政策性金融助力经济发展

2019 年 9 月 27 日，国务院金融稳定发展委员会在召开的第八次会议上提出，要完善和深化政策性金融机构改革，加强激励机制的创立，遵循金融机构的经营规律，发挥政策性金融机构在后续转型升级中的逆周期调节作用。在这一背景之下，除已出台的财政与货币政策外，政策性金融机构也要起到适当的补位作用，随着逆周期调控、金融改革与当前开放程度的不断加深，提升金融服务实体经济的发展，就要从广度和深度上同步进行。对商业性金融机构覆盖率相对较低的领域，政策性金融机构可以对其进行补充，从而有效提升整个金融体系对于实体经济发展的大力支持。

将 2020 年的新冠肺炎疫情防控作为研究案例，中国农业发展银行（以下简称农发行）贯彻落实党的方针，为支持疫情防控及经济发展开展了以下各项工作。

（一）开辟复工复产绿色通道

在保留应急贷款通道的大前提下开通复工复产绿色通道，对脱贫攻坚、粮食生产、普惠小微企业、重要农副产品、农业科技创新领域加大扶持力度，涉及中小微企业 10 个重点领域的企业和项目有序复工，不断优化信贷流程，单设中小微企业复工复产信贷额度等措施，从而有效促进经济的恢复与发展。

（二）全力支持决战脱贫攻坚

在疫情的严峻挑战下，巩固脱贫成果，及时出台相关政策，对疫情较为严重的贫困地区在原有的扶持力度上进一步放宽准入标准，调整担保要求，简化操作流程，从而稳扎稳打做好定点帮扶工作，进一步深化融资、融智、融情、融商的扶持机制。截止到 2020 年 3 月 20 日，农发行的扶贫贷款已经突破 850 亿元，其中，产业扶贫贷款的总占比超过 64%。

（三）多途径筹集信贷资金

创新债券品种实现境内外市场联动，在 2020 年 2 月 5 日面向全球投资者发行首单 50 亿元“阻击疫情”主题债券后，截至 3 月 20 日又陆续发行脱贫攻坚、乡村振兴、企业复工复产、生猪全产业链发展、保障重要农产品供应等主题债和常规债共 38 期，募集资金 1 979.5 亿元，引导境内外市场资金回归实体。同时，大力组织各类存款，积极申领中国人民银行疫情防控专项再贷款、扶贫专项再贷款、抵押补充贷款资金，为打赢疫情防控阻击战和决战脱贫攻坚提供充足资金。

（四）切实用好专项政策

2020 年 1 月 31 日中国人民银行疫情防控专项再贷款政策出台后，农发行总行随即印发《关于充分运用专项再贷款强化政策性金融支持疫情防控的通知》，要求各级银行迅速对接中国人民银行名单内的全国性重点企业，用好专项再贷款优惠政策，对符合条件的企业加大支持力度。2020 年 2 月 1 日就利用专项再贷款资金向湖北的重点企业发放应急贷款 5 000 万元；截至 3 月 20 日，累计向 383 家全国性重点企业发放专项再贷款支持的优惠利率贷款 182.67 亿元。在此次疫情防控中，农发行响应迅速，大力支持防疫医疗物资和生活必需品的生产、供应，切实为疫情防控物资保障提供了高效的政策性金融服务，充分发挥了政策性金融“当先导、补短板、逆周期”的作用。

【考点回顾】近年来我国金融服务实体经济的探索有哪些，取得了哪些成效？

本章小结

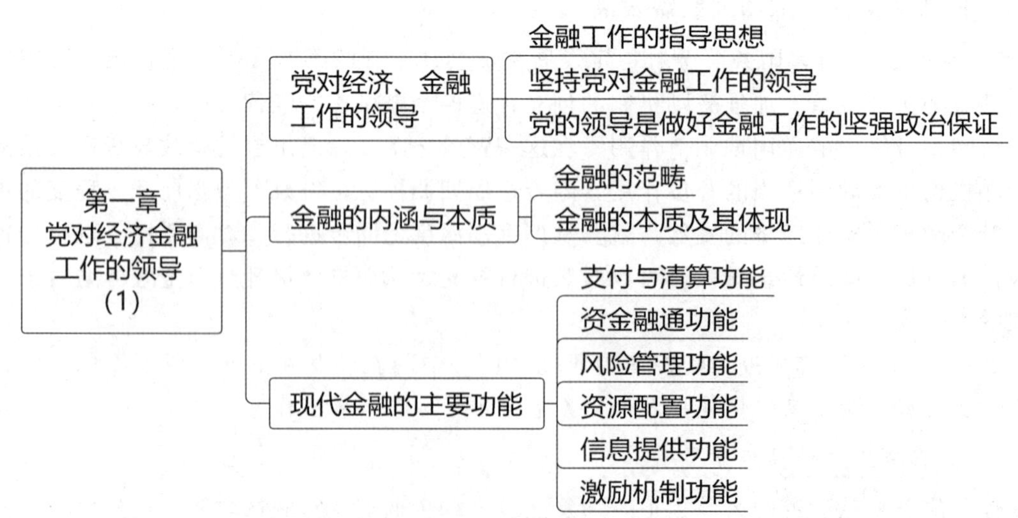

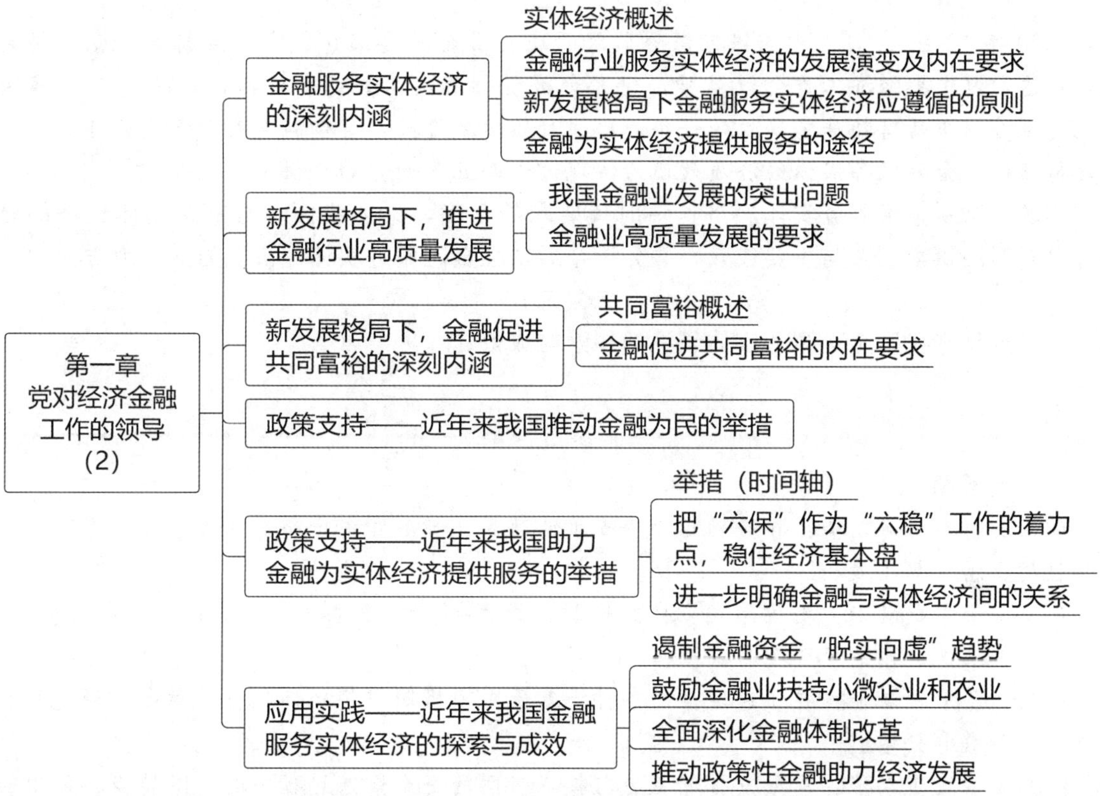

- 第一章 党对经济金融工作的领导（2）
  - 金融服务实体经济的深刻内涵
    - 实体经济概述
    - 金融行业服务实体经济的发展演变及内在要求
    - 新发展格局下金融服务实体经济应遵循的原则
    - 金融为实体经济提供服务的途径
  - 新发展格局下，推进金融行业高质量发展
    - 我国金融业发展的突出问题
    - 金融业高质量发展的要求
  - 新发展格局下，金融促进共同富裕的深刻内涵
    - 共同富裕概述
    - 金融促进共同富裕的内在要求
  - 政策支持——近年来我国推动金融为民的举措
  - 政策支持——近年来我国助力金融为实体经济提供服务的举措
    - 举措（时间轴）
    - 把“六保”作为“六稳”工作的着力点，稳住经济基本盘
    - 进一步明确金融与实体经济间的关系
  - 应用实践——近年来我国金融服务实体经济的探索与成效
    - 遏制金融资金“脱实向虚”趋势
    - 鼓励金融业扶持小微企业和农业
    - 全面深化金融体制改革
    - 推动政策性金融助力经济发展

本章练习

一、简答题

简述金融的功能有哪些。

二、案例题

重庆某食品企业受疫情影响，出口商品订单量锐减，供应商原材料结算出现困境，当地金融机构组织专业人员到企业考察，并提供专项贷款，助力企业解决资金困难。同时，当地网络互助机构还通过直播等形式，助力企业产品扩大境内市场销量，推动企业产品形态升级，帮助企业脱困。

问题：通过案例，分析一下企业得到的助力。

三、论述题

（一）

2020 年，面对新冠肺炎疫情的冲击，我国加大宏观政策应对力度，金融服务实体经济更加精准有力，为疫情防控和经济社会发展提供了坚实支撑。当前，稳健的货币政策更加灵活精准、合理适度，为加快构建新发展格局提供有力、有效的金融支持。降低利率、减免收费等多种方式也帮企业压缩了融资成本。

问题：试论述我国金融服务实体经济的发展演变及内在要求，我国金融业和实体经济发展之间存在的问题，新发展格局下金融服务实体经济应遵循的原则。

（二）

2020年12月22日，中国银行保险监督管理委员会党委书记、主席主持召开党委扩大会议，传达学习中央经济工作会议精神，研究部署贯彻落实工作。会议指出，2021年是我国现代化建设进程中具有特殊重要性的一年，要立足新发展阶段，贯彻新发展理念，构建新发展格局，持续提升金融服务实体经济质效，为实现“十四五”开好局提供有力支撑。

问题：试从金融服务实体经济这一时代要求的角度，论述我国金融支持实体经济的必要性、已开展的探索实践与主要成效，并分析今后增强金融服务实体经济能力的努力方向。

（三）

论述近年来我国金融服务实体经济的探索与成效。

参考答案

一、简答题

（1）支付与清算功能：在金融活动中提供使商品、劳务和资产交易便捷化程度更高、更具科学性的支付清算手段。

（2）资金融通功能：提供形式多样的机制汇聚资金，从而将这一集中资金导向大规模的、物理上不能实施分割的投资项目。

（3）风险管理功能：在不确定性的条件下基于多项机制，将经济运行中潜在风险进行有效的规避、转移和分散。

（4）资源配置功能：有效发挥储蓄者与投资者间的资金融通过程中的期限转换、信用转换及流动性转换等功能，从而有效打破时间、空间及产业的限制，引导价值交换，促进要素流动，保证资源的合理配置。

（5）信息提供功能：提供价格和具体的汇率、收益率等各类有效信息，从而将不同部门之间的业务进行有效协调，这一过程中所涉及的是非集中化决策。

（6）激励机制功能：帮助解决在金融交易双方拥有不对称信息及委托代理行为中的激励问题。

二、案例题

（1）企业在疫情期间面临的问题有：当地就业、原材料供应商结算、新鲜原材料的存储、出口订单违约带来的销量问题等。此处集中描述现象后提出企业的诉求。

（2）金融回归本源，服务实体经济。金融机构可以给企业提供的支持，如贷款、贷款的数量和提供的效率。此处突出服务效率。

（3）当地政府及相应职能部门为企业提供专业团队的支持，助力企业的产品升级，解决企业当下和未来发展的问题。

三、论述题

（一）

（1）金融服务实体经济的发展演变及内在要求。

①传统思维下对金融行业服务实体经济的认知局限。

a. 用金融业是否为实体经济提供了足够的资金支持作为最直接的衡量标准。提供资金支持固然是金融行业的原始基础功能，但是以此概括金融行业的服务方式却是不全面的。

b. 金融体系不健全，金融行业主要以银行为代表，其任务也是主要为实体投资活动提供资金支持。久而久之，形成了固化思维，对金融行业服务实体经济产生片面的认识，单纯强调商业银行对资金的支持功能。

②新发展格局下对金融支持现代实体经济的多维度要求。深入开展供给侧改革，实现产业升级、新旧动能转换，都需引导金融回归本源与服务实体经济。在新发展格局下，金融服务实体经济被赋予的新内涵成为了金融支持实体经济发展的理论基础。金融与实体经济相辅相成，即金融可以推动实体经济更好更快发展，实体经济可以给金融指明发展方向，提供发展基础，从而推动金融自身稳健发展。

(2) 我国金融行业和实体经济发展之间存在以下几个方面的问题：

①当前金融行业的发展与实体经济不均衡，主要体现在金融行业相对滞后，在推动实体经济发展的过程中普遍存在能力不足这一问题。

②当前国内金融行业与实体经济发展的协调度还需要进一步提升，存在过度虚拟化、泡沫化和诸多的潜在风险，以及内部体制不完善，这些都不利于实体经济的高速发展。

③当前货币超发现象较为严重，带来了经济货币过度虚拟化与货币化的宏观环境，挤压实体经济的发展，同时也存在不可避免的系统性金融风险以及其他潜在风险。

④金融市场的发展不均衡是影响金融行业与实体经济之间协调程度的一个客观因素。

(3) 新发展格局下金融服务实体经济应遵循的原则。

①从微观看，金融服务实体经济必须考虑投入产出比和成本收益比这两项指标。

投入产出比是金融服务实体经济在生产环节需要把握的指标，金融不能支持高耗能、高污染的项目。

成本收益比是金融服务实体经济在市场销售环节需要把握的指标，金融不能支持产能严重过剩的项目。

②从宏观看，总需求和总供给的均衡是宏观经济管理部门在坚持金融服务实体经济时必须把握的基本关系。

（二）

(1) 金融支持实体经济发展的必要性。

当前我国金融行业和实体经济之间发展的不均衡体现在：

①当前金融行业的发展与实体经济不均衡，主要体现在金融行业相对滞后，在推动实体经济发展的过程中普遍存在能力不足这一问题。

②当前国内金融行业与实体经济发展的协调度还需要进一步提升，存在过度虚拟化、泡沫化和诸多的潜在风险，以及内部体制不完善，这些都不利于实体经济的高速发展。

③当前货币超发现象较为严重，带来了经济货币过度虚拟化与货币化的宏观环境，挤压实体经济的发展，同时也存在不可避免的系统性金融风险以及其他潜在风险。

④金融市场的发展不均衡是影响金融行业与实体经济之间协调程度的一个客观因素。

当前我国金融发展主要是以银行为主导，而这一领域同时又以国有和集体股份制为主导。

由上可见，我国的金融业滞后于实体经济的发展，在推动实体经济发展上的能力不够，因此，金融支持实体经济的发展非常必要。

(2) 我国金融支持实体经济已开展的探索实践与主要成效。

①遏制金融资金“脱实向虚”趋势。

②鼓励金融业扶持小微企业和农业。

③全面深化金融体制改革。

④推动政策性金融助力经济发展等。

(3) 今后增强金融服务实体经济能力的努力方向。

拓宽保险资金支持实体经济渠道这个环节应做到：

①支持保险资金投资对宏观经济和区域经济具有重要带动作用的重大工程，并且明确了保险资金通过债权投资计划形式投资重大工程的支持政策，优化增信安排，可在不增加实质性风险的同时，简化投资流程。

②提高注册效率，对投资“一带一路”建设、京津冀协同发展、长江经济带、脱贫攻坚、雄安新区建设等符合国家发展战略的重大项目，中国保险监督管理委员会建立专门的业务受理及注册绿色通道。

这些举措不仅能够拓宽保险资金支持实体经济发展的渠道，还有利于金融行业专注本行业发展，健全内部治理机制，稳健经营，回归服务实体经济的初心。

(三)

(1) 遏制金融资金“脱实向虚”趋势。

①我国采取一系列措施缓解金融资金“脱实向虚”的程度，补充实体经济资本金。a. 发展股权融资，解决企业融资难、融资贵问题；b. 大力发展资本市场；c. 加大对实体经济的投入；d. 推动金融业支持京津冀协同发展和长江经济带建设；e. 扩大金融服务覆盖面。

②治理金融乱象。

(2) 鼓励金融业扶持小微企业和农业。

①扶持小微企业。

在用好现有中小企业专项资金、充分发挥其引导作用的同时，将小型微型企业纳入国家重点支持范围；制定相关免征税政策，加大中小企业专项资金应用；鼓励小型微型企业吸纳就业困难人员就业，国家依据有关规定给予社会保险补贴。

②支持农业发展。中共中央、国务院为此提出了支持农业农村发展的措施。

注重“三区、三园、一体”建设。

“三区”建设：a. 指粮食生产功能区建设；b. 重要农产品保护区建设；c. 特色农产品优势区建设。

“三园”建设：a. 现代农业产业园建设；b. 科技园建设；c. 创业园建设。

“一体”建设：田园综合体建设。

(3) 全面深化金融体制改革。

①加强多层次资本市场体系建设。

a. 健全多层次股权市场。

b. 促进债券市场健康发展。

c. 扩大资本市场有序开放。

②拓宽保险资金支持实体经济渠道。

a.《政府工作报告》提出“拓宽保险资金支持实体经济渠道”，引导保险业充分发挥风险

管理和保障功能，拓宽保险资金支持实体经济渠道。

b. 支持保险资金投资对宏观经济和区域经济具有重要带动作用的重大工程。

③大力发展普惠金融和绿色金融。普惠金融和绿色金融是我国金融业服务实体经济的短板，发展普惠金融和绿色金融直接关系国计民生，是近年来我国深化金融体制改革、完善金融体系的重要发力点之一。

(4) 推动政策性金融助力经济发展。

进一步深化政策性金融机构改革，完善治理体系和激励机制。

政策性金融机构是由政府或政府机构发起或出资，以某种特定政策性金融业务为其基本业务活动的金融机构。即在加大逆周期调控的背景下，除既有财政与货币政策举措外，政策性金融机构将适时起到补位作用。

【名师点拨】

(一)

党的十九届五中全会和2020年中央经济工作会议要求，加快推动绿色低碳发展，做好碳达峰、碳中和工作。

中国人民银行将围绕碳达峰、碳中和目标，做好绿色金融顶层设计和规划，发挥金融支持绿色发展三大功能，逐步完善绿色金融体系五大支柱。

(1) 发挥金融支持绿色发展的三大功能。

①绿色金融的定义。

绿色金融是指为支持环境改善、应对气候变化和资源节约高效利用的经济活动，即对环保、节能、清洁能源、绿色交通、绿色建筑等领域的项目投融资、项目运营、风险管理等提供的金融服务。

②发挥金融支持绿色发展的三大功能。

a. 充分发挥资源配置作用。目前，我国化石能源占能源消费总量的比重较高。要实现碳达峰、碳中和目标，化石能源占能源消费总量的比重需逐步下降，因此应大力发展风电、太阳能发电等可再生能源，电力、工业、建筑、交通等领域需节能减排。通过货币政策、信贷政策等多种政策措施，引导和撬动金融资源向清洁能源、绿色转型等绿色创新项目倾斜。

b. 做好气候变化相关的风险管理。未来碳排放约束将明显增强，高碳行业的转型风险上升。气候变化带来的自然灾害频发，也会对多个领域造成冲击。通过气候风险压力测试、环境和气候风险分析等手段，增强金融体系管理转型风险和气候变化风险的能力。

c. 在碳中和约束下促进碳价格发现。推动建设全国碳排放权交易市场，设计好与碳交易相关的金融产品和交易机制，在碳排放约束下促进市场发现合理的碳价格。

(2) 应逐步完善绿色金融体系五大支柱。

①健全绿色金融标准体系。我国在绿色金融标准制定方面已走在世界前列，但相关标准仍需在国内实现统一，并与国际逐步接轨。

②完善金融机构监管和信息披露要求。逐步建立金融机构气候和环境信息披露制度，引导社会投资向绿色低碳等环境友好型企业倾斜。

③构建政策激励约束体系。

定期开展金融机构绿色金融业绩评价，综合运用多种货币政策工具，引导金融机构加大对绿色低碳领域的信贷支持。

④不断完善绿色金融产品和市场体系。

通过创新产品工具、提高定价合理性、加强环境风险管理等手段，继续发展绿色信贷、绿色债券、绿色基金等产品，建设碳市场，发展碳期货。

⑤加强绿色金融国际合作。

完善绿色金融政策框架和激励约束机制，用好结构性货币政策工具，引导金融机构按照市场化原则支持绿色低碳发展，推动实现碳达峰、碳中和目标。

（二）

材料一，“两会”：为应对气候变化，我国作出“二氧化碳排放力争于2030年前达到峰值，努力争取2060年前实现碳中和”等庄严的目标承诺。在今年的政府工作报告中，“做好碳达峰、碳中和工作”被列为2021年重点任务之一；“十四五”规划也将加快推动绿色低碳发展列入其中。

材料二，“博鳌”：博鳌亚洲论坛2021年年会“迈向碳中和之路”分论坛的主题是：碳排放与经济发展不是取舍关系；碳中和转型下企业面临的挑战。

Part1：强化碳金融、碳达峰和碳中和的概念。

(1) 碳金融是指服务于旨在减少温室气体排放的各种金融制度安排和金融交易活动，目标是控制温室气体的排放。通过建立以碳交易市场为代表的交易机制，能低成本、高效率地减少二氧化碳排放，推动“碳达峰”“碳中和”目标的实现。

(2) 碳达峰是指二氧化碳排放量达到历史最高值的某一个时刻，之后逐步回落。

(3) 碳中和是指通过植树造林、节能减排等形式，抵消自身产生的二氧化碳或温室气体排放量，实现正负抵消，达到相对“零排放”。

Part2：关于加强绿色金融体系建设的内容。

七部委发布《关于构建绿色金融体系的指导意见》，从政府层面推动并发布详细政策明确支持“绿色金融体系”建设，动员和激励更多社会资本投入绿色产业，尽快构建绿色金融体系。

碳金融是绿色金融的一个重要发展方向。碳金融的前提是碳市场的平稳发展，强调碳市场的目的是减碳，而不是创建一个新的金融市场。

Part3：简要分析碳税、碳排放权交易两种方式的特点。

碳定价实际是对排放二氧化碳设置一个价格，通过发挥价格的信号作用，使经济主体减少排放二氧化碳，或为排放二氧化碳埋单，从而引导生产、消费和投资向低碳方向转型，实现应对气候变化与经济社会的协调发展。碳定价主要包括碳税和碳排放权交易两种形式。

(1) 碳税是通过税收手段，将因二氧化碳排放带来的环境成本转化为生产经营成本，对二氧化碳等温室气体排放征税。优点是见效快、实施成本低。

(2) 碳排放权是指企业二氧化碳排放额度的分类和交易，减排效果具有确定性。

Part4：《关于构建绿色金融体系的指导意见》（以下简称《意见》）的内容及意义。

(1) 内容。从政府层面推动并发布详细政策明确支持“绿色金融体系”建设，动员和激励更多社会资本投入绿色产业，尽快构建绿色金融体系，推动金融服务向环保、节能、清洁能源、绿色交通、绿色建筑等领域倾斜，以便促进环保、新能源、节能等领域的技术进步，培育

新的经济增长点。《意见》提出，通过设立国家绿色发展基金、再贷款、专业化担保机制、绿色信贷支持项目财政贴息等措施，支持绿色金融发展。

（2）意义。充分肯定了证券市场对绿色投资的支持作用，提出统一绿色债券界定标准，鼓励符合条件的绿色企业上市融资和再融资、符合条件的机构发行绿色债券，支持开发绿色债券指数、绿色股票指数以及相关产品，推动建立健全上市公司和发债企业强制性环境信息披露制度，要求发展绿色保险和环境权益交易市场，推动在环境高风险领域建立环境污染强制责任保险制度，推动建立排污权、用能权、用水权等各类环境权益交易市场。

Part5：从宏观政策制度、金融机构实践、加强国际合作等方面分析金融业应该如何实现碳达峰、碳中和目标。

（1）宏观政策制度方面。

在今年的政府工作报告中，“做好碳达峰、碳中和工作”被列为2021年重点任务之一；“十四五”规划也将加快推动绿色低碳发展列入其中。从政府层面推动并发布详细政策明确支持“绿色金融体系”建设，动员和激励更多社会资本投入绿色产业，尽快构建绿色金融体系，推动金融服务向环保、节能、清洁能源、绿色交通、绿色建筑等领域倾斜，以便促进环保、新能源、节能等领域的技术进步，培育新的经济增长点。

（2）金融机构实践方面。

通过设立国家绿色发展基金、再贷款、专业化担保机制、绿色信贷支持项目财政贴息等措施，支持绿色金融发展。如提出统一绿色债券界定标准，鼓励符合条件的绿色企业上市融资和再融资、符合条件的机构发行绿色债券，支持开发绿色债券指数、绿色股票指数以及相关产品，推动建立健全上市公司和发债企业强制性环境信息披露制度，要求发展绿色保险和环境权益交易市场，推动在环境高风险领域建立环境污染强制责任保险制度，推动建立排污权、用能权等各类环境权益交易市场。

我们已将绿色债券和绿色贷款纳入央行贷款便利的合格抵押品范围，并将创设碳减排支持工具，激励金融机构为碳减排提供资金支持。人民银行还将通过商业银行评级、存款保险费率、宏观审慎评估等渠道加大对绿色金融和碳减排的支持力度。

（3）加强国际合作方面。

各国都认识到了加快经济结构转型和绿色发展的重要性。在2021的博鳌亚洲论坛上，全球共同应对气候变化问题，“碳中和”“碳达峰”成为关键词。未来通过进一步加强与国际金融组织合作，获得资金支持的同时，更重要的是能够学习借鉴国际先进经验，以促进我国碳金融发展走上一个新台阶。

第二章　现代金融体系与金融制度

本章导学

内容概述：本章是高级经济实务（金融）的第二章，系统介绍了现代金融体系、现代中央银行制度及货币政策框架等，属于后续内容的总述性章节。

考情分析：统考元年，本章与金融回归本源与服务实体经济相结合（现已分别融入其他章节），针对疫情之下的中央银行专项再贷款、资金有限情况下的重点企业名单管理等举措考查案例题。统考第二年，以中央银行发行的数字人民币作为热点进行了分析，属于多章节的融合点。

学习要求：要求考生备考时在学习理论知识框架的基础上，结合我国实际情况，对我国现代中央银行制度、货币政策的制定和宏观审慎政策框架、我国探索实践的举措及取得的成就进行动态分析和总结。

考纲再现

包括现代金融体系及我国推动构建现代金融体系的重要政策举措；现代中央银行制度及我国推动建设现代中央银行制度的重要政策举措；货币政策的制定与创新，宏观审慎管理框架的构建与完善，健全货币政策和宏观审慎政策双支柱调控框架等。

扫码听课

考点1　现代金融体系概述

金融体系与现代化经济体系之间的关系如下：第一，金融体系支持一国经济的运行，现代金融体系和经济转型发展密切相关。结合我国的实际情况来看，我国的实体经济正在经历转型发展，需要相应的金融体系的支持。第二，现代金融体系作为现代经济体系的重要组成部分，是经济体系现代化的重要标志，对现代化经济体系的运行效率具有重要影响。因此，构建现代金融体系势在必行。

一、金融体系的构成

金融体系是金融要素为实现资金融通功能而组成的有机系统，是金融市场（市场环境）、金融机构（或称为金融中介机构）、金融工具（载体）、货币政策（宏观调控的手段）、金融监管（对机构和行为实施监督和业务管理）等一系列金融要素的集合。

二、构建现代金融体系的“三个强调”

（1）为实现金融体系的结构优化，强调各种金融要素（即金融市场、金融机构、金融工具、货币政策等）有机结合的程度进一步提高，以及有机结合后的最佳执行效果更加明显。

（2）强调通过上述金融要素的有机结合，使金融的功能得到进一步的扩展和提高。

（3）强调新的金融要素（如绿色金融、金融科技等）加入，扩展了现代金融体系的边界。

考点2 现代金融体系的特征

现代金融体系的六大特征是现代金融体系内涵与特征的表现之一。其具体内容包括：

一、高度市场化

市场化体现在金融资源的配置上，市场机制对金融资源配置发挥着决定性作用。在市场的调节下，各类金融要素有机结合。

（1）内在关联性。在市场机制的作用下，各类金融产品价格把市场上的各类有效信息充分地反映出来，最终形成具有内在关联性的有效的价格体系。

（2）匹配性。金融机构为实体经济在不同时期（资金期限）、不同区域、不同主体（性质和规模不同）之间提供资金融通、支付清算、分散和管理风险等服务，满足了实体经济部门的需求，即资金与实体经济部门需求的基本匹配。

（3）外在关联及补充性。单一信用基本上只能适应某一方面的需要，有一定的局限性，因此，高度化市场有助于商业信用、银行信用和市场信用等各类信用相互关联、相互补充。

二、开放性

金融市场的开放机制，以“对外开放十一条”为例，这十一条开放措施不仅有利于提高我国金融市场竞争力，也将使境外投资者享受到我国发展的红利，使金融市场的各类主体有机会平等地进入我国金融市场，在“三公原则”（公开、公正、公平）下有序竞争。

三、有效调控

宏观调控部门将宏观审慎政策和货币政策加以灵活运用，形成了“双支柱”的调控框架，既激发了市场的活力，又守住了不发生系统性金融风险的底线。

四、监管全面覆盖

对各类金融行为监管到位，应通过完善金融业行为监管、强化金融机构行为风险管理、提高金融消费者素养，建立有效的行为监管机制。除此之外，还可以从以下两方面入手实现监管的全面覆盖。

（1）从风险管理的角度看，应建立完善的应急机制（突发事件处理机制）和金融风险的预警系统，从长远巩固金融风险攻坚战、金融乱象整治的成果，夯实金融稳定与安全的微观基础。

（2）从风险管理的范围看，应该加强金融监管的国际合作，通过国际间的协调，防范跨境金融交易过程中跨国风险传播及跨境监管套利。

五、高度科技化

网络技术、计算机技术、大数据、人工智能、区块链等与金融业务的融合，可以进一步降低金融风险，提高金融运行效率。

六、适应性

根据现代科技进步和实体经济部门的要求，适时改革或调整金融结构，提高金融运作效率。

考点3 现代金融体系的结构

一国的经济发展模式决定了该国的金融体系结构（形态）。现代金融体系的结构是现代金融体系内涵与外延的表现之二。

一、现代金融体系的结构（形态）

金融体系结构依据比较金融体系理论的分类如下。

（一）以银行为导向的金融体系

以银行为导向的金融体系的特点在于依靠银行配置资源，参照国如德国和日本。

（1）银行在金融体系中处于核心位置，银行业具有垄断性的结构特征，业务范围广。

（2）在一国金融体系发展之初往往倾向于银行主导形态。

（二）以市场为导向的金融体系

以市场为导向的金融体系的特点在于依靠市场配置资源，参照国如美国和英国。

（1）依靠市场配置资源，这里的“市场”主要指资本市场。

（2）我国金融改革的目标就是以市场为导向的金融体系。

以上两种金融体系的结构没有绝对的优劣，只是在一国金融体系发展的不同阶段发挥不同的作用。两种结构类型随着经济的发展也在逐步呈现出融合的趋势。

二、我国倾向于以市场为导向构建现代金融体系的原因

（一）经济发展水平决定金融体系

在国家经济发展的时候，银行与国家产出规模的比值会变得更大，同时在一国经济增长的时候，非银行金融机构和股票市场的规模和重要性与银行同步增长。

高收入国家的金融体系在整体上偏向于市场主导，同时其股票、债券市场的发展速度远超低收入国家，即一国更加富裕，金融体系会更加偏向于以市场为导向。

（1）经济增长到更高阶段，股票市场规模日益扩大，表现更加活跃，更有效率。对其衡量时，多采用如下几个指标：

①资本化率。用以衡量股票市场规模，是国内交易所上市本国企业股票的总市值与GDP的比值。

②股票交易率。用以衡量市场活跃度，是国内交易所上市本国企业股票的交易量与GDP的比值。

③换手率。用以衡量市场效率，是国内交易所上市的本国企业股票的交易量与总市值的比值。

（2）经济增长到更高阶段，金融体系就会更倾向于以市场为主导。

①银行信贷/股市交易比率是衡量相对活跃度的指标。用存款货币银行的信贷规模除以国内交易所股票总交易量，这个指标越大，表明该国的金融体系中银行相对于股票市场更活跃。

②国家越富裕，股票市场相对银行而言越活跃。

（二）产业结构发展决定金融体系

在金融市场发达的国家，由于其金融体系能够降低外部融资的成本，有效分散风险，那些

更依赖于外部融资的产业就能够实现超比例的增长，如高风险、高研发费用、高技术创新的行业。

市场主导型金融体系在创新技术、改进技术和处于产业生命周期初期的产业发展的投融资上具有比较优势，能激励更多的研发和投入，从而带来增长。

【考点回顾】

（1）现代金融体系的结构类型有哪些？

（2）我国倾向于以市场为导向构建现代金融体系的原因有哪些？

考点4　现代金融体系的功能

罗伯特·默顿和兹维·博迪在金融功能框架中对金融体系功能的解释，是对现代金融体系的功能呈现，而现代金融体系的功能也是现代金融体系内涵与外延的表现之三。

一、为清算和结算提供途径

（1）支付、清算、结算之间的关系。按照国际清算银行支付结算委员会的定义，所有涉及资金转移的行为，都可视作支付行为。支付的概念最大，清算和结算属于支付过程中的特定环节。其中，清算是发生在结算前的支付环节，该环节的功能主要是为了提高结算的标准化水平和效率。

（2）相关概念。

①支付：付款人向收款人转移债权的过程，包括交易、清算和结算三个过程。

②清算：如在收、付款人金融机构之间交换支付工具及计算金融机构之间待结算的债权。

③结算：该过程是完成债权最终转移的过程，包括收集待结算的债权并检验完整性、保证结算资金的可用性、结清金融机构之间的债权债务。

金融体系提供了在不同国家和地区或相同国家和地区被普遍接受的支付和结算途径，从而提高了支付结算效率，降低了交易成本。

现代互联网金融中的第三方支付深入改善了支付的便捷性，甚至可以说是对传统金融支付工具方式和理念的颠覆，如支付宝、微信支付。

二、提供资本集中和股权分割机制

股份公司、银行、投资基金等，能够集中小额资金、短期资金，从而解决巨额资本的需求，即“聚少成多、积短为长”，从而体现了金融体系集中资本的功能。巨大的营运资本可以通过股票形式把所有权细分；巨大的债权可以通过基金形式把债权分割等，则体现了金融体系股权分割的功能。

三、实现资源在时间和空间上的转移

金融体系通过发挥在储蓄者与投资者资金融通中的期限转换、信用转换、流动性转换等媒介功能，提供促使经济资源跨时间、跨地域、跨产业转移的方法和机制，从而引导价值交换、要素流动和资源配置有序进行。金融体系满足了买卖双方对经济资源跨期配置的需求。

为提升社会总体效率，金融体系转移经济资源应从低效的生产单位转移到高效的生产单位。资金融通过程见图 2-1。

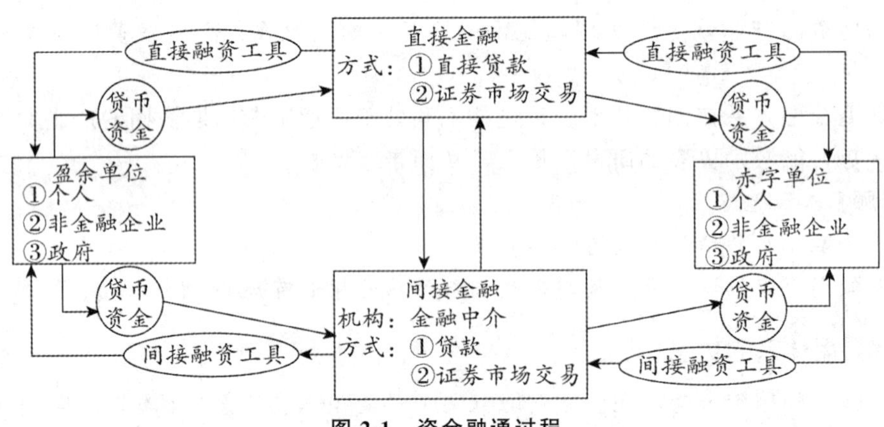

图 2-1　资金融通过程

四、提供有效的分散风险、转移风险和管理风险的途径

金融体系可以将风险合理分配给有能力且愿意承担风险的经济部门和行为主体。比如，衍生工具是为了规避和对冲风险而产生的；金融中介的出现和金融市场的有效运转都有助于降低流动性风险。

五、提供金融信息的形成机制

信息的不对称性和不完全性影响着经济体对投资项目收益的判断和储蓄投资转化率。

金融领域的价格信息，如利率、汇率、股市行情等，对于投资决策、经营决策的重要性人所共知，而金融体系则提供了这些金融信息的形成机制，促进协调不同经济部门的非集中化决策。在有效的金融市场中，金融资产对历史、公开、内幕等信息的反映最充分，也最准确。

六、提供激励问题的解决方案

在公司治理的问题中，存在着由于信息不对称而产生的道德风险和逆向选择，以及委托—代理问题。解决激励问题的方法涉及金融体系中金融工具设计、公司治理等多个方面的功能。

【示例 1】为使借款人谨慎使用贷款，银行增加担保要求，如要求贷款人提供抵押/质押担保。由于技术进步，降低了对抵押担保品价值的评估成本，使这类金融业务的应用范围不断扩大，从而有助于降低取得贷款的道德风险。

【示例 2】代理人的利益与公司的股票价格挂钩，如代理人股票期权分红使代理人与委托人的利益一致，有利于缓和委托—代理的矛盾。通过股票期权完成利益绑定，达到激励管理的目的。

【考点回顾】现代金融体系的功能有哪些？并对每一种功能的应用加以说明。

考点 5　现代金融体系的主要内容

一、金融市场（有形/无形）

（一）金融市场的定义

各种经济主体在金融市场进行金融交易，资金供需双方以各种金融工具为对象进行交易，从而在此市场上实现了短期货币资金、中长期资本借贷。金融市场具有资金的聚集和分配、资金期限的转换、风险的分散和转移、信息的收集和分配等功能。

（二）金融市场的分类

金融市场的分类见表 2-1。

表 2-1　金融市场的分类

分类标准	具体类型
按融资方式分类	（1）直接金融市场 （2）间接金融市场
按融资期限分类	（1）资本市场 （2）货币市场
按交易层次分类	（1）一级市场（发行市场） （2）二级市场（流通市场）
按金融资产形式分类	（1）股票市场 （2）债券市场 （3）同业拆借市场 （4）外汇市场 （5）黄金市场

二、金融机构

（一）金融机构的定义

金融机构为金融体系的一部分，是从事金融业有关活动的组织机构。金融业包括银行、证券、保险、信托、基金等行业。

（二）金融机构的分类

金融机构按照业务性质进行分类，可分为银行类和非银行类金融机构。其分类见表 2-2。

表 2-2　金融机构的分类

项目	具体内容		
银行类金融机构	定义		可以发行存款凭证的金融机构
	类型	中央银行	又称货币当局，是各国金融体系中居主导地位的金融中心机构，代表国家实行监管，是国家干预和调控国民经济发展的重要工具。中央银行制定一国的货币政策，维护金融体系的安全运行
		商业银行	（1）商业银行的职责是通过存款、贷款、汇兑、储蓄等业务承担信用中介的金融机构 （2）商业银行以获利为目的，主要的业务范围是吸收公众存款、发放贷款以及办理票据贴现等
		专业银行	指那些有特定的经营范围，同时提供专门性金融服务的银行，如开发银行等
非银行类金融机构	类型		信托公司、资产管理机构、基金公司、保险公司等资产管理公司、证券公司、期货公司等

三、金融工具（交易对象）

（一）金融工具的定义

金融工具又称信用工具，是一种既可以用于融资交易，又可以证明债权债务关系的合法凭证。

（二）金融工具的四大特点

（1）收益性是金融工具可以实现价值增值的特性。

（2）期限性是指除股票以外，一般性的金融工具往往都有明确的偿还期限。

（3）风险性是指不确定性，即金融工具预期收益和本金损失的不确定性。从表现形态来看，包括投资风险、信用风险、通货膨胀风险、利率风险等。

（4）流动性是指金融工具快速变现而不贬值的能力。

【示例】以债券为例，持有者将未到期债券以明显低于市值的价格变现形成的风险即流动性风险。投资者持有债券的变现难易程度可以衡量债券流动性的高低：变现速度很快且没有遭受损失，则流动性较高；变现速度很慢或为迅速变现须承担损失，则流动性较低。

（三）金融工具的类型

金融工具的类型见表 2-3。

表 2-3　金融工具的类型

项目	内容		
短期金融工具	定义	期限在 1 年以内的信用证、国库券、银行票据、商业票据、支票等	
	类型	商业票据	（1）商业汇票：由债权人发给债务人，命令其在一定时期内向指定的收款人或持票人支付一定款项的支付命令书，商业汇票必须经过债务人承认（承兑）才有效 （2）融通票据：指当事人双方通过协商达成一致，为了融通资金而专门签发的一种特殊的票据。由资金的需求方（即债务人）签发票据，对方作为债权人予以承兑，同时出票人（债务人）于票据到期日前将款项返还给承兑人（债权人） （3）商业本票：由债务人向债权人发出，承诺在一定时期内支付一定款项的债务凭证
		银行票据	（1）支票：是出票人签发的，委托办理支票存款业务的银行或者其他金融机构在见票时无条件支付确定的金额给收款人或者持票人的票据 （2）银行本票：指申请人将款项交存银行，由银行签发的承诺其在见票时无条件支付确定金额给收款人或持票人的票据 （3）银行汇票：指申请人将款项交存当地银行，由银行签发给申请人持往异地办理转账结算或支取现金的票据
长期金融工具	定义	期限在 1 年以上的金融工具，如股票、债券	

四、金融调控与监管

（一）金融调控

1. 金融调控的定义

金融调控是指国家综合运用经济、法律和行政手段，调节货币供应量、利率和汇率水平，以保证金融体系稳定运行，实现物价稳定和国际收支平衡。

2. 中央银行的金融调控

在现代经济生活中，金融调控职能主要是由中央银行来履行。中央银行通过货币政策调控货币总量及其结构，通过保持货币供求总量和结构的平衡来促进社会总需求与总供给的均衡。

3. 金融调控的特点

金融调控的特点见表 2-4。

表 2-4　金融调控的特点

项目	内容
主体	中央银行
手段	以货币政策为核心
要求	依法进行
目的	保持货币供求总量和结构的平衡来促进社会总需求与总供给的均衡

（二）金融监管

1. 金融监管的涵义

（1）狭义的金融监管又称为行政监管，是指由一国中央银行或一国其他金融监管当局（银保监会、证监会等）依法对整个金融市场及市场上所有的人员履职及业务活动实施的监督管理。

（2）广义的金融监管包括狭义的行政监管、金融机构的内控和稽核、行业自律组织的管理、社会中介力量的共同管理等。

2. 金融监管目标的演变

（1）初期目标。金融监管的主要内容是商业银行发行的银行券及保证支付，即银行券的发行资格、发行准备及存款保证金制度。但随着（非）金融机构的发展，金融创新和自由化带来多元化的金融监管对象。

（2）现实目标。在金融市场失灵的情况下，通过维护金融市场的公平效率，促进金融市场发挥其功能，从而保护市场参与者的合法权益。

（3）最终目标。稳定和发展一国的国民经济。

【考点回顾】金融工具的特点有哪些？

考点 6　我国构建现代金融体系的重要政策举措

十九大报告强调，我国经济已由高速增长阶段转向高质量发展阶段。现代金融体系的运行效率很大程度上决定着创新项目的融资速度和完成速度，决定着经济发展的质量水平。

金融体系发展水平对企业的技术创新投资行为具有重要影响，有时甚至决定着创新项目的质量、风险和成败。

一、推动金融回归本源，服务实体经济

（一）改革背景

过去的粗放型发展模式导致我国经济发展过度追求 GDP 的增长、过度重视经济发展规模、忽视了经济发展的质量及效益，使产业结构发展不合理，金融发展严重脱实向虚，资产泡沫过度积聚。

（二）改革举措

为引导和推动金融业回归本源服务于实体经济，我国在构建现代金融体系时采取了以下措施。

1. 抑制金融资金脱实向虚的发展趋势

（1）大力推动股权融资的发展，从而帮助实体经济融通资本金，切实解决中小企业“融资难、融资贵”的问题。

（2）大力推动资本市场的进一步发展，完善“沪港通”，启动“深港通”。

（3）大力支持制造强国的建设力度，要求银行业金融机构有效服务于制造业、有效服务于基础设施的建设、有效服务于交通、能源等重点领域，为京津冀的协同发展、长江经济带的建设助力。

（4）大力发展普惠金融，制定支持普惠金融措施。国内多家商业银行纷纷成立普惠金融事业部等。

2. 鼓励金融业对小微企业以及农业的扶持

（1）2014年，《国务院关于扶持小型微型企业健康发展的意见》提出了10项政策措施，包括采用税收优惠政策、设立创业引导基金扶持小微企业等。

（2）对农业的扶持大都集中在补助政策上，如发放各类农业补贴等。

二、全面深入开展金融体制改革

（一）背景介绍

在金融发展的过程中，出现脱实向虚的自转现象，不仅凸显了中小企业“融资难、融资贵”的困境，而且在金融业服务实体企业方面也出现了很多问题，以及金融业“以钱炒钱”“自我循环”“自我娱乐”等金融乱象的出现，要求我国全面深化金融体制改革。

我国深化金融体制改革的目的是使金融服务提质增效，故当前要求金融业的供给结构必须丰富和完善起来，推进供给侧结构性改革，以满足不断变化并日益多样化的融资需求。

（二）改革举措

（1）积极推进金融机构改革，稳妥地完善金融企业公司治理。

问题：金融机构数量增速过猛，内涵式（强调结构优化、质量提高、实力增强）发展不够。

举措：金融机构加快改革，完善金融企业公司治理结构，推动全面落实开发性金融机构、政策性银行改革方案。

（2）积极推进构建多层次的资本市场体系。

问题：资本市场直接融资的比重仍然较低，金融机制有待进一步健全。

举措：①加强资本市场的基础制度建设，适当提高资本市场直接融资比重。无论股票市场还是债券市场，还需要制度性的完善才能更好地发挥这些市场的功能和效率。例如，加快提升债券市场的风险定价能力，推动统一的债券市场发展等。②通过加快多层次市场体系的建设，提升我国直接融资比重，有助于改变当前过度依赖银行信贷的融资体系，是建设现代金融体系的内在需求。

（3）积极推进保险市场的改革，在境内拓宽保险资金多渠道支持实体经济。

前提：风险可控。

举措：首先，支持保险资金投资对宏观经济和区域经济有重要带动作用的重大项目，明确保险资金以债务投资计划的形式，投资到重大项目中去。

（4）大力发展普惠金融和绿色金融。

①普惠性就是使老百姓的投资渠道更多，小微企业的融资渠道更多，让企业和老百姓都受益。

②发展绿色金融的原因：现代金融体系必然是服务于可持续发展的经济，而可持续发展必然是绿色的、环保的发展，绝不是以破坏环境为代价的短期化粗放式增长，只有做到金融活动与环境保护、生态平衡的协调发展，才能最终实现经济社会的可持续发展。

（5）健全金融调控架构体系。

健全金融调控架构体系的具体内容包括货币政策调控的结构转型、健全利率市场化形成机制、完善人民币汇率形成机制等。

三、加强金融风险防控体系建设（把主动防范化解系统性金融风险放在重要位置）

加强金融风险防控体系建设的具体内容见表 2-5。

表 2-5　加强金融风险防控体系建设

举措	具体内容
健全制度	金融监管制度包括金融的监管机制和金融监管法制等
完善措施	措施包括进一步提升金融业的稳健性标准、加强有效的风险防控、建立健全风险责任追究机制、加大打击金融犯罪的力度、构建系统性规范化的风险防范预警体系和评估体系、坚持金融企业党组织的绝对领导等
提高专业化水平	方式包括构建专业化、现代化的金融监管机构（一行——中国人民银行；两会——银保监会和证监会）、培养专业化金融人才等

【考点回顾】我国构建现代金融体系采取了哪些重要的政策举措？

考点 7　现代中央银行制度概述

一、建设现代中央银行制度是推进国家治理体系和治理能力现代化的重大任务

金融制度是经济社会发展中重要的基础性制度，货币是金融的根基，中央银行是负责调节货币的总闸门。因此，现代中央银行制度是现代化国家治理体系的重要组成部分。

在现代信用货币体系下，中央银行对货币管理得好，就能够发挥出货币跨时空配置资源的积极作用，促进经济持续健康发展；中央银行对货币管理得不好，可能出现货币超发导致通货膨胀和资产泡沫，也可能发生信用收缩，甚至造成金融危机。

改革开放以来，我国中央银行制度建设取得重要阶段性成果，但仍不够成熟稳定，需要按照推进国家治理体系和治理能力现代化的要求建设现代中央银行制度。

二、现代中央银行制度的内涵和外延

现代中央银行制度是最重要的现代经济制度之一，在国家金融制度体系中居于基础地位，是一国经济架构与制度体系的重要组成部分。

大多数国家都是通过法律法规正式赋予中央银行机构地位、职能目标，以及政策工具和运作规范等在内的一系列制度体系。

（一）现代中央银行制度的产生原因

1. 统一银行券发行的需要

背景：

（1）单一小银行的信用实力薄弱，如果发行银行券，容易发生兑现困难，进而由此引发信用危机。

（2）在当时的发展背景下，大多数银行规模较小，营业网点有限，不利于社会化的生产流通。

（3）种类繁杂的银行券使债权关系更加复杂，若一种银行券的兑现出现问题，极易造成危害更大的连锁效应。

因此，为了最大限度的保证银行券自身币值稳定且流通顺畅，需要建立一个专门的机构来统一监管银行券的发行。其中一些国家把银行券的发行权集中交给了中央银行。

2. 稳定信用体系的需要

为了保护存款人的利益，维护整个金融业的稳定，需要中央银行成为其他商业银行的后盾，而中央银行的实力使其逐渐承担起这一角色——最后贷款人，商业银行遇到流动性困难时既可以向中央银行借款，也可以进行同业拆借，并由中央银行提供清算服务。

3. 统一票据清算的需要

背景：

（1）各家银行缺乏统一的清算机构，银行间票据由各银行分散进行结算，但随着交易量的提升，票据结算变得较为拖沓。

（2）随着商品经济的发展和银行业务的不断扩大，客观上需要建立一个全国统一的、公正的、有权威的清算机构，以便能够快速清算银行间各种票据，保证经济顺畅运行。

因此，中央银行通过清算体系统一协调处置商业银行间的清算业务。

4. 金融监管的需要

为了使银行业甚至整个金融业公平有序的竞争，防范化解金融运行风险，政府对金融业的监督管理非常必要。

（二）中央银行制度发展的四个主要阶段

第一阶段：17 世纪中后期到 20 世纪 30 年代。

中央银行制度形成初期，各国中央银行以“发行的银行、银行的银行、政府的银行”为要点来行使其职能，这个时期的中央银行的基本任务是满足政府的财政要求，并没有采用货币政策来调控一个国家的金融体系进而调整与控制一国经济水平。

第二阶段：20 世纪 30 年代到 80 年代。

经济大萧条后，建立且实行货币政策、开展金融管理逐渐变成了不同国家中央银行的两个主要职能。

综观这一阶段，货币政策相对不够独立，需要依靠金融管理来调控国家金融，流动性管理为金融管理指出了主要方向。

第三阶段：20 世纪 80 年代到 2008 年全球金融危机前。

很多国家的中央银行制定实施的货币政策与金融管理这两种职能具有明显的界限，保持货币购买力的稳定渐渐成为了中央银行的主要职责，实施金融管理是管理机构的专属职能。在 2003 年，我国基本形成了“一行三会”的分行业管理机制。

第四阶段：2008 年全球金融危机至今。

在金融危机发生后，不同国家得到的启发：改善金融管理模式，强调中央银行开展金融管理政策的能力，特别是把宏观审慎监管、支付结算方式等基础设施监管纳入中央银行的主要职能机制，构成了中央银行制定实施货币政策和金融行业监管二者并重的制度体系。

（三）中央银行的性质

（1）业务特点方面：中央银行指的是为商业银行等一般金融机构以及政府供提金融服务的特别金融机构。

①从经营目标看，中央银行并不把营利作为战略目标。

②从服务对象看，中央银行仅仅和政府以及金融机构产生资金流转。

③从经营内容看，只有中央银行具有发行货币的职能，能够制定及实施货币政策。它吸收存款并不以增加信贷业务范围为目的，而是以调整货币的供给量为目的。

（2）功能作用方面：中央银行是制定和实施货币政策、监管金融行业及规范金融秩序、调控金融与经济发展的非微观管理机构。具体体现在：

①中央银行作为一个国家金融产业的最高级别的监管部门，代表国家制定与实施统一的货币政策，监督和管理全国金融机制的平稳运行。

②中央银行的核心任务是代表国家利用货币政策来调控及干预国家宏观经济政策。

③中央银行代表国家参与国际金融组织和国际金融活动。

【考点回顾】现代中央银行制度产生的原因是什么？

考点 8　现代中央银行制度的主要内容

一、中央银行制度的分类

中央银行制度的分类见表 2-6。

表 2-6　中央银行制度的分类

分类	主要内容
单一中央银行制度	（1）定义：单一中央银行制度是指国家单独设立中央银行，令其全方位实施中央银行的全部职能，并可以监督管理金融产业 （2）分类：①一元中央银行制是一个国家仅仅设立一级中央银行以及许多子机构实施相同的职能，由母、子行构成的高度集中的中央银行制（如中国、法国、英国、日本）；②二元中央银行制是指在中央以及地方设立两级中央银行机构，中央一级为最高级的管理机构，地方一级有特定的权力，但要服从中央的管理
复合中央银行制度	（1）定义：复合中央银行制度是指一个国家没有设立运用中央银行职能的银行，而是利用一家大型银行整合中央银行职能和一般基础存贷款银行经营职能于一体的银行制度 （2）这种制度基本被运用于实施完全计划经济管理的国家（如苏联、1983 年前的中国） （3）在复合中央银行制度下产生的中央银行缺少现代中央银行的职能部门
准中央银行制度	准中央银行制度是指有的国家与区域缺少职能完备、业务齐全的中央银行，因此由政府授权的几个金融机构实施个别中央银行职能的制度（如中国香港特别行政区、阿拉伯联合酋长国、斐济共和国、新加坡共和国、沙特阿拉伯王国等）
跨国中央银行制度	在第二次世界大战之后，跨国中央银行制度产生。它是指多个国家一同构成货币机构，各成员国并不设立本国的中央银行，而是由统一的货币机构实施中央银行职能的制度（如欧洲中央银行、西非货币联盟所设的中央银行和中非货币联盟所设的中非国家银行等）

二、中央银行的职能

（一）发行的银行

发行的银行包含两层含义：

（1）中央银行独有发行货币的权力，是全国或者全组织独有的发行货币的银行。

（2）中央银行把维持本国货币的流通与币值稳定作为目标，把市场上的货币数量以及信贷规模的大小控制在合理范围之内，确保宏观经济平稳运行与发展。

（二）银行的银行

（1）银行的银行的含义。

①普通银行的存款、放款、汇款业务也在中央银行的基本业务范围之内。

②中央银行的服务客体是商业银行以及其他金融机构。

③中央银行同时要监督管理商业银行以及其他金融机构。

（2）作为银行的银行，中央银行的职能包括：

①整合存款准备金。

②作为“最后贷款人”。

中央银行作为“最后贷款人”所使用的资金集中来自国库内的存款以及存款准备金，如果资金不足，增加发行的货币可以有效提供资金。

【点拨】 通过对“银行的银行”这一职能的运用，不仅能提高金融机构的资金流通效率，在市场上提高整体货币供给的效益，还能调控再贴现率，改变货币供给量和信用范围。

③组织全国清算。

中央银行组织全国清算的职能可以增加清算效益，提高资金周转效率，同时也有利于其通过清算系统提高对金融机构的监管水平。

（三）国家的银行

（1）国家的银行的含义。

①中央银行代表国家制定与实施和金融政策有关的法律法规，代表国家调整与宏观经济和金融产业有关的各项政策。

②代表国家管理国库的收入与支出，代表国家开展各种金融业务。

（2）作为国家的银行，中央银行的职能包括：

①代理国库。国家财政收支都使用国家财政部在中央银行内部开设的银行账户进行处理，所以中央银行又称国家的总出纳。

②代理政府债券的发行。中央银行常常代理国债的发行、推广和发行后的利息处理等业务。

③为政府融资、给予信贷保护。当财政出现短暂的收支不平衡时，中央银行往往会给政府融资、给予信贷支持。

④保管外汇储备以及黄金储备，买卖并监督管理外汇、黄金。

⑤代替国家参与国际金融活动，并提供决策方案。中央银行代表国家参加国际金融体系建设，参与不同的国际会议，积极参加国际金融活动，代替国家签署国际金融协议等；在国内以及国际金融活动中，担当国家的代表，提供经济、金融进展情况的报告以及战略意见。

⑥开展金融监管活动。作为一个国家的最高金融管理机构，中央银行行使其监督管理职能，主要内容有：制定且监管实施有关金融战略、规章、制度以及业务行为规则等，监督管理金融机构的业务行为，指导并改善金融环境。

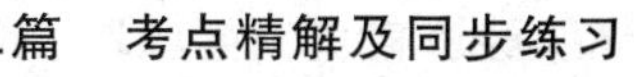

三、中央银行的主要业务

（一）资产业务

1. 贷款业务

中央银行的贷款业务体现中央银行作为“最后贷款人”的职责所在。其类型依据对象的不同可分为：

（1）面向商业银行等金融机构的贷款。（最主要）

（2）面向非货币金融机构的贷款。在我国，非货币金融机构包括国家开发银行、中国进出口银行、金融信托投资公司等。

（3）面向政府的贷款。

2. 再贴现业务

商业银行为筹集所需资金，把其由贴现获得的没有到期的商业票据交给中央银行，中央银行用规定的贴现率对商业票据进行二次购买的经济业务。

中央银行能够利用改变再贴现率的方法，增加或者减少相应的再贴现额，进一步调整信用范围，最终实现对宏观金融的调控。

3. 金银外汇储备业务

中央银行掌控并且管理着全国的金银外汇储备，它可以有效确定价格与汇率，进一步确保国际收支平衡。

4. 证券买卖业务

在公开市场上，中央银行可以自由出售或购进有价证券以调控货币供给数量，提高货币在金融市场上的流通效率。

（二）负债业务

1. 货币发行业务

中央银行独有货币的发行权，发行的货币是中央银行的资金源泉。

2. 存款业务

（1）准备金存款是商业银行等金融机构向中央银行缴纳存款现金而形成的存款，包括法定存款准备金、超额存款准备金等。

（2）政府存款、非银行金融机构存款等。

3. 其他负债业务

包括中央银行债券、对外负债和中央银行的资本业务等。

（三）中间业务

中央银行的中间业务是指清算商业票据和处理异地资金转移问题，提供全国性资金清算的功能。

组织票据交换清算是在票据交换所进行的。票据交换所是指在相同城市中，银行清算功能处理不同应收应付票据款项的场所。

全部银行的应收应付款项相互抵消后收付其差额，这个差额应该利用银行在中央银行内设立的往来账户转账支付。

不同的城市以及地区的资金流通造成的异地资金划分问题须经过中央银行统一办理。

办理异地资金转移采用两个方案：其一是不同金融机构内部组成一个全行业交换机制，然后由不同金融机构的总管理部门经中央银行总行办理异地结转业务；其二是把异地票据全部收集送达中央银行总行办理轧差转账。

四、中央银行的独立性

中央银行在整个货币政策决策和运作的过程中，由法律赋予的或中央银行实际拥有的一种自主的特性即独立性，主要反映在中央银行与中央政府的关系上。

中央银行应该对政府保持独立性，这种独立是相对独立。

（一）中央银行应该对政府保持独立性的原因

（1）二者的地位不同，行为目标也不完全相同。

（2）中央银行履职要求有极强的专业特性。

即中央银行在制定货币政策并加以实施，从而调控宏观经济的运行、加强对金融行业监管的过程中，要求具备扎实的专业基础和丰富的相关经验。

（二）中央银行与中央政府具有相对独立性的原因

（1）金融系统是经济社会的一个子系统。在这个系统中，中央银行处于核心地位，应当服从和服务于大局。

（2）中央银行是宏观调控的部门之一，需要不同政策（如财政政策）的协调配合，才能使货币政策目标得以实现。

（3）中央银行在得到国家授权后履职时，由政府协调各部门配合中央银行工作，即中央银行与其他部门的关系也是由政府来统筹协调的。

【考点回顾】

（1）中央银行有哪几大职能？

（2）中央银行的主要业务有哪些？

考点9 我国推动建立现代中央银行制度的重要政策举措

一、中央银行制度建立的历程

（一）统一货币发行

1949年9月，中国人民政治协商会议通过《中华人民共和国中央人民政府组织法》，把中国人民银行纳入政务院的直属单位系列，接受财政经济委员会指导，与财政部保持密切联系，赋予其国家银行职能，承担发行国家货币、经理国家金库、管理国家金融、稳定金融市场、支持经济恢复和国家重建的任务。

到1952年国民经济恢复时期终结时，中国人民银行建立了全国垂直领导的组织机构体系，统一了人民币发行，使人民币成为全国统一的货币。

（二）全能银行时代

中央银行职能和商业银行职能仍然没有得到区分，因此也不存在外部监管的问题，中国人民银行既行使中央银行职能，又办理商业银行业务，既是宏观经济政策管理机构，也是金融业监管部门。

（三）商业银行职能剥离

（1）1982 年 7 月，国务院批转中国人民银行的报告，特别指出了“中国人民银行是中国的中央银行，是在国务院领导下统一监管全国金融产业的国家机构”，标志着我国现代中央银行制度建设的准备工作正式展开。

（2）1983 年 9 月 17 日，国务院批准指出，中国人民银行能够行使中央银行的职能高达 10 种。

（四）我国现代中央银行制度基本框架的基本确定

（1）自 1984 年 1 月 1 日起，中国人民银行初次行使中央银行的职能；把中国人民银行的工商信贷业务以及存款业务划分清楚、分离出来，让最新设立的中国工商银行专门处理这些业务；建立存款准备金机制以及中央银行对其他业务银行的信贷机制。

（2）1993 年以来，我国进一步完善和创新现代中央银行机制。中国人民银行逐渐提升金融控制、金融监督、金融管理和金融服务的业务水平，将政策性业务与商业银行业务划分清楚。

（3）1995 年 3 月，全国人民代表大会出台了《中华人民共和国中国人民银行法》，第一次以国家立法的形式确保了中国人民银行作为我国中央银行的地位。

（五）现代中央银行制度的建立

2019 年 10 月，党的十九届四中全会指出建设现代中央银行制度，完善基础货币投放机制，健全基准利率以及市场化利率体系。

中央对建设现代中央银行制度的提出，对我国金融市场的监督管理，提升宏观经济调控效果具有重要作用。

由此可见，现代中央银行机制的设立与健全是国家治理水平和治理机制现代化的重要内容。

提升宏观经济控制效益，推动经济平稳发展，高效规避金融风险，保护风险底线，是现代中央银行制度出台的最终目的。

2020 年 11 月 3 日，《中共中央关于制定国民经济和社会发展第十四个五年规划和二〇三五年远景目标的建议》提出建设现代中央银行制度，完善货币供应调控机制，稳妥推进数字货币研发，健全市场化利率形成和传导机制。中央对建设现代中央银行制度明确提出，对整个金融体系的规范管理、提高宏观调控效果意义重大。建设现代中央银行制度是推进国家治理体系和治理能力现代化的重大任务。

二、建设现代中央银行制度的总要求

经过长期发展，我国已经成为金融大国，国家金融安全稳定，面临的形势复杂严峻，金融科技深刻改变着金融业态，因此建设现代中央银行制度将面临很多新的机遇和挑战，这就为我国建设现代中央银行制度提出了要求。

（1）坚持党中央对中央银行工作的集中统一领导。这是确保我们建设现代中央银行制度沿着正确方向前进的根本保证。

（2）坚持服务经济高质量发展。金融调控必须坚持以国家发展规划为战略导向，坚持新发展理念，实施稳健货币政策，把好货币政策总闸门，坚决不搞“大水漫灌”。

（3）健全货币政策和宏观审慎政策“双支柱”框架。在维护货币稳定和金融稳定的同时，不断改善金融监管，坚决防止资金在金融体系空转自转、脱实向虚，引导金融体系回归服务实体经济的根本定位。

（4）坚持市场化、法治化取向。金融改革发展要坚持以供给侧结构性改革为主线，持续深化利率、汇率市场化改革，健全多层次金融市场，完善金融机构体系，不断扩大市场在金融资源配置中的决定性作用。

（5）健全科学有效的货币政策决策和传导体系。

（6）建立健全宏观审慎政策框架和系统性金融风险防范处置体系。

（7）建立现代金融基础设施和中央银行金融服务体系。

（8）建立高效的货币财政政策协同机制和中央银行财务制度。

三、中国人民银行在建立现代金融体系、增强金融普惠性方面的新举措

“十四五”是“两个一百年”奋斗目标的历史交汇时期，也是我们建立现代金融体系的关键时期。人民银行将持续推动建设现代金融体系，进一步打通金融向实体经济的传导，更好地支持国民经济重点领域和薄弱环节，更好地支持加快构建双循环新发展格局。

（一）要建立现代金融机构体系

（1）国有商业银行改革方面，重点是要以强化公司治理为核心，更好支持实体经济，服务小微、民营企业发展。

（2）中小金融机构改革方面，要从完善制度入手，支持中小银行和农村信用社持续健康发展，保持县域金融机构法人地位总体稳定，保持金融体系完整性，促进城乡协调发展。

（3）政策性金融改革方面，我们会在前期取得成果的基础上继续推进改革，实施政策性业务与商业性业务分账管理，提升支持国家战略的能力。我们继续坚持“两个毫不动摇”，鼓励和支持民营金融机构规范创新发展。

（二）要发展现代金融市场体系

我们会继续改善融资结构，大力发展债券市场和多层次资本市场，提高直接融资比重。通过消除歧视、降低门槛，加强金融消费权益保护，使各类市场主体能够以可负担的成本获得参与金融活动的公平机会。金融科技蓬勃发展，对金融市场产生了深刻的影响。“十四五”期间，我们需要建立金融科技规范发展的制度体系，更好地发挥人工智能、大数据、云计算等新技术提升金融普惠性、便利性的重要作用。

（三）完善现代金融基础设施体系

经济高质量发展和高水平对外开放对金融基础设施服务的便捷性、联通性、安全性提出了新的要求。为此，我们需要综合统筹规划金融业综合统计、反洗钱以及金融市场登记托管、清算结算、支付、征信等金融基础设施，优化结构布局，统一监管标准，确保安全高效运行。为适应双循环新发展格局，我们要继续推动境内外各类金融基础设施互联互通，构建适应金融双向开放的金融基础设施管理体系。

四、中共中央提出“完善货币供应调控机制，稳妥推进数字货币研发”

《中共中央关于制定国民经济和社会发展第十四个五年规划和二〇三五年远景目标的建议》提出：

（一）建立现代财税金融体制

（1）加强财政资源统筹，加强中期财政规划管理，增强国家重大战略任务财力保障。深化预算管理制度改革，强化对预算编制的宏观指导。推进财政支出标准化，强化预算约束和绩效管理。

（2）明确中央和地方政府事权与支出责任，健全省以下财政体制，增强基层公共服务保障能力。完善现代税收制度，健全地方税、直接税体系，优化税制结构，适当提高直接税比重，深化税收征管制度改革。健全政府债务管理制度。

（3）建设现代中央银行制度，完善货币供应调控机制，稳妥推进数字货币研发，健全市场化利率形成和传导机制。

（4）构建金融有效支持实体经济的体制机制，提升金融科技水平，增强金融普惠性。深化国有商业银行改革，支持中小银行和农村信用社持续健康发展，改革优化政策性金融。全面实行股票发行注册制，建立常态化退市机制，提高直接融资比重。推进金融双向开放，完善现代金融监管体系，提高金融监管透明度和法治化水平，完善存款保险制度，健全金融风险预防、预警、处置、问责制度体系，对违法违规行为零容忍。

（二）建设现代中央银行制度的意义

建设现代中央银行制度是推进国家治理体系和治理能力现代化的重大任务。提高宏观调控效果和效率，稳定经济发展，有效防范化解金融风险，推动我国经济高质量发展，是现代中央银行制度建设的根本目标。在世界百年未有之大变局的深刻背景下，建设和完善现代中央银行制度也是我国应对国际中央银行制度演变挑战的必然要求。

考点10　货币政策的制定与创新

基础概念篇

（1）中国经济新常态的三大特征。

①从高速增长转向中高速增长。

②从规模速度型粗放增长转向质量效率型集约增长。

③从要素投资驱动转向创新驱动。

（2）利率走廊。

利率走廊是中央银行向商业银行等金融机构提供存贷款便利的机制。

（3）常备借贷便利（SLF）。

从国际经验看，中央银行通常综合运用常备借贷便利和公开市场操作两大类货币政策工具管理流动性。常备借贷便利的主要特点：一是由金融机构主动发起，金融机构可根据自身流动性需求申请常备借贷便利；二是常备借贷便利是中央银行与金融机构“一对一”交易，针对性强；三是常备借贷便利的交易对手覆盖面广，通常覆盖存款金融机构。中国人民银行在2013年年初正式创设常备借贷便利，作为正常的流动性供给渠道，主要功能是满足金融机构大额流动性需求，对象主要为政策性银行和全国性商业银行，期限为1～3个月。

（4）中期借贷便利（MLF）。

中期贷款便利是指中央银行提供中期基础货币的政策性工具，对象是符合宏观审慎管理的商业银行、政策性银行。

（5）抵押补充贷款（PSL）。

抵押补充贷款是基础货币投放的新渠道，即通过商业银行抵押资产从中央银行获得融资的利率，引导中期利率。

（6）货币政策结构。

货币政策结构是指货币政策目标和为了达到这项目标而设立的机制规划，其核心内容有货币创造制度、货币政策目标、货币政策工具、货币政策规划和货币政策传播途径。一个国家的货币政策结构应该同宏观经济发展水平相结合。这些年来，国内外环境的改变要求我国货币政策结构应当快速转变与更新。

一、我国的货币政策框架

外汇占款增加导致货币供应量增加，金融脱媒与影子银行的发展使得以货币供应量为中介目标的数量型价格政策越来越难以发挥作用。中国人民银行从2013年开始陆续推出了常备借贷便利、中期借贷便利、抵押补充贷款三种主要的创新型货币政策工具，为市场提供流动性，优化社会资金配置，减少货币市场的利率波动，起到显著效果。但与其他国家相比仍然存在不足，对实体经济的支持效果并不明显，中小企业"融资难"问题依然普遍存在，迫切要求我国货币政策框架进行转型和创新。为更好地应对货币政策转型的挑战，应进一步健全和丰富我国货币政策操作工具箱，完善利率传导机制，健全货币政策和宏观审慎政策双支柱调控框架。

（一）我国货币政策框架转型与创新的原因

（1）在经济"新常态"下，国内宏观经济环境发生了巨大的变化。

在"新常态"下，我国经济发展增长方式和增速都在变化：经济由高速增长→中高速增长。

我国经济发展面临"三期叠加"（即增长速度换挡期、结构调整阵痛期、前期刺激政策消化期叠加）的局面。

同时，利率和汇率定价的市场化改革也使传统货币政策的效用被削弱。

（2）国际宏观经济环境发生了巨大的变化。

①政策面出现分化。

由原来的释放基础货币调整为回笼基础货币，货币信用体系日趋复杂化。

②全球经济形势分化。

未来一段时间美联储降低利率或者简化资产负债表都会使得全球经济流通效率提升，加快国际资本的流通效益。

（二）我国货币政策框架转型问题的探索与创新实践

货币政策框架转型从理论上讲，包括货币政策目标调整、货币政策工具创新、货币政策机制完善、货币政策独立性增强四个方面的内容。

（1）货币政策目标的调整：数量调控→价格调控。

①背景：中央银行主要盯住广义货币量、新增贷款、社会融资规模等数量型中介目标。

广义货币供应量（M_2）是研究宏观经济调控的主要变量。单位定期存款、个人存款、其他存款（财政存款除外）的流动性较弱，属于准货币。它与流通中货币和单位活期存款（即通常所说的狭义货币供应量）共同构成广义货币量。

②货币政策中介目标由数量型向价格型转变的原因。

从政策目标来看，我国中央银行采取多目标制，货币政策中介目标由货币数量向利率价格转移。由于经济结构复杂，中国人民银行跟踪监测与准确调控货币信贷数量的难度逐渐增大，货币信贷数量和经济增速、金融稳定、通货膨胀间的相关性也被弱化。

货币政策传导机制方面，由于信贷在社会融资中占主导地位，信贷渠道仍然是当前货币政策传导的重要途径，同时利率渠道也变得越来越重要。

③政策工具方面，央行创新货币政策工具，规定了“利率走廊”的上下限，以 7 天期常备借贷便利利率为上限、7 天期逆回购利率为隐性下限、超额存款准备金利率为显性下限。另外，央行更加重视存款类金融机构 7 天期质押式回购利率的中介作用。在此模式下，央行不用频繁通过公开市场业务来引导市场流动性，只需通过调节“利率走廊”的上下限即可实现稳定市场利率的预期目标。

中央银行利率传导机制见图 2-2。

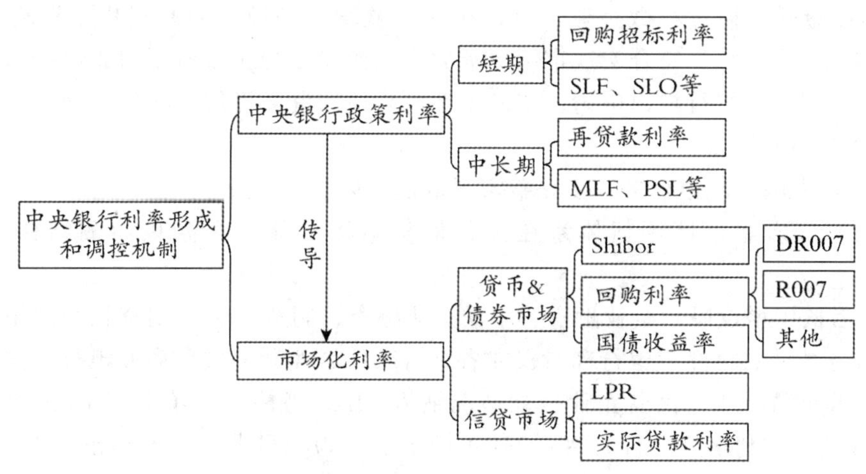

图 2-2　中央银行利率传导机制

注：R007 是指银行间市场 7 天回购利率。

“利率走廊”的上下限不对称，则调节走廊边界，可以实现稳定市场利率的预期目标。

④利率操作过程简化，且操作成本降低。

与公开市场操作的工具手段作比较，“利率走廊”调控上限引导资金的流向（目的是避免因为资金“空转”而导致的杠杆率升高），下限守住不能引发系统性金融风险的底限。

（2）构建结构性货币政策，实现货币政策工具的创新。

①传统工具的创新。对传统的货币市场利率实现区间管理，有效地引导了资金的价格和实现了定向释放流动性。

②新工具的创造。常备借贷便利通过结构性调控，对金融机构提供流动性支持。

【示例】 2014 年推出的抵押补充贷款和中期借款便利、2018 年推出的定向中期借贷便利等，是我国货币工具创新的主要举措。

（3）完善货币政策机制，转变调控方式与操作手段。

①2011 年起。

主体：中央银行。

内容：实行差别准备金的动态调整。

②2014～2016 年。

主体：中央银行。

内容：设立 SLF、MLF 等货币政策工具。

③2015 年。

主体：中央银行。

内容：将差别准备金动态调整机制升级为宏观审慎评估体系（MPA）。

④自 2016 年年底起，稳健的货币政策继续推行，同时不失时机地推动调控框架转型，探索构建“利率走廊”疏通传导渠道。

⑤2018 年以来，我国继续采用稳健的货币政策，坚持松紧适度。采取定向降准、债券市场投资者窗口指导、加大支小支农再贷款投放等措施，以稳金融支持稳增长。

为加大对小微企业、民营企业的金融支持力度，中国人民银行决定创设定向中期借贷便利（TMLF），根据金融机构对小微企业、民营企业贷款增长情况，向其提供长期稳定的资金来源。支持实体经济力度大、符合宏观审慎要求的大型商业银行、股份制商业银行和大型城市商业银行，可向中国人民银行提出申请。定向中期借贷便利资金可使用 3 年，操作利率比中期借贷便利利率优惠 15 个基点。

⑥2019 年，中国人民银行进一步完善宏观审慎政策框架。

第一，发挥好宏观审慎评估体系在优化信贷结构和促进金融供给侧结构性改革中的作用。

在 MPA 考核中增设民营企业融资、小微企业融资、制造业中长期贷款和信用贷款专项指标；配合对服务县域农村商业银行和对仅在省级行政区域经营的城市商业银行定向降准，将使用降准资金发放小微企业、民营企业贷款情况纳入 MPA 考核；改革完善 LPR 形成机制，将 LPR 运用情况及贷款利率竞争行为纳入 MPA 的定价行为项目考核，推动银行更多运用 LPR，坚持用改革的办法降低实体经济融资成本。

第二，坚守底线，精准拆弹，依法依规、稳妥有序接管并处置包商银行风险，制止金融违法违规行为，遏制风险扩散，防范风险外溢，最大限度保护客户合法权益。

我国在宏观审慎领域的持续探索及取得的积极成效，不仅为国内防范化解金融风险、维护金融稳定提供了坚实的政策保障，同时也为全球金融市场提供了有价值的经验借鉴。

（4）宏观调控注重国际间协调，提高货币政策独立性。

①我国当前宏观经济已经进入新常态，宏观调控总目标是保增长和调结构。

②当前我国为保持货币政策的独立性，要求抛开固定汇率制度（人民币汇率形成机制在继续改革），放开资本账户限制。

当前我国在对人民币汇率形成机制的改革中，已将人民币兑美元的浮动范围调整至 2%，这标志着我国汇率形成机制在向着以市场供求为基础、富有弹性、市场驱动“三位一体”的汇率制度靠拢，也凸显了我国货币政策的独立性在逐步增强。

（三）对货币政策工具进行创新，进一步完善货币政策结构

（1）对传统的一般性货币政策工具进行创新应用。

示例：对市场利率进行区间管理，使市场化了的利率成为货币的市场价格，进而引导资金的供求，起到释放流动性、引导资金流向的作用。

（2）不断推出新的货币政策工具，完善货币政策结构。

示例：为对金融机构提供流动性支持，设计了常备借贷便利（SLF）；为满足当前央行稳定利率的要求，又不直接向市场投放基础货币，设计了中期借贷便利（MLF）。

（3）2020 年人民银行推出了 3 000 亿元抗疫专项再贷款和 1.5 万亿元普惠性再贷款再贴现，这些工具都是直达实体企业的货币政策工具。

（4）人民银行再创设两个直达实体经济的货币政策工具，从而进一步完善结构性货币政策工具体系，持续增强服务中小微企业政策的针对性和含金量。

①普惠小微企业贷款延期支持工具——解决疫情下中小微企业普遍出现资金周转困难的问题。

②普惠小微企业信用贷款支持计划——缓解小微企业缺乏抵押担保的痛点，提高小微企业信用贷款比重。

（5）创新工具的显著特点。

①市场化。中央银行对金融机构行为进行激励，但不直接给企业提供资金，也不承担信用风险。

②普惠性。符合条件的地方法人银行提供服务，享受中央银行的支持。

③直达性。将货币政策操作与金融机构对普惠小微企业提供的金融支持直接联系，保证了精准调控。

二、构建与完善宏观审慎管理框架

宏观审慎管理是指利用宏观审慎工具来防范系统性金融风险，从而保护实体经济免受冲击。

（一）宏观审慎管理框架的发展沿革

1. 宏观审慎管理概念的提出

“宏观审慎”在 1979 年首次被“库克委员会”提出。

2. 受到广泛关注

2008 年全球金融危机之后，世界各国意识到金融体系的周期性问题，比如，顺周期性体现在经济部门在危机出现时，对信贷资金的需求会增加，但此时，整个商业银行体系的放贷能力是有限的，或者说是被削弱的，因此提出了资本留存缓冲的思路。

资本留存缓冲是指银行为了合理的规避风险，额外从一级资本中计提的留存收益，作为特别风险发生时的应急资本。

3. 开始着手研究

中国人民银行 2009 年起，开始强化研究宏观审慎政策。2011 年引入差别准备金动态调整机制。

4. 动态调整机制升级

自 2016 年起将差别准备金动态调整机制升级为宏观审慎评估体系，对金融机构的行为进行多维度的引导，实施逆周期调节。

2015 年 12 月 29 日，中国人民银行宣布从 2016 年起，将已执行五年的差别准备金动态调整和合意贷款管理机制升级为宏观审慎评估体系，为结构性改革营造适宜的货币金融环境。

更多的金融活动、金融扩张行为和全口径跨境融资被纳入到宏观审慎管理之列，宏观审慎政策框架更为全面、更有弹性，标志着我国宏观审慎框架体系的构建进入了实质推进期和快速完善期。

宏观审慎评估体系将重点考虑资产负债情况、资本和杠杆情况、流动性、外债风险、定价行为、资产质量、信贷政策执行等方面，通过综合评估加强系统性金融风险防范和逆周期调节。

（二）宏观审慎工具的类型

宏观审慎工具的类型见表 2-7。

表 2-7　宏观审慎工具的类型

适用目标	类型
应对信用过度扩张与高杠杆	（1）逆周期资本缓冲 （2）杠杆率 （3）动态贷款损失准备 （4）信贷增速上限
应对期限错配和流动性风险	（1）流动性覆盖率 （2）净稳定资金比率 （3）存贷比上限 （4）贷款与稳定资金比率 （5）准备金要求 （6）流动性费用
应对系统重要性金融机构和金融体系内风险传染	（1）系统重要性金融机构附加资本要求 （2）系统重要性金融机构附加杠杆率要求 （3）系统重要性金融机构流动性要求 （4）金融机构间敞口限制 （5）差异化的风险权重 （6）净稳定资金比率 （7）中央对手方清算机制 （8）保证金要求
应对部门性金融风险	（1）部门性资本要求 （2）贷款与价值比率 （3）债务与收入比率 （4）贷款与收入比率 （5）外币贷款风险权重 （6）外汇风险敞口限制

三、双支柱调控框架

双支柱调控框架是指货币政策搭配协调宏观审慎政策（借助宏观审慎工具）共同作用，从而通过此双支柱的有效调节，来实现经济体系稳定和金融体系稳定的目标，即实现双稳定的目标。

（一）采用双支柱调控框架的必要性

以维护价格（经济）稳定为主的传统货币政策存在缺陷，需要同时结合追求降低过度顺周期性和跨机构系统性风险的宏观审慎政策。

（二）双支柱调控框架的有效性

1. 宏观审慎政策与货币政策的互补性

（1）宏观审慎政策在利率机制弱化的情况下，能够弥补货币政策的不足，宏观审慎政策能

够防范系统性风险的发生，它是用规则来界定信用扩张的可能性边界。

（2）货币政策为宏观审慎政策提供支持。如加快金融市场价格机制（利率及汇率）的市场化改革，以利率规则为基础的货币政策体系的建立，为宏观审慎政策的实施提供一个稳定的操作环境，也可以进一步降低实施成本。

（3）健全货币政策的框架，同时推动利率市场化改革，完善汇率形成机制，不断完善宏观审慎政策框架，促进货币政策与宏观审慎政策之间的协调配合，以提高双支柱宏观调控框架的有效性、前瞻性与稳健性。

宏观审慎政策的积极影响和不足之处见表2-8。

表2-8　宏观审慎政策的积极影响和不足之处

积极影响	不足之处
在经济上行期，弥补了货币政策逆周期调节信贷的不足	有可能出现超调控现象
在经济下行期，弥补了货币政策降低银行风险承担水平的不足	容易出现政策抵消现象

2. 国际上的双支柱实践

（1）货币政策是双支柱中的基础性手段。在利率机制弱化的情况下，宏观审慎政策可以作为防范系统性风险发生的政策选择。

（2）以利率规则为基础的货币政策体系建立起来后，双支柱调控框架便能够科学地、稳健地、具有一定前瞻性地为金融体系的稳定助力。

3. 双支柱的三层含义

（1）传统的货币政策必须改革并加以完善，从而构建起新的货币政策框架（形成货币政策的支柱）。

（2）传统的金融调控政策必须改革并加以完善，从而构建起宏观审慎的政策框架（形成宏观审慎的政策支柱）。

（3）政策框架的统一与双支柱的协调才能更好地配合并发挥作用。

4. 我国的双支柱实践

（1）双支柱是相互促进的，创造出“1＋1＞3”的新的政策工具。中央银行进一步提出了从数量型货币政策向价格型货币政策转变的新思路，创设了常备借贷便利、信贷资产质押、抵押补充贷款、中期借贷便利和再贷款短期流动性调节工具等新型货币政策工具。

（2）通过中央银行内部评级试点等措施，在制度上及时应对各种因素冲击流动性的问题，增强货币政策的调控能力，为改革并完善货币政策框架奠定了基础。

（3）央行还将差别准备金的动态调整机制升级为了宏观审慎评估体系（MPA），将跨境的资本流动管理纳入到MPA的框架之中。在MPA下，金融机构评估等级划分为A、B、C三级，在评估中增加了相关因子，从而积极引导金融机构对信贷结构的调整。

【考点回顾】

（1）我国货币政策框架转型与创新的原因是什么？

（2）一直以来，我国的货币政策框架转型有哪些探索与创新实践？

本章小结

- 第二章 现代金融体系与金融制度（1）
  - 现代金融体系概述
    - 金融体系的构成
    - 构建现代金融体系的“三个强调”
  - 现代金融体系的特征
    - 高度市场化
    - 开放性
    - 有效调控
    - 监管全面覆盖
    - 高度科技化
    - 适应性
  - 现代金融体系的结构
    - 现代金融体系的结构（形态）
      - 以银行为导向的金融体系
      - 以市场为导向的金融体系
    - 我国倾向于以市场为导向构建现代金融体系的原因
  - 现代金融体系的功能
    - 为清算和结算提供途经
    - 提供资本集中和股权分割机制
    - 实现资源在时间和空间上的转移
    - 提供有效的分散风险、转移风险和管理风险的途径
    - 提供金融信息的形成机制
    - 提供激励问题的解决方案
  - 现代中央银行制度的主要内容
    - 中央银行制度的分类
    - 中央银行的职能
    - 中央银行的主要业务
    - 中央银行的独立性
  - 现代金融体系的主要内容
    - 金融市场（有形/无形）
    - 金融机构
    - 金融工具（交易对象）
    - 金融调控与监管
  - 现代中央银行制度概述
    - 建设现代中央银行制度是推进国家治理体系和治理能力现代化的重大任务
    - 现代中央银行制度的内涵和外延
  - 我国构建现代金融体系的重要政策举措
    - 推动金融回归本源，服务实体经济
    - 全面深入开展金融体制改革
    - 加强金融风险防控体系建设（把主动防范化解系统性金融风险放在重要位置）
  - 我国推动建立现代中央银行制度的重要政策举措
    - 中央银行制度建立的历程
    - 建设现代中央银行制度的总要求
    - 中国人民银行在建立现代金融体系、增强金融普惠性方面的新举措
    - 中共中央提出“完善货币供应调控机制，稳妥推进数字货币研发”

- 第二章 现代金融体系与金融制度（2）
  - 货币政策的制定与创新
    - 我国的货币政策框架
    - 构建与完善宏观审慎管理框架
    - 双支柱调控框架

本章练习

一、案例题

2020年11月3日，《中共中央关于制定国民经济和社会发展第十四个五年规划和二〇三五年远景目标的建议》提出建设现代中央银行制度，完善货币供应调控机制，稳妥推进数字货币研发，健全市场化利率形成和传导机制。中央对建设现代中央银行制度的明确提出，对整个金融体系的规范管理、宏观调控效果的提高意义重大。

问题：

1. 简述中央银行的主要业务。
2. 从业务特点和功能的角度简述中央银行的性质。
3. 简述建设现代中央银行制度的意义。
4. 简述中央银行对政府相对独立性的原因。
5. 我国推动建设现代中央银行制度的重要政策举措。

二、论述题

党的十九届五中全会提出建设现代中央银行制度，为做好新时代中央银行工作指明了方向。我们要以习近平总书记新时代中国特色社会主义思想为指导，坚持党中央对中央银行工作的集中统一领导，通过夯实现代中央银行制度，为开启全面建设社会主义现代化国家新征程提供战略支撑。

问题：

1. 简要说明我国中央银行的基本职能。
2. 我国推动建设现代中央银行制度的重要政策举措。
3. 如何解读中央银行的相对独立性问题。

参考答案

一、案例题

【思路点拨】第一，分别从业务特点和功能的角度展开介绍；第二，构建现代央行制度的意义应进一步明确；第三，关于独立性，回答的关键词为“相对独立”；第四，关于推动现代中央银行制度的重要举措应讲述一下近几年我国如何建设现代中央银行制度。

【参考答案】

1. 中央银行的主要业务有资产业务、负债业务和中间业务。

（1）资产业务。中央银行的资产业务主要包括贷款业务、再贴现业务、金银外汇储备业务及证券买卖业务。

(2) 负债业务。中央银行的负债业务主要包括货币发行业务、存款业务、其他负债业务。

(3) 中间业务。中央银行的中间业务是指清算商业票据和处理异地资金转移问题，提供全国性资金清算的功能。

2. 中央银行的性质：

(1) 业务特点方面：中央银行指的是为商业银行等一般金融机构以及政府提供金融服务的特别金融机构。

①从经营目标看，中央银行并不把营利作为战略目标。

②从服务对象看，中央银行仅仅和政府以及金融机构产生资金流转。

③从经营内容看，只有中央银行具有发行货币的职能，能够制定及实施货币政策。它吸收存款并不以增加信贷业务范围为目的，而是以调整货币的供给量为目的。

(2) 功能作用方面：中央银行是制定、实施货币政策，监管金融行业以及规范金融秩序、调控金融与经济发展的非微观管理机构。具体体现在：

①中央银行作为一个国家金融产业的最高级别的监管部门，代表国家制定与实施统一的货币政策，监督和管理全国金融机制的平稳运行。

②中央银行的核心任务是代表国家利用货币政策来调控以及干预国家宏观经济政策。

③中央银行代表国家参与国际金融组织和国际金融活动。

3. 建设现代中央银行制度的意义：

(1) 建设现代中央银行制度是推进国家治理体系和治理能力现代化的重大任务，现代中央银行制度是现代化国家治理体系的重要组成部分。

(2) 提高宏观调控效果和效率，稳定经济发展，有效防范化解金融风险。

(3) 推动我国经济高质量发展，是现代中央银行制度建设的根本目标。

(4) 应对国际中央银行制度演变挑战的必然要求。

4. 中央银行在整个货币政策决策和运作的过程中，由法律赋予的或中央银行实际拥有的一种自主的特性即独立性，主要反映在中央银行与中央政府的关系上。中央银行与中央政府具有相对独立性的原因：

(1) 金融系统是经济社会的一个子系统．在这个系统中，中央银行处于核心地位，应当服从和服务于大局。

(2) 中央银行是宏观调控的部门之一，需要不同政策（如财政政策）的协调配合，才能使货币政策目标得以实现。

(3) 中央银行在得到国家授权后履职时，由政府协调各部门配合中央银行工作，即中央银行与其他部门的关系也是由政府来统筹协调的。

5. 推动建设现代中央银行制度的重要政策举措：

(1) 1982 年 7 月，国务院批转中国人民银行的报告，特别指出了“中国人民银行是中国的中央银行，是在国务院领导下统一监管全国金融产业的国家机构”。

(2) 1983 年，国务院做出决定，由中国人民银行专门行使中央银行的职能。

(3) 自 1984 年 1 月 1 日起，中国人民银行初次行使中央银行的职能；把中国人民银行的工商信贷业务以及存款业务划分清楚、分离出来，让最新设立的中国工商银行专门处理这些业务；建立存款准备金机制以及中央银行对其他业务银行的信贷机制。

(4) 1993 年以来，我国进一步完善和创新现代中央银行机制。

(5) 1995 年 3 月，全国人民代表大会出台了《中华人民共和国中国人民银行法》，第一次以国家立法的形式确保了中国人民银行作为我国中央银行的地位。

(6) 2019 年 10 月，党的十九届四中全会指出建设现代中央银行制度，完善基础货币投放机制，健全基准利率以及市场化利率体系。

(7) 2020 年 11 月 3 日，《中共中央关于制定国民经济和社会发展第十四个五年规划和二〇三五年远景目标的建议》提出建设现代中央银行制度，完善货币供应调控机制，稳妥推进数字货币研发，健全市场化利率形成和传导机制。中央对建设现代中央银行制度明确提出，对整个金融体系的规范管理、提高宏观调控效果意义重大。建设现代中央银行制度是推进国家治理体系和治理能力现代化的重大任务。

二、论述题

1. 中央银行的职能包括：

(1) 发行的银行：①中央银行独有发行货币的权力，是全国或者全组织独有的发行货币的银行；②中央银行把维持本国货币的流通与币值稳定作为目标，把市场上的货币数量以及信贷规模的大小控制在合理范围之内，确保宏观经济平稳运行与发展。

(2) 银行的银行：①整合存款准备金；②作为“最后贷款人”；③组织全国清算。

(3) 国家的银行：①代理国库；②代理政府债券的发行；③为政府融资、给予信贷保护；④保管外汇储备以及黄金储备，买卖并监督管理外汇、黄金；⑤代替国家参与国际金融活动，并提供决策方案；⑥开展金融监管活动。

2. 我国推动建设现代中央银行制度的重要政策举措：

(1) 1982 年 7 月，国务院批转中国人民银行的报告，特别指出了“中国人民银行是中国的中央银行，是在国务院领导下统一监管全国金融产业的国家机构”，标志着我国现代中央银行制度建设的准备工作正式开始。

(2) 1983 年 9 月 17 日，国务院批准指出，中国人民银行能够行使中央银行的职能高达 10 种。

(3) 我国现代中央银行制度的基本框架基本确定的标志事件：自 1984 年 1 月 1 日起，中国人民银行初次行使中央银行的职能；把中国人民银行的工商信贷业务以及存款业务划分清楚、分离出来，让最新设立的中国工商银行专门处理这些业务；建立存款准备金机制以及中央银行对其他业务银行的信贷机制。

(4) 1993 年以来，我国进一步完善和创新现代中央银行机制。中国人民银行逐渐提升金融控制、金融监督、金融管理和金融服务的业务水平，将政策性业务与商业银行业务划分清楚。

(5) 1995 年 3 月，全国人民代表大会出台了《中华人民共和国中国人民银行法》，第一次以国家立法的形式确保了中国人民银行作为我国中央银行的地位。

(6) 2019 年 10 月，党的十九届四中全会指出建设现代中央银行制度，完善基础货币投放机制，健全基准利率以及市场化利率体系。

中央对建设现代中央银行制度的提出，对我国金融市场的监督管理，提升宏观经济调控效果具有重要意义。

3.（1）中央银行在整个货币政策决策和运作的过程中，由法律赋予的或中央银行实际拥有的一种自主的特性即独立性，主要反映在中央银行与中央政府的关系上。中央银行应该对政府有独立性，这种独立是相对独立。

（2）中央银行应该对政府保持独立性的原因：①二者的地位不同，行为目标也不完全相同；②中央银行履职要求有极强的专业特性，即中央银行在制定货币政策并加以实施，从而调控宏观经济的运行、加强对金融行业监管的过程中，要求具备扎实的专业基础和丰富的相关经验。

（3）中央银行与中央政府的相对独立性的原因：①金融系统是经济社会的一个子系统。在这个系统中，中央银行处于核心地位，应当服从和服务于大局。②中央银行是宏观调控的部门之一，需要不同政策（如财政政策）的协调配合，才能使货币政策目标得以实现。③中央银行在得到国家授权后履职时，由政府协调各部门配合中央银行工作，即中央银行与其他部门的关系也是由政府来统筹协调的。

第三章　金融风险防控与金融安全构建

本章导学

内容概述：本章分别介绍了金融风险与金融安全、我国在金融安全方面面临的问题，防风险保安全的现实意义以及我国在这些方面的具体实践等内容。

考情分析：在统考元年的真题中，以单选题和小案例的形式进行了考查，其中单选题的内容侧重实事新闻，案例题考查应用分析。整体来讲，去年考试中分值比重适当，从内容逻辑上讲，本章易与金融监管体制改革与监管框架结合起来进行考查。

学习要求：从内容逻辑上讲，本章非常适合与金融创新、金融改革、金融开放等一系列问题结合考查。本章关于"金融法治建设""防控金融风险及维护国家金融安全的主要挑战及现实意义"等内容属于新增部分，有应用性的考查要求；对于保障金融安全的重要探索与取得的成效、金融安全的构建等，都作为重点掌握内容。

考纲再现

包括金融风险识别与管理，金融法治建设，系统性金融风险的监测、评估与管理；金融安全的内涵与外延，金融安全的重点领域，防控金融风险及维护国家金融安全的主要挑战及现实意义；我国防控金融风险、保障金融安全的重要探索与成效等。

金融搞好了，不仅强调金融的发展、体系的健全、功能的完善以及对实体经济的支持，而且强调有效防控金融风险，保障金融安全的重要性。

考点1　金融风险的内涵

一、金融风险概述

（一）风险的定义

风险是指在限定的时间内、某个环境中，主体遭受损失的可能性。

【注意】风险不等同于损失，风险是损失产生的可能性，损失是否发生是不确定的。

（二）金融风险的定义

金融风险是指有关主体在从事金融活动中，收益是无法确定的，实质上，可能是盈利的多少无法确定，也可能是损失的大小无法确定。（强调的是可能性）

（三）金融风险的系列理论

金融风险的系列理论见表3-1。

表 3-1　金融风险理论

理论	内容
金融不稳定理论	以商业银行为代表的信用创造机构和借款人相关的特征使金融体系具有天然的内在不稳定性，即不稳定性是现代金融制度的基本特征
信息不对称理论	（1）在市场经济活动中，各类人员对有关信息的了解是有差异的，市场中的人因获得信息渠道的不同、信息量的多寡而承担不同的风险和收益 （2）借贷市场上信息不对称的三种情况 ①违反借款协议，私自改变资金用途 ②借款人隐瞒投资收益，逃避偿付义务 ③借款人对借入资金的使用效益漠不关心、不负责任、不努力工作，致使借入资金发生损失
金融资产价格的剧烈波动理论	许多金融风险都与金融资产价格的过度波动有关，金融资产价格的过度波动是金融风险的一个重要来源
金融风险的国际传播理论	在金融全球化的背景下，通过贸易渠道或者金融渠道，大规模的资本能够在全球范围内无限制地自由流动，为国际金融风险传播提供了重要载体

二、金融风险的特征

（1）不确定性。影响金融风险的因素难以确定。

（2）相关性。金融机构所经营的商品——货币，在社会经济运行过程中的角色非常重要，因此金融机构同经济和社会紧密相关。

（3）传染性。金融机构的职能中，存在着金融中介这一职能，这使得原始的借贷关系被割裂。因此金融市场中的任一主体出现风险，都会通过金融中介影响到其他方面，甚至影响到某个行业、某一区域，最终可能酿成金融危机。

（4）高杠杆性。一般来说，金融企业的负债率较高，并且财务杠杆偏大，导致盈亏比例放大。

三、金融风险的类型

金融风险的类型见表 3-2。

表 3-2　金融风险的类型

分类依据	类型		内容
按产生的原因分类	宏观层面的金融风险	调控偏差型金融风险	宏观调控部门中，特别是在金融调控当局调控经济、金融的过程中，其调控的目标、时机、力度以及手段等可能会出现选择偏差，这时就会造成金融风险 【示例】墨西哥因为在不恰当的时机宣布本国货币墨西哥比索贬值，造成了金融危机
		制度缺陷型金融风险	宏观调控部门中，尤其是金融调控当局对经济、金融制度建设、安排存在缺陷，造成金融风险 【示例】日本金融监管当局，对金融机构没有将大量资金注入房地产行业建立有效的监督与限制，最终导致泡沫经济的产生

续表

分类依据	类型		内容
按产生的原因分类	微观层面的金融风险	信用风险	债务人或交易对手未能履行合约所规定的义务，或信用质量发生改变而影响金融产品价值，从而给债权人或金融商品持有人造成经济损失的风险
		市场风险	(1) 汇率风险：有关主体在不同币别货币的相互兑换或折算中，因汇率在一定时间内发生意外变动，而蒙受经济损失的可能性 (2) 利率风险：指有关主体在货币资金借贷中，因利率在借贷有效期内发生意外变动，而蒙受经济损失的可能性 (3) 投资风险：投资时，因股票价格、金融衍生品价格发生意外变动，而蒙受经济损失的可能性
		流动性风险	商业银行无法以合理成本及时获得充足资金，用于偿付到期债务、履行其他支付义务和满足正常业务开展的其他资金需求的风险
		操作风险	(1) 由于信息系统或内部控制缺陷导致意外损失的风险 (2) 引起操作风险的原因包括人为错误、电脑系统故障、工作程序和内部控制不当等
		国家风险	经济主体在与非本国交易对手进行国际经贸与金融往来时，由于别国经济、政治和社会等方面的变化而遭受损失的风险
		声誉风险	金融机构因受到公众的负面评价，而出现的客户流失、股东流失、业务机遇丧失、业务成本提高等情况，从而蒙受相应经济损失的可能性
		法律风险	金融机构与雇员或客户签署的合同等文件违反有关法律或法规，或有关条款在法律上不具备可实施性，或其未能适当地对客户履行法律或法规上的职责，因而蒙受经济损失的可能性
按能否分散分类	系统性金融风险		金融机构从事金融活动或交易所在的整个系统（机构系统或市场系统）因外部性因素的冲击或内部性因素的牵连而发生剧烈波动、危机或瘫痪，使单个金融机构不能幸免，从而蒙受经济损失的可能性
	非系统性金融风险		由局部微观的因素引起的，如个别企业的财务风险、上市公司的劳资问题等，是某一企业或行业特有的风险，只影响某些股票的收益。非系统风险可通过分散投资进行分散

考点2 金融风险管理

一、金融风险管理定义

在具体的风险状况、可选方法与可用资源条件下，采取最有效措施，最大限度地预防事故发生或控制损失影响。

二、金融风险管理的流程

金融风险管理的流程见图 3-1。

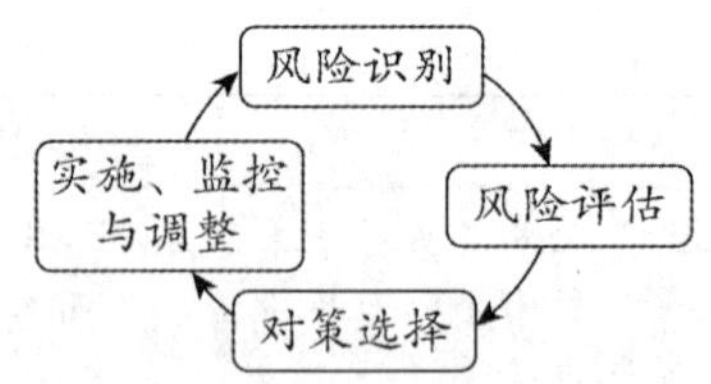

图 3-1　金融风险管理的流程

（1）风险识别。

①定义：就是发现问题，并对现实或者潜在的问题进行辨别的过程，这个过程需要主体通过识别、判断、归纳总结的方式进行，是进行有效风险管理的第一步。所以，从错综复杂的金融现象中找到这些主体所面对的主要风险显得尤为重要。

②注意事项：历史记录和情况的变化，不忽视任何隐患。

③风险识别的途径/方式：总体来讲，是包括获取信息的感性认识和分析问题的经验来综合判断；当然，也可以通过已知的客观资料和有记录的风险事故来综合分析、归纳和总结，探寻潜在的风险，总结其规律。（因为风险具有可变性，所以风险识别是动态的过程）

（2）风险评估（风险度量）。

风险评估为人们采取何种风险对策以及这些对策背后的资源分配提供了依据。

评估的内容包括：事故发生的概率或可能性，以及一旦事故发生，损失程度的大小。

（3）对策选择（风险控制）。

根据风险分类的结果、风险策略和对收益与成本的权衡，针对确需管理的风险，在诸多的风险管理政策措施中作出选择，并具体实施与之相应的管理方法。

（4）实施、监控与调整。

实施、监控与调整的内容包括：①设定将要达到的标准或目标；②根据标准或目标衡量实施效果；③当结果与预期出现偏差时，采取纠正措施。

三、系统性金融风险的监测、评估与管理

（一）系统性金融风险概述

1. 定义

系统性金融风险是指影响所有资产的、不能通过资产组合而消除的风险，这部分风险由那些影响整个市场的风险因素引起。

2. 系统性金融风险产生的原因

在某一金融机构经营管理中，因为多种因素造成支付困难，产生违约行为甚至破产清算，进而造成危机。危机通过运用金融体系被传送至其他金融机构，风险也被不断扩大和聚焦，造成更大范围的金融危机。

3. 系统性金融风险的基本特征

系统性金融风险具有复杂性、突发性、传染快、波及广、危害大的特征。

4. 系统性金融风险的演变过程

在升级成为金融危机以前，都经历过较长的风险累积过程，但通过深入研究与监测，我们完全可以认识与捕捉这种累积的过程，进而采取有效的措施去限制风险的累积并释放过度累积的风险。

（二）系统性金融风险的监测

（1）构建综合指数。

综合指数法是一种归纳总结的方法，如先收集过往的真实历史数据，再根据能够影响或预见系统性风险的相关金融指标，做算法处理，最终能形成一组指标数据，从而反映金融系统的运行或风险水平高低。

①优势：a. 综合指数法不强制要求历史上发生过金融危机，发展中国家面临着经济发展数据量有限、金融市场不完善的情况，因而对发展中国家非常有意义；b. 综合指数法不关注过往的系统性风险发生的具体原因；c. 综合指数法比较简洁，因而更有利于与其他复杂的方法结合使用。

②类型：a. 金融压力指数，是由一系列反映金融体系各个子系统压力状况的指标综合而成的指数；b. 国际货币基金组织构建的金融稳健指标，测算了金融体系整体的稳定性。稳健指标与金融压力指数反映的情况相反。

（2）测度金融机构之间风险溢出和风险传染。

国家之间，金融机构之间的联系越来越紧密，因此一个国家的金融危机会很快扩散出去，影响其他国家，这就是人们常说的“多米诺骨牌效应”。金融机构之间的影响也是如此。一方面支付和清算系统成为金融机构与银行之间的业务往来桥梁，形成了一定的关联；另一方面，由于业务交往频繁，也会使二者持有类似的资产或结构，于是就形成了类似的风险暴露。

（3）评估金融体系系统性金融风险可能的损失，即预期损失。

VaR 方法（Value at Risk，简称为 VaR），又叫做风险价值或者在线价值，常用于金融机构的风险度量，是指在一定的持有期和给定的置信水平下，利率、汇率等要素发生变化所造成的潜在最大损失。

例如，假设某投资组合在持有期 1 年内、置信水平为 95%的情况下，所计算的风险价值为−2%，表明该组合在 1 年中的损失有 95%的可能性不会超过 2%。

（三）对系统性金融风险进行评估

1. 评估系统性风险的定量模型。

目前在不断完善系统性风险识别的方法与评估的模型，尚未建立起统一的评价体系。IMF 先后开发了网络模型、违约强度模型、危机依存矩阵模型和 CORISK 模型等定量模型，用以评估系统性金融风险。

2. 评估和预警系统性风险的主要步骤

金融稳定理事会为了对全球体系下的系统脆弱性进行估量，成立金融脆弱性评估执委会。德国、英国也尝试评估和预警系统性风险，其步骤如下：

第一步，用网络分析法辨别具有系统性影响的金融机构。

第二步，估算整个系统的敞口矩阵，通过各机构自身的风险敞口和机构间的交易活动来完成。

第三步，通过压力测试评估系统性风险的大小。

（四）管理系统性金融风险

（1）系统性金融风险的监管，一般会从以下两个维度开始实施。

①跨行业的维度：重点关注那些在金融机构相互关联且在共同的风险敞口的情况下，风险

在跨机构以及跨市场间的分布。此场景下的监管对系统重要性金融机构制定了更高的监管标准，也进一步扩大了监管覆盖的范围。

②时间维度：更多关注的是金融体系的顺周期性问题。系统性风险可以随着时间的推移而演进。

（2）主要的系统性风险监管工具。

①引入政策工具，用于逆周期监管。（“内在稳定器”释放系统性风险）

②强化对大型的、关联性强的系统重要性金融机构进行监管。

③扩展金融监管的范围，覆盖所有的重要金融市场（无论是场内市场还是场外市场）、重要金融产品、重要金融机构（无论是传统金融机构还是非传统机构）。

（五）我国对系统性金融风险的管理

金融体系系统性风险主要来源于商业银行。商业银行风险是指商业银行在经营过程中，由于各种不确定因素的影响，使其实际收益和预期收益产生背离，从而导致银行蒙受经济损失或减少获取额外收益的可能性。

我国金融风险管理的演进与阶段性特征：

（1）我国在20世纪80年代中期以后开始关注和研究金融风险管理问题。

（2）20世纪90年代中期以后，伴随我国经济金融改革的全面深化，各种金融风险逐步显现和突出。我国金融机构和一般企业逐步建立和强化了金融风险管理意识，开始着手构建金融风险管理的基本框架。

从国家层面开始制定和出台有关金融风险监管的法规，要求金融机构和企业加强风险管理，导入内部控制理念，建立内部控制制度，建立资本充足率管理机制。

（3）进入21世纪以来，我国不同部门从不同层面上共同跟踪国际上金融风险管理的最新进展，共同推进金融风险的定性分析和定量分析，按照《巴塞尔协议Ⅱ》和《巴塞尔协议Ⅲ》的要求导入银行业和国有大中型企业全面风险管理体系的建设，按照全面风险管理理念推出新的风险监管法规。

（4）2017年7月召开的全国金融工作会议强调，防止发生系统性金融风险是开展金融工作的永恒主题，要把主动防范化解系统性金融风险放在更加重要的位置。

（5）2018年，中国人民银行牵头制定了防范化解重大风险攻坚战三年行动方案。

目前我国面临的金融风险主要包括地方债期限错配、投融资脱节、僵尸企业不能及时退出、不良资产处置不力、股票市场违规成本低、违规行为多、上市企业“退市难”“优胜劣汰”机制不通畅、企业间“三角债”（尤其是大型企业、国有企业拖欠中小企业、民营企业款项）问题较为严重等。

（6）2019年12月，中央经济工作会议指出，必须强化风险意识，牢牢守住不发生系统性风险的底线，要保持宏观杠杆率基本稳定，压实各方责任。

（7）2020年1月，中国人民银行工作会议进一步细化了中央经济工作会议的要求，指出坚决打赢防范化解重大金融风险攻坚战，要理清各方职责边界，压实各方责任，明确金融机构的主体责任、地方政府属地风险处置责任和维稳第一责任、金融监管部门监管责任和中国人民银行最后贷款人责任，坚决防范道德风险；建立健全金融机构恢复处置机制、损失分担机制和激励约束机制；突出重点，继续依法依规做好重点金融机构风险处置工作；持续开展互联网金融风险专项整治，基本化解互联网金融存量风险，建立健全监管长效机制；加快建立房地产金融长效管理机制；进一步发挥存

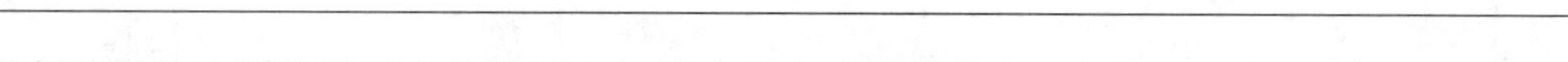

款保险机构在风险处置中的作用；加快建立金融委办公室地方协调机制。

四、我国金融风险管理的主要举措（时间线）

在金融风险管理的制度层面，我国做出了在金融机构和一般企业建立科学的公司治理结构的制度安排；在金融机构和一般企业组织结构的再造中要求有机融入风险管理组织体系的构建；在金融机构和一般企业建立内部控制制度。

2017 年，经党中央、国务院批准，国务院金融稳定发展委员会（以下简称金融委）成立，国务院副总理兼任金融委主任，人员构成包括中央财经领导小组办公室、国家发展和改革委员会、中国人民银行、财政部、国家外汇管理局、中国银保监会和中国证监会的代表，旨在加强金融监管协调、补齐监管短板。

2019 年，中国人民银行为加强对金融行业风险监测与预警、监管协调的牵头和统筹作用，细化中国人民银行的金融委办公室的职责，新设金融委办公室秘书局；明确设立宏观审慎管理局，牵头建立宏观审慎政策框架和基本制度，以及系统重要性金融机构评估、识别和处置机制。

在金融风险的监管上，从中央银行到各金融监管机构，都非常注重制定和实施有关风险监管的法规和政策，根据《巴塞尔协议》《巴塞尔协议Ⅱ》和《巴塞尔协议Ⅲ》的要求，结合我国国情和银行业的具体情况，对三个巴塞尔协议提出的各项比率要求进行了充分的测算和实证研究，并对银行业提出了资本监管的总体框架和路线图。

2017 年 7 月召开的全国金融工作会议强调，要强化中国人民银行宏观审慎管理和系统性风险防范职责，落实金融监管部门监管职责，并强化监管问责。

【考点回顾】

（1）有效的风险管理的流程和内容有哪些？

（2）我国是如何对系统性金融风险进行有效管理的？

考点 3　我国的金融风险管理实践

一、我国在金融风险管理中，宏观审慎政策的实践

宏观审慎管理的核心是从宏观的、逆周期的视角采取措施，防范由金融体系顺周期波动和跨部门传染导致的系统性风险，维护货币和金融体系的稳定。

二、加强金融法治建设

总述：建设社会主义市场经济体制，离不开法治的引领；全面深化改革，离不开法治的保障；确保金融业健康发展，也离不开法治的规范。

（一）加强金融法治建设的总体要求

1. 提高运用法治思维和法治方式的能力

（1）以法治思想为指导，坚决捍卫法治尊严，切实增强法治思维，善于运用法治手段，解决好金融实践中的突出矛盾。

（2）切实增强法律威慑力，严格统一执法尺度，提升行政执法的综合能力。

2. 加快推进金融法制建设

（1）我国进行现代金融监管现状：我国金融立法明显滞后，不适应金融行业的发展需要。

（2）实现现代金融监管、加强金融安全构建的法律依据和根本保证：健全金融法律法规。

（3）推进金融法制建设，提升管理制度的规范性和有效性，提升金融风险管理的水平。

（二）监管机构在加大法治力度、防范化解金融风险方面的举措

1. 中央银行

坚持稳中求进工作总基调，完整、准确、全面贯彻新发展理念，加快构建新发展格局，全面深化金融改革开放，坚持创新驱动发展，推动高质量发展。

（1）货币政策方面：坚持稳健的货币政策要灵活适度。综合运用多种货币政策工具，加大对实体经济支持力度；推动企业综合融资成本稳中有降、金融系统继续向实体经济让利。

（2）宏观政策方面：健全宏观审慎政策框架和治理机制。完善系统性风险监测和评估；推动金融控股公司审批并开展持续监管。

（3）防范金融风险方面：坚持推动金融风险防范化解。稳妥有序做好重点机构风险处置化解工作，发挥存款保险制度和行业保障基金在风险处置中的作用；实施好房地产金融审慎管理制度，更好地满足购房者合理住房需求，促进房地产业良性循环和健康发展。

（4）对外开放方面：推进金融业有序开放，推动形成以负面清单为基础的更高水平金融开放，有序推进资本项目可兑换。

（5）金融改革方面：推动出台金融基础设施监管办法。实施好存款保险制度；稳妥有序推进数字人民币研发试点；落实《征信业务管理办法》；推动特定非金融行业反洗钱工作；落实推进普惠金融高质量发展实施意见。

2. 银保监会

防范和化解金融风险，严厉打击非法金融活动和非法从事金融业务。

（1）统筹规划规章立法、弥补监管制度短板。

（2）加大处罚力度，提高违规成本，推动金融业高质量的发展。

3. 证监会

完善期货和衍生品法，证监会将与法律对表对标，修改完善现有期货市场和期货经营机构的规章和规范性文件，并督促指导期货交易场所、期货行业协会等同步修改完善自律规则。

三、我国有效风险管理，防范与化解金融风险的重要法规与政策

总述：党的十九大把防范化解重大风险列为三大攻坚战之首。

坚决贯彻落实党中央、国务院关于金融工作的安排部署，以服务供给侧结构性改革为主线，全面加强对金融行业的监管，持续深化改革扩大开放，促进金融与实体经济良性循环，防范化解金融风险攻坚战取得良好开局。

（一）《关于规范民间借贷行为维护经济金融秩序有关事项的通知》

时间：2018 年 4 月 16 日。

主管部门：中国人民银行、中国银保监会、国家市场监督管理总局、公安部等。

（1）颁布的目的。

维护经济金融秩序，规范民间借贷、打击金融违法、犯罪，防范金融风险，切实保障金融消费者合法权益。

（2）要求。

规范市场行为，任何人未经相关主管机关批准，不得设立或（主要）从事贷款业务。

(3) 以下非法金融活动必须严厉打击：

①非法（变相）吸收公众存款等非法集资行为。

②非法手段催收贷款。

③非法套取信贷资金后高利转贷。

④非法向在校学生发放贷款等。

（二）《商业银行大额风险暴露管理办法》（以下简称《办法》）

时间：2018 年 4 月 24 日。

主管部门：中国银保监会。

1. 颁布的目的

加强管理商业银行大额风险暴露，并有效防范风险集中。

2. 内容

《办法》包括六章四十七条以及六个附件。六章分别是总则、大额风险暴露监管要求、风险暴露计算、大额风险暴露管理、监督管理和附则。附件分别是关联客户识别方法、特定风险暴露计算方法、交易账簿风险暴露计算方法、表外项目信用转换系数、合格质物及合格保证范围、过渡期分阶段达标要求。

《办法》明确了商业银行大额风险暴露监管标准，规定了风险暴露计算范围和方法，从组织架构、管理制度、内部限额、信息系统等方面对商业银行强化大额风险管控提出具体要求，并明确了监管部门可以采取的监管措施。国内外银行业实践表明，授信集中度风险是银行面临的最主要风险之一。

【释义】集中度风险是指由于对单一债务人或相关的一群债务人的风险暴露过大而使资产组合额外承担的风险，组合方法是克服集中度风险的一种很好的选择。

（三）《关于加强国有企业资产负债约束的指导意见》

1. 目的

为了加强国有企业资产负债约束，降低国有企业杠杆率，推动国有资本做强做优做大，增强经济发展韧性，提高经济发展质量。

2. 要求

(1) 坚持全面覆盖与分类管理相结合。

(2) 坚持完善内部治理与强化外部约束相结合。

(3) 坚持提质增效与政策支持相结合。各有关方面要积极主动作为，根据总体目标要求进一步明确高负债国有企业降低资产负债率的目标、步骤、方式，并限期完成。

（四）《关于规范银行业金融机构异地非持牌机构的指导意见》

1. 目的

为进一步规范银行业金融机构异地非持牌经营行为，维护金融市场秩序，防范金融风险。

2. 要求

按照“坚守定位、风险为本、分类施策及新老划断”的原则对异地非持牌机构进行稳妥有序的清理规范。

(1) 要求银行业金融机构专注主业、回归本源，坚守市场定位，着力提升服务实体经济的质效，避免盲目扩张。

（2）要求银行业金融机构加强对异地机构的管理，根据本行发展战略，完善公司治理，提高风险管理水平和内部控制能力。

（3）按照实质重于形式原则，将异地非持牌机构分为经营性机构与非经营性机构，分别提出针对性规范要求。

（4）充分考虑不同类型机构差异，对异地非持牌机构的规范不搞“一刀切”，给予充分的过渡期，允许银行业金融机构在过渡期内有计划、分步骤整改。

（五）《关于规范金融机构资产管理业务的指导意见》（以下简称《意见》）

当前，我国金融机构迅速发展，资产管理类的业务规模不断壮大。相同种类的管理业务存在不同的监管规则与监管标准；业务发展急需完善规范、监管存在盲区、产品违规多层嵌套风险不断被放大。

（1）主管部门：央行会同银保监、证监会、外管局等。

（2）内容：根据党中央、国务院“服务实体经济、防控金融风险、深化金融改革”的总体要求，按照“坚决打好防范化解重大风险攻坚战”的决策部署，坚持严控风险的底线思维，坚持服务实体经济的根本目标，坚持宏观审慎管理与微观审慎监管相结合的监管理念，坚持有的放矢的问题导向，坚持积极稳妥审慎推进的基本思路，全面覆盖、统一规制各类金融机构的资产管理业务，实行公平的市场准入和监管，最大程度地消除监管套利空间，切实保护金融消费者合法权益。

《意见》按照产品类型统一监管标准，从募集方式和投资性质两个维度对资产管理产品进行分类，分别统一投资范围、杠杆约束、信息披露等要求。坚持产品和投资者匹配原则，加强投资者适当性管理，强化金融机构的勤勉尽责和信息披露义务。明确资产管理业务不得承诺保本保收益，打破刚性兑付。严格非标准化债权类资产投资要求，禁止资金池，防范影子银行风险和流动性风险。分类统一负债和分级杠杆要求，消除多层嵌套，抑制通道业务。加强监管协调，强化宏观审慎管理和功能监管。

（六）《关于完善国有金融资本管理的指导意见》（以下简称《指导意见》）

1. 目的

为了进一步优化提升国有金融资本体制机制，完善管理制度。

2. 内容

（1）从完善国有金融资本管理体制、优化国有金融资本管理制度、促进国有金融机构持续健康经营、加强党对国有金融机构的领导以及协同推进强化落实《指导意见》五个角度对完善国有金融资本管理工作进行部署。

（2）致力于解决当前国有金融资本管理存在职责分散、权责不明、授权不清、布局不优以及配置效率有待提高、法治建设不到位等矛盾和问题。

目前，还有大批法规条例正处于征求意见阶段。这些法规条例都是对打好防范化解金融风险攻坚战作出的重要部署。

【考点回顾】我国颁布的各类指导意见和建议中，哪些是我国金融风险管理的有效举措？

考点4 金融安全的内涵

一、金融安全的定义及相关概念与相互关系

（一）金融安全的定义

金融安全指货币资金融通的安全与整个金融体系的稳定。

金融经济学研究的基本问题就是金融安全，它在国家经济安全中的地位与作用日益加强。

（二）相关概念与相互关系

（1）金融风险。

金融风险指有关主体在从事金融活动中，未来收益的不确定性或波动性，而收益的不确定性实际上包括了盈利的不确定性以及损失的不确定性（可能性）。

【提示】这种可能性存在于一切金融活动之中（如银行业的资金交易活动、证券市场的融资和资产价格变动中），金融风险是经济运行的常态。

（2）金融危机。

金融危机是指金融体系和金融制度的混乱和动荡。

①说明：金融危机是系统性金融风险累积到一定程度后的集中爆发，具有较强的隐蔽性与复杂性，难以预测。系统性金融风险在升级成为金融危机以前，都经历过较长的风险累积过程，但通过深入研究与监测，完全可以认识与捕捉这种累积的过程，进而采取有效的措施去限制风险的累积并释放过度累积的风险。

②主要表现：强制清理旧债；减少商业信用；存款者提取现钞导致风险汇聚，金融机构开始出现倒闭潮；有价证券市场的行市低落，有价证券发行减少；借贷资金缺乏，因此货币的市场价格——利率提高。

③形式：全国性债务危机、货币危机、金融机构危机等。

【点拨】金融危机是金融不安全状况积累的爆发结果，它是金融风险的结果。

（3）金融安全和金融风险、金融危机之间紧密联系。

①金融安全的程度用金融风险（金融结果的不确定性）和金融危机状况衡量。金融不安全不等于金融危机。

②金融风险与金融危机状况用金融安全来衡量（金融安全保持金融体系是否正常的运行与发展）。

③金融安全程度越高，金融风险越小；反之，金融风险越大，金融安全程度越低。

二、金融安全是动态发展的安全（遥相呼应的关系）

安全与危险是一组相对的概念，并没有绝对的金融安全，而是一种动态的安全。

（1）金融安全是国际、国内金融在面对不断变化的环境，所具备的动态适应的状态。

（2）金融安全是一种特别的金融稳定。金融安全是动态的安全，包括对宏观经济体制、经济结构调整变化的动态适应，而这种状态往往表现为金融稳定发展。

（3）金融稳定则是不发生大的市场的动荡，更多强调的是金融稳定的静态概念。

三、在重点领域中关注金融安全

（一）证券业

（1）现代金融体系的稳定有赖于好的市场生态。如果借助资本市场发挥融资功能、服务实体经济，一定要稳定发展证券业。

（2）存在的问题：金融机构多且散、同质化严重、企业和居民的杠杆都较高、金融科技创新所积聚的风险日益突出。维护金融体系的安全不能忽视证券业的发展稳定。

（二）保险业

保险业是承接风险、转移风险、分散风险、有效管理风险的行业。保险业的发展事关金融业乃至经济社会发展的全局。

（三）银行业

一个国家的金融体系内出现了严重的动荡，并且这种现象由该国的银行体系影响到其他行业和领域，进而影响到对外贸易、国际收支，乃至给整个国民经济造成灾难性的影响。

因此，银行业尤其要注意防风险、保稳定。

【考点回顾】金融风险、金融安全、金融稳定三者间有什么样的关系？

考点5 金融安全的外延

金融与科技的融合程度日益紧密，金融产业链和价值链持续延展，金融账户的关联性、交互性不断增强，金融活动的实时性和不间断性越发明显，金融风险构成的交叉度和复杂度更加突出，这些变化给当今形势下的金融安全带来了新的挑战。

随着新技术的涌现，金融安全问题的概念内涵也发生了变化。具体表现如下：

（1）金融安全和金融科技发展要处理好三方面的关系，公平与效率、技术的保障与引领、监管与创新。金融安全应该包括多个方面，如国家货币体系的安全，即货币稳定、币值稳定；金融体系要安全，金融机构不能出问题；要有一个有效的市场，即市场要有效；要有快捷支付的畅通，支付的畅通和安全是金融安全非常重要的一个标志；随着信息时代的到来，尤其是现在数字经济的全面来临，信息安全保护是特别重要的标志。

（2）金融体系本身所面临的安全问题，包括金融机构、金融市场、金融产品等。新技术的发展，让原有的金融机构的边界、金融市场的边界、金融产品与服务的边界也都变得模糊了。这种模糊与原有的监管规则、监管方式难以保持一致性。比如，在金融领域中持牌金融机构与大量的导流机构、技术机构、风控机构等开展合作，这种合作的边界就产生了原有产品与服务的模糊性，值得我们重新来探讨安全的边界在哪里。

（3）中国金融正在由单一信用风险，过渡到信用和市场等多元风险并存的时代。管控中国金融风险，加强金融安全相关的基础设施建设，现在变得非常重要，而我们在这方面还比较薄弱。

考点6 当前我国防控金融风险、维护国家金融安全面临的主要挑战

一、资本问题

必须严格管理资本的非法流出、流入问题。

（1）在我国对外开放过程中，作为发展中国家，面临很多的负面影响冲击，其重要表现就是资本的非法流出入。

（2）资本的非法流出、流入增加了金融风险，增加了国家宏观金融调控的整体难度，并且在制定和实施货币政策时，货币政策的有效性大打折扣，易带来金融泡沫，使金融风险进一步扩大。

二、经济全球化问题

经济全球化为我国金融安全带来了很大风险，而我国的经济、金融对外开放又是一项复杂的系统工程，因此我国要在大力提高国内宏观经济、金融调控能力的基础上循序渐进应对这些挑战。

三、资本账户问题

资本账户的开放对我国金融安全的冲击：

(1) 入世后，资本账户开放，我国对资本转移限额放宽，资本项目下对外商企业外汇收支管制放松，对居民持有的外汇资产管制额度也放松，都增加了资本账户的管理难度。

(2) 资本账户开放，大量流入的长期资本，需要更好地配置和被充分利用。

另外，银行体系经营的流动性增强，会进一步刺激金融资产价格的上涨，促使经济泡沫化，加剧了整个金融体系的脆弱化甚至崩溃。

四、互联网金融问题

互联网金融对我国金融安全提出新的课题：

(1) 互联网金融的优势：打破时间的界限和地域的差异，银行与客户即使未见面，仍能开展业务，改变传统的金融业务模式，提高服务质量和服务效率。

(2) 互联网业务的风险点：互联网的开放性使其安全程度受到来自各方面的威胁。

(3) 我国的实际情况。网上银行业务发展初期，风险防范尚不完善。支付系统、结算系统、信用卡系统等这些重要的业务系统面临着一边要发展，一边要防范风险的境况，在这个阶段，金融安全问题尤为重要。

五、金融基础设施问题

(1) 现状：我国各银行金融电子技术及硬件大部分依赖国外引进，造成根源性的不安全。

(2) 未来我们要加大对金融基础设施的建设力度，从源头解决金融安全基础薄弱的问题。

六、金融监管问题

(1) 我国正积极推进金融业的双向开放，从国际化的进程看，当前金融监管的能力无法完全适应开放的需要，应进一步加强。

(2) 我国目前也在加强培养金融监管的专业人才队伍、调整金融监管组织机构、将科技与监管有效结合，从而提升金融监管综合能力。

七、金融法制建设仍有缺陷

(1) 加强金融监管保障金融安全，现有的规则、制度尚不健全，需要进一步完善。

(2) 加强金融立法，实现金融法治，需要完善的法律体系，但目前立法方面有严重的滞后性，与金融法治诉求难相适应。

【总结】下一阶段，我国防控金融风险及维护国家金融安全的重点工作：

1. 金融机构方面

(1) 稳妥处置高风险机构，各方责任全力协调，完善银行保险机构处置机制。

（2）拆解影子银行，大力压降高风险影子银行业务，防止死灰复燃。

（3）对违法违规搭建的金融集团，严肃查处违法违规行为，追赃挽损，改革重组。

（4）有效防范化解外部冲击风险，做好银行保险机构压力测试，完善应对预案。

2. 金融工具方面

（1）加大不良资产处置力度，提高资产分类准确性。

（2）落实“房住不炒”要求，严格执行授信集中度等监管规则，严防信贷资金违规流入房地产市场，持续遏制房地产金融化、泡沫化。

3. 金融科技方面

（1）推进网络借贷专项整治。

（2）加大互联网保险规范力度。

4. 金融监管与法律方面

（1）弥补监管短板，加大监管科技运用，加快建设监管大数据平台，完善监管制度，强化监管队伍，有效提升监管能力和水平。

（2）推进金融法治建设。

【考点回顾】当前我国防控金融风险、维护国家金融安全面临哪些挑战？

考点7 防控金融风险及维护国家金融安全的现实意义

总述：金融安全是国家安全的重要内容、经济发展的重要基础，维护国家金融安全，要贯穿到我国经济社会发展的过程中去。

（1）没有金融安全，就没有国家安全。金融安全是国家安全战略的重要组成部分，也是实现国家安全的前提和保障。另外，在国家安全体系之下，没有金融的安全，经济、政治安全也很难实现。

（2）维护国家金融安全成为治国理政的战略大事。维护国家金融安全可以进一步完善国家金融治理体系，实现治理能力现代化。

①国际层面：经济全球化、金融一体化、竞争国际化的态势下，发达国家会利用金融活动来转嫁本国危机，金融竞争成为国际竞争的重要手段之一。

②国内层面：金融是最直接、最有效的利益媒介。运用好现在金融手段，有助于实现国家治理现代化。

（3）没有金融安全就没有经济安全。金融是经济的重要组成部分，维护好金融安全是关系到我国经济社会发展的全局性大事。另外，金融的本源是要为实体经济提供更好的服务，防范金融风险、维护金融安全更是为发展实体经济提供更好的金融环境，因此是实现经济安全的保障。

【总结】抓实、抓好金融安全，时刻守住不发生系统性金融风险的底线，有助于实现我国经济安全和国家安全。

【考点回顾】我国防控金融风险及维护国家金融安全的现实意义有哪些？

考点8 维护我国金融安全的六项任务

习近平总书记指出，一些国家的货币政策和财政政策调整形成的风险外溢效应，有可能对我国金融安全形成外部冲击。对存在的金融风险点，我们要增强风险防范意识，密切监测，准

确预判的同时进行有效防范，不忽视一个风险，也不放过一个隐患。

（1）维护金融安全，要坚持底线思维，坚持问题导向，在全面做好金融工作基础上着力深化金融改革，加强金融监管，科学防范风险，强化安全能力建设，不断提高金融业竞争能力、抗风险能力、可持续发展能力，坚决守住不发生系统性金融风险底线。

（2）维护金融安全的六项任务。

①深化金融改革，完善金融体系，推进金融业公司治理改革，强化审慎合规经营理念，推动金融机构切实承担起风险管理责任，完善市场规则，健全市场化、法治化违约处置机制。

②加强金融监管，统筹监管系统重要性金融机构，确保金融系统良性运转，形成金融发展和监管的强大合力，补齐监管短板，避免监管空白。

③采取措施处置风险点，加大对市场违法违规行为打击力度，重点针对金融市场和互联网金融开展全面查处。

④为实体经济发展创造良好的金融环境。

⑤提高领导干部金融工作能力。

⑥加强党对金融工作的领导，形成全国“一盘棋”的金融风险防控格局。

考点9 我国加强金融风险防控、金融安全保障的重要探索与成效

一、坚定不移去杠杆

（1）总述。

回顾过去，各国历次经历过的金融危机，共同的原因都离不开信贷膨胀以及杠杆率过高的问题。以史为鉴，我国经济要坚定不移的去杠杆。

（2）去杠杆的“良方”是深化金融改革。

①健康发展多层次的资本市场要提高直接融资比重，继续优化融资结构。

②以“堵住后门、修复围墙、打开正门”的方式，推动地方政府融资。其中，“堵后门”就是要规范地方政府融资中的债务乱象；“修围墙”是一种规范行为，规范的是政府债务的形成机制；“开正门”就是授权给地方政府举债的权利，以规范透明的举债方式融资，而不是隐性负债。这样一来，更适应市场化发展的市政债券融资就会逐步取代融资平台融资。

（3）“房子是用来住的、不是用来炒的”。

国家多次强调“房子是用来住的、不是用来炒的”，要避免风险汇聚，地产市价泡沫破裂，进而引发的连锁危机。

为解决居住用房的问题，国家建立了多主体的供给制度、多渠道的保障制度、租购并举的住房制度。

（4）国有企业去杠杆，妥善处置没有活力的“僵尸企业”。

通过市场化债转股助推企业混合所有制改革。完善现代企业制度；引导实施机构在债转股协议中明确对国有企业未来杠杆率及经营业绩的约束；引导实施机构依法行使股东权利；引导实施机构与社会资本充分合作开展市场化债转股等。

二、强化金融监管

（1）守住不发生系统性金融风险的底线：增强金融监管协调、完善监管短板。

（2）具体做法：加强金融消费者的权益保护；建立相关逆周期调控机制。

三、平衡创新和监管

守住不发生系统性金融风险的底线：提升金融科技创新与风险监管科技创新。

四、稳步扩大开放

守住不发生系统性金融风险的底线：加强金融对外开放，有序推进人民币国际化。

本章小结

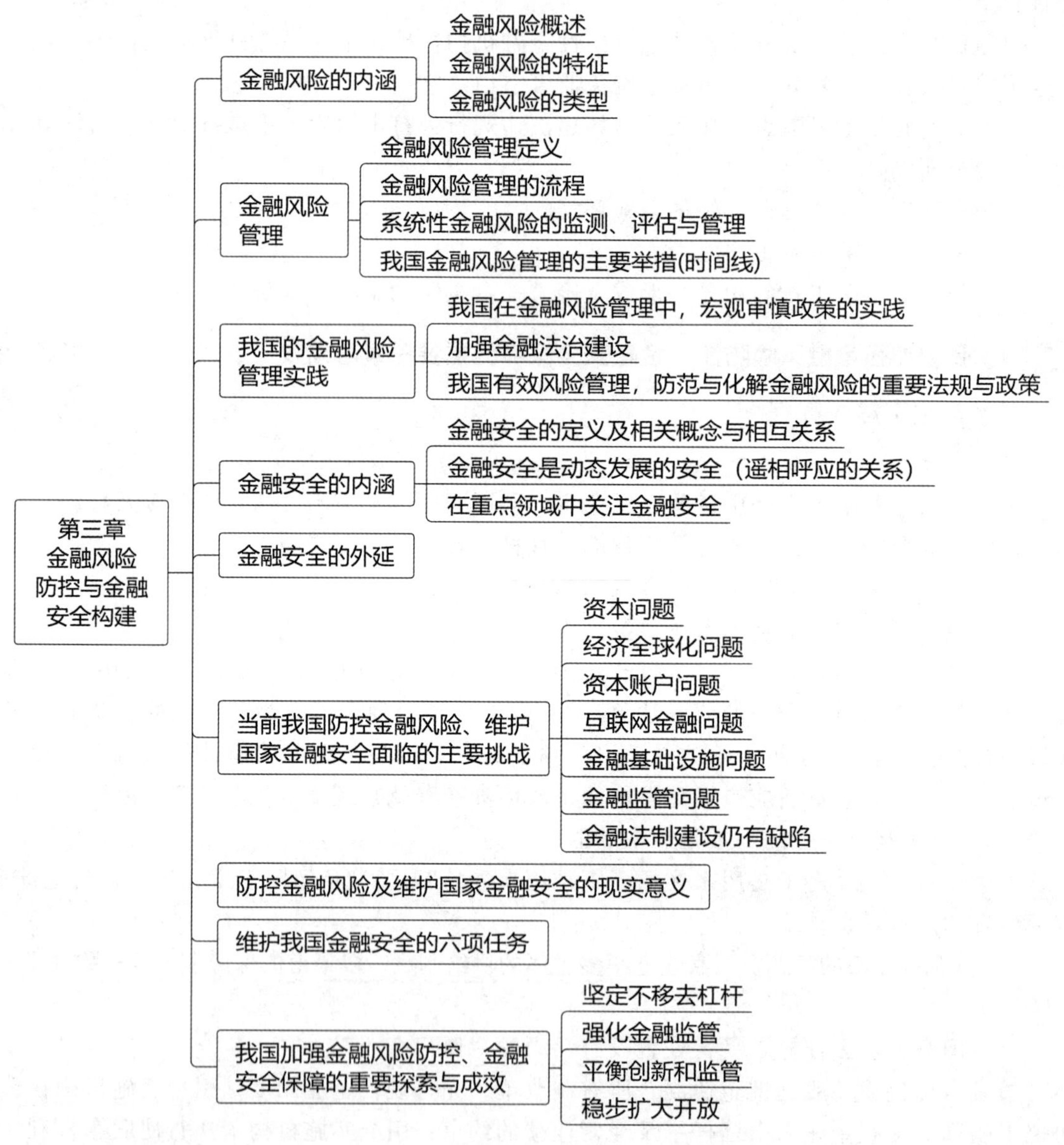

本章练习

一、简答题

1. 简述当前我国防控金融风险、维护国家金融安全面临的主要挑战。

2. 金融风险的特征有哪些？

二、案例题

近年来，部分大中型民营企业过度追求扩张，债务规模庞大，债务违约不仅损害了债权人权益，而且严重影响所在地区、所在行业的信用环境，处理不当极易引起区域性金融风险。有数据显示，2018 年至 2020 年，合计 625 只债券出现违约事件，其中，民营企业债券只数达到 450 只，占比达到 72%。

问题：从提升稳定性角度入手，思考如何采取有效手段化解大中型民营企业债务违约风险。

三、论述题

1. 如何认识加强金融安全的重要性？

2. 我国在加强金融风险防控、保障金融安全构建方面进行了哪些重要探索？

参考答案

一、简答题

1. 当前我国防控金融风险、维护国家金融安全面临的主要挑战包括：

(1) 资本问题。

(2) 经济全球化问题。

(3) 资本账户问题。

(4) 互联网金融问题。

(5) 金融基础设施问题。

(6) 金融监管问题。

(7) 金融法制建设仍有缺陷。

2. 金融风险的特征包括：

(1) 不确定性。影响金融风险的因素难以确定。

(2) 相关性。金融机构同经济和社会紧密相关。

(3) 高杠杆性。金融企业负债率偏高，财务杠杆大，导致负外部性大，金融工具创新、衍生金融工具等也伴随高度金融风险。

(4) 传染性。金融机构承担着中介机构的职能，割裂了原始借贷的对应关系。处于这一中介网络的任何一方出现风险，都有可能对其他方面产生影响，甚至发生行业的、区域的金融风险，导致金融危机。

二、案例题

(1) 违约风险的定义：违约风险一般指信用风险。信用风险是指交易对方不履行到期债务的风险。

(2) 违约风险发生的原因包括债务人内部管理不规范、经营效益不好、资金链断裂、债务人信用低等。

(3) 综合起来分析，加强民营企业的债务管理，建立债权人参与企业共同治理机制，可以有效防范化解大中型民营企业债务违约风险。

①加强债务人的资产负债率的监控，要将负债率控制在一定比率之下。

②进一步完善债权人会议制度，设置资产负债率警戒水平，借鉴欧美经验，在重大事项决定之前，债务公司应当召开债权人会议，向债权人通报重大事项内容，债权人若有异议可以提出讨论，再交由公司董事会和股东大会决议，形成对企业的共同治理。

③加强对债务公司的监督，提升公司各项经营决策、重大事项的合理性，更好地维护债权人的利益。

三、论述题

1. 认识加强金融安全的重要性主要有以下内容：

（1）维护金融安全，是关系我国经济社会发展全局的一件带有战略性、根本性的大事。

（2）当前我国金融形势是好的，但未来我国经济发展面临的内外部环境将更加复杂多变。我们应深刻认识维护金融安全的重大意义，高度重视金融安全问题，对存在的金融风险点做到心中有数、防范有效。

①金融安全对国家安全的重要性并不局限于金融安全本身。金融安全既是国家安全的重要组成部分，也是国家安全的前提条件和重要保障。维护金融安全是治国理政的一件战略性、根本性大事，是推进国家治理体系和治理能力现代化的重要方面。

②金融已经突破经济工具的角色定位，成为现代国家治理和国际竞争的重要手段。

从国际层面看：在经济全球化深入发展与国际竞争日益激烈的形势下，金融手段越来越成为发达国家转嫁危机、刺激经济增长、维护经济与金融强权的手段。

从国内层面看：金融是最直接、最有效、最广泛的调节利益的媒介中枢。用对、用活、用好金融手段，是治国理政的题中应有之义，是实现国家治理现代化的关键。

③金融安全是经济平稳健康发展的重要基础，维护金融安全事关我国经济社会发展全局。金融是实体经济的血脉，为实体经济服务是金融的天职，是金融的宗旨，也是防范金融风险的根本举措。我们要坚决守住不发生系统性金融风险的底线。

2.（1）坚定不移去杠杆。

①总述。

回顾过去，各国历次经历过的金融危机，共同的原因都离不开信贷膨胀以及杠杆率过高的问题。以史为鉴，我国经济要坚定不移的去杠杆。

②去杠杆的"良方"是深化金融改革。

a. 健康发展多层次的资本市场：提高直接融资比重，继续优化融资结构。

b. 以"堵住后门、修复围墙、打开正门"的方式，推动地方政府融资。

其中，"堵后门"就是要规范地方政府融资中的债务乱象；"修围墙"是一种规范行为，规范的是政府债务的形成机制；"开正门"就是授权给地方政府举债的权利，以规范透明的举债方式融资，而不是隐性负债。这样一来，更适应市场化发展的市政债券融资就会逐步取代融资平台融资。

③"房子是用来住的、不是用来炒的"。

国家多次强调"房子是用来住的、不是用来炒的"，避免风险汇聚，地产市价泡沫破裂，进而引发连锁危机。

为解决居住用房的问题，国家建立了多主体的供给制度、多渠道的保障制度、租购并举的住房制度。

④国有企业去杠杆，妥善处置没有活力的“僵尸企业”。

通过市场化债转股助推企业混合所有制改革。完善现代企业制度；引导实施机构在债转股协议中明确对国有企业未来杠杆率及经营业绩的约束；引导实施机构依法行使股东权利；引导实施机构与社会资本充分合作开展市场化债转股等。

（2）强化金融监管。

①守住不发生系统性金融风险的底线：增强金融监管协调、完善监管短板。

②具体做法：加强金融消费者的权益保护；建立相关逆周期调控机制。

（3）平衡创新和监管。

守住不发生系统性金融风险的底线：提升金融科技创新与风险监管科技创新。

（4）稳步扩大开放。

守住不发生系统性金融风险的底线：加强金融对外开放，有序推进人民币国际化。

【名师点拨】稳定金融秩序、不盲目跟风、认清投资误区、甄别虚拟货币。

Part1：2021 年 5 月初，币圈一片高歌猛进。由于比特币总量维持在 2 100 万枚，再加上区块链技术和分布式记账的加密特点，使得市场猜测比特币的价格还会持续上涨。“狗狗币”“柴犬币”“猪币”也接连爆发出惊人涨幅。“狗狗币”“柴犬币”等能够迅速走入人们视线，主要是由于目前这些虚拟货币的价格较低，随便几美元便可拥有几十万个、上百万个，对新的投资者来说入场门槛较低。

思考：如何看待虚拟货币的价格“飙升”，比特币价格过高，是否可以借助低门槛的“狗狗币”“柴犬币”等快速“坐拥收益”?

回答：

（1）现象及本质：区块链技术、去中心化、分布式记账、加密等看上去“高、大、上”的技术外挂，给虚拟货币蒙上传奇色彩。可是，不管如何美化、神化虚拟货币，它都不是法定的实体货币。非法定的虚拟货币缺乏价值内涵支撑，资本炒作后价格失控，使不少中小投资者的个人财产和权益受损。

（2）总结：在市场情绪盲目高涨时，投机者存在侥幸心理，不想错过任何一个有可能“暴富”的机会，殊不知这一系列的替代币交易会严重侵害人民群众财产安全，扰乱经济金融正常秩序。

Part2：虚拟货币就是数字货币，“突然”要禁止炒作交易，甚至说虚拟扰乱经济金融秩序，如何解读虚拟货币就是数字货币呢?

（1）区分概念：

①虚拟货币是指在虚拟空间中特定社群内可以购买商品和服务的货币，知名的虚拟货币有比特币、腾讯公司的 Q 币、盛大公司的点券等。

②数字货币是电子货币形式的替代货币，可用于真实的商品和服务交易。数字货币由数据码和标识码组成，数据码就是需要传送的内容，标识码指明该数据包何去何从等属性。人民币数字货币是有交易支付功能的，而“狗狗币”“柴犬币”等不是数字货币，而是“山寨”的比特币，是靠挤压“比特币”的市场份额而出现的虚拟货币。

（2）根据央行等部门发布的通知和公告，虚拟货币不是货币当局发行的，不具有法偿性和强制性等货币属性，并不是真正意义上的货币，不具有与货币等同的法律地位，不应且不能作为货币在市场上流通使用，公民投资和交易虚拟货币不受法律保护。

(3) 总结：虚拟货币没有实际价值支撑，不是真正的货币，不具有法偿性与强制性等货币属性，投机炒作是推动其一路上涨的最主要动因。

Part3：2021年5月18日，中国互联网金融协会、中国银行业协会、中国支付清算协会联合发布公告指出：虚拟货币价格暴涨暴跌，虚拟货币交易炒作活动有所反弹，严重侵害人民群众财产安全，扰乱经济金融正常秩序。

问题：请说明我国对待虚拟货币的监管态度及监管要求。

(1) 我国的监管态度。

虚拟货币价格暴涨暴跌，虚拟货币交易炒作活动有所反弹，这不仅严重侵害了投资者的财产安全，也扰乱了经济金融的正常秩序。面对虚拟货币的市场乱象和资本市场的无序炒作，各国都应积极作为，合力给虚拟货币戴上“紧箍咒”。

(2) 我国的监管要求。

①2013年12月，央行等多部委发布《关于防范比特币风险的通知》，要求各金融机构和支付机构不得以比特币为产品或服务定价，不得买卖或作为中央对手方买卖比特币，不得承保与比特币相关的保险业务或将比特币纳入保险责任范围，不得直接或间接为客户提供其他与比特币相关的服务等。

②2017年9月，央行等多部委发布《关于防范代币发行融资风险的公告》，要求禁止从事代币发行融资活动（ICO）；交易平台不得从事法定货币与代币、“虚拟货币”相互之间的兑换业务，不得买卖或作为中央对手方买卖代币或“虚拟货币”，不得为代币或“虚拟货币”提供定价、信息中介等服务。

③2021年5月，三大协会公告强调，开展法定货币与虚拟货币兑换及虚拟货币之间的兑换业务、作为中央对手方买卖虚拟货币、为虚拟货币交易提供信息中介和定价服务、代币发行融资以及虚拟货币衍生品交易等相关交易活动，违反有关法律法规，并涉嫌非法集资、非法发行证券、非法发售代币票券等犯罪活动。

从平衡创新与加强监管的角度来看，广大消费者要增强风险意识，树立正确的投资理念，不参与虚拟货币交易炒作活动，谨防个人财产及权益受损。

第四章　深化金融改革的探索实践与积极成效

本章导学

近年的高级经济师机考对本章的知识点的考查形式是分值相对比较高的主观题，如从金融改革本身切入，考查了 LPR。因此，从目前的考情看，请考生注意本章其他金融改革的方向和考查角度，如金融供给侧结构性改革、区域金融改革，人民币汇率形成机制改革等。也需要跨章节综合备考，如从改革的角度看金融监管，从改革的角度看金融创新等。

建议考生结合上年考情，在备考时，关注我国金融改革的各项举措与取得的成效，掌握金融改革的意义及动态的改革探索。

考纲再现

包括深化金融改革的时代背景与重大意义，近年来我国深化金融改革的重大举措与成效，近年来我国利率市场化改革、金融供给侧结构性改革、贸易投资便利化改革、金融机构与金融市场改革的实践与探索等。

考点 1 《中华人民共和国国民经济和社会发展第十四个五年规划纲要》

一、"十四五"时期经济社会发展的主要目标

经济发展取得新成效；改革开放迈出新步伐；社会文明程度得到新提高；生态文明建设实现新进步；民生福祉达到新水平；国家治理效能得到新提升。

二、"十四五"时期经济社会发展的基本理念

同"十三五"一样，"十四五"时期的经济社会发展仍然坚定不移贯彻创新、协调、绿色、开放、共享的新发展理念。

（1）创新是引领发展的第一动力，包括理论创新、制度创新、科技创新、文化创新等各方面创新。

（2）协调是持续健康发展的内在要求。重点是促进城乡区域协调发展，促进经济社会协调发展，促进新型工业化、信息化、城镇化、农业现代化同步发展，在增强国家硬实力的同时注重提升国家软实力，不断增强发展整体性。

（3）绿色是永续发展的必要条件和人民对美好生活追求的重要体现。必须坚持节约资源和保护环境的基本国策；坚持可持续发展，践行"绿水青山就是金山银山"的理念；坚定走生产发展、生活富裕、生态良好的文明发展道路，加快建设资源节约型、环境友好型社会，形成人与自然和谐发展的现代化建设新格局；推进美丽中国建设，为全球生态安全作出新贡献。

(4) 开放是国家繁荣发展的必由之路。坚持进出口平衡、引进来和走出去并重、引资和引技引智并举，积极参与全球经济治理和公共产品供给，提高我国在全球经济治理中的制度性话语权，构建广泛的利益共同体。

(5) 共享是中国特色社会主义的本质要求，必须坚持发展为了人民、发展依靠人民、发展成果由人民共享。要作出更有效的制度安排，增强发展动力，实现共同富裕。

考点2 深化金融改革的时代背景

一、中国经济的新常态——进入中高速增长阶段

(1) 我国经济增长在新常态下的主要发展特点：

①经济增速从高速变为中高速，其实际增量可观。

②经济增长动力从要素驱动、投资驱动变向创新驱动。

③经济结构不断优化升级。

(2) 新常态下的新矛盾、新问题和新风险：产能过剩，产业结构陈旧落后；人口老龄化问题愈加严重，基本养老、基本医疗体系架构不够完善；房地产进入调整期；影子银行、地方投融资平台问题较多等。

(3) 新常态下出现矛盾和风险的原因：不能在金融产业和金融市场上对资源进行优化配置，金融机构没有发挥其应有的作用。

二、"十三五"期间的金融改革取得的成就

(1) 金融要素市场化改革，健全货币政策和宏观审慎政策双支柱调控框架。

①构建目标利率和利率走廊机制，提高政策透明度。

②利率、汇率等金融要素市场化改革。完善贷款市场报价利率（LPR）形成机制，稳妥有序推进人民币汇率市场化形成机制改革，增强人民币汇率弹性。

③宏观审慎政策框架得以完善。用宏观审慎评估（MPA）加强实施逆周期调节，建立健全宏观审慎改革框架。

(2) 防范化解重大金融风险攻坚战取得阶段性成果。

①优化金融监管体系。形成国务院金融委统筹抓总，"一行两会一局"和地方分工负责的金融监管架构。

②构建系统重要性金融机构、金融控股公司、金融基础设施等统筹监管框架。建立系统重要性金融机构的识别、监管和处置机制，发布《金融控股公司监督管理试行办法》，持续推动金融业综合统计体系建设。

③健全监测预警、压力测试、评估处置和市场稳定机制，全面评估中国金融体系稳健性。

④完善问题金融机构市场化处置和退出机制。发挥存款保险制度作用，加强风险监测和早期纠正。

(3) 增强金融配置资源能力，构建合理分工、相互补充、功能完整的现代金融体系。

①初步形成多层次、广覆盖、有差异的银行体系。

②全面深化资本市场改革。

③债券市场保持快速发展，成为仅次于美国的全球第二大债券市场。

④加快发展票据市场，创新发展黄金市场，完善外汇市场基础设施建设。

(4) 金融服务经济社会发展效率和水平稳步提升。

(5) 稳步扩大金融业双向开放，高层次开放型金融体系初步形成。

(6) 加强金融基础设施建设，金融服务便利性进一步提升。

考点3 深化金融改革的方向与措施

一、四个转变

经济发展新常态之下，追求经济高质量发展，必须实现四个转变：

(1) 经济增长目标的转变：由追求经济增长高速度转向重视经济增长高质量。

(2) 经济增长方式的转变：经济增长由出口带动、投资带动，转向由消费、投资和进出口协同带动，使国家经济实力不断增强，居民收入不断提高，人民生活水平不断改善。

(3) 经济增长动力的转变：生产要素的投放由粗放所带动的经济增长转变为以创新驱动提供动力和劳动生产积极性提高的经济增长；从基本依赖已有资源耗费得到的经济增长，转变为基本依赖管理功能优化、科学技术水平提高以及劳动者整体素质水平提高的经济增长。

(4) 经济增长速度的转变：由高速增长转变为中高速增长。

二、深化金融改革的措施

实现经济增长方式的转变，必须深化金融改革。深化金融改革的措施见表4-1。

表4-1　深化金融改革的措施

措施	内容
深化金融机构体系改革	(1) 建立现代金融企业制度。完善金融机构的公司治理和市场纪律；完善金融机构的内在激励机制和外在约束机制，增强金融机构和金融机构体系的竞争力、活力和金融风险的防控能力 (2) 放宽市场准入。发展民营金融机构和中小银行，完善大中小金融机构健康发展的格局 (3) 完善金融机构的内在激励机制。理顺金融机构的产权关系，完善金融机构的公司治理，加强对金融机构的正向激励
深化金融市场体系改革	(1) 目标：开阔金融市场的内里及规模，展现更具复杂性和全面性的金融体系和金融能力，开创一个现代化、接受性强、稳定性强、公开性强的金融市场机制 (2) 主要内容：拓展金融市场的交易服务，丰富金融市场的服务对象，减少金融市场的交易费用，加大金融市场的交易规模，改善金融市场的交易体系 (3) 资源配置主要以金融为通道，金融市场上的高效益的配置资源是宏观经济快速发展的核心要点
深化金融监管体系改革	(1) 金融机构层面：完善金融机构外在约束机制，强化市场纪律，公平竞争、优胜劣汰，不能再搞刚性兑付，不能再搞隐性担保 (2) 监管部门层面：建立监管问责制度，强化监管职责，优化监管力量，严格监管执法 (3) 中央银行层面：增加中国人民银行系统性风险规避和宏观审慎监管职能 (4) 国家层面：设立国务院金融平稳发展委员会，优化金融管理调整体系

续表

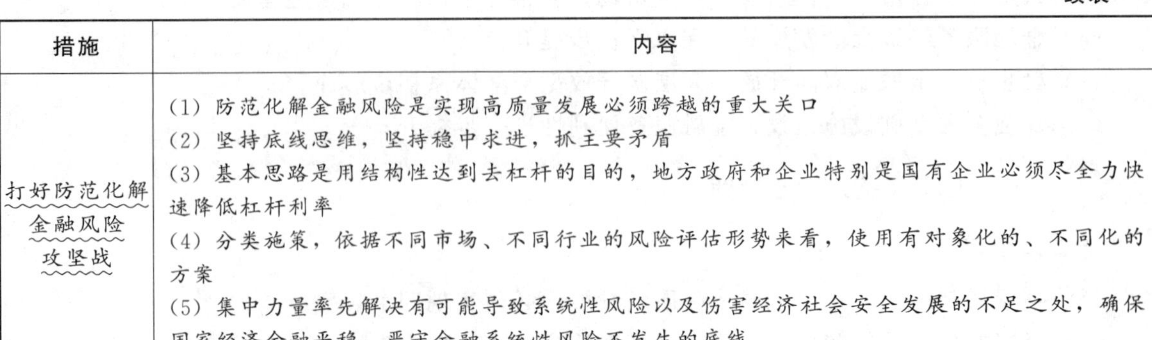

措施	内容
打好防范化解金融风险攻坚战	(1) 防范化解金融风险是实现高质量发展必须跨越的重大关口 (2) 坚持底线思维，坚持稳中求进，抓主要矛盾 (3) 基本思路是用结构性达到去杠杆的目的，地方政府和企业特别是国有企业必须尽全力快速降低杠杆利率 (4) 分类施策，依据不同市场、不同行业的风险评估形势来看，使用有对象化的、不同化的方案 (5) 集中力量率先解决有可能导致系统性风险以及伤害经济社会安全发展的不足之处，确保国家经济金融平稳，严守金融系统性风险不发生的底线

【考点回顾】实现经济增长方式的转变、深化金融改革的措施有哪些？

考点4 我国近年来深化金融改革的重大举措与成效

一、对新兴的金融业态，推进各项金融专项改革

（一）加快推动普惠金融服务体系建设

普惠金融是扶持弱势群体且自身可持续发展的金融体系，这同时也是普惠金融的实质。

国务院制定的《推进普惠金融发展规划（2016—2020年）提出，继续引导和支持商业银行尤其是大型商业银行设立普惠金融事业部，稳妥推进农村“两权”抵押贷款试点，发挥贷款保证保险、融资担保等的作用，撬动更多资金投向小微企业、“三农”、扶贫开发等领域。

现阶段的普惠金融的任务和重点：对“三农”和中小微企业提供金融服务。

（二）重视绿色金融体系建设

在我国，绿色金融体系建设早已渐渐发展为国家政策，其核心要点是支持环境优化、面对资源节约高效利用和气候变化提供金融服务，是我国促进供给侧结构性改革以及达到绿色发展的主要策略。

政策支持：国家“十三五”规划纲要明确提出“构建绿色金融体系”的宏伟目标；2016年，中国人民银行等七部门发布的《关于构建绿色金融体系的指导意见》明确指出，通过采取设立国家绿色发展基金、再贷款、专业化担保机制、绿色信贷支持项目财政贴息等措施，支持绿色金融发展。

2017年启动绿色金融试点：浙江、江西、广东、贵州、新疆五大绿色金融改革试点区，推动绿色金融发展。

（三）引导互联网金融规范发展

2013年以后，互联网金融机构大量出现，这些金融机构包括网贷公司、第三方支付公司、众筹等。移动互联网曾经使千家万户感受到科技与金融的有效结合。

同时，民间金融的代表P2P、网贷、众筹、第三方支付等的爆发，使公众获取了更多的投资和筹资的渠道。

存在的问题：在快速发展的过程中，一些金融风险隐患逐步暴露，频发的爆雷事件给投资者带来严重的财产损失，P2P行业在一年内经历三波“爆雷潮”，见图4-1。

解决的办法：持续开展互联网金融风险专项整治活动，重点化解网络借贷领域风险。P2P

网贷机构在2020年11月中旬实现了归零。国内虚拟货币交易平台已全部无风险退出，股权众筹、互联网保险等领域整治工作基本完成（有大量遭受损失的投资者还在苦苦讨债）。通过对互联网金融行业的有效清理，引导互联网金融规范发展。

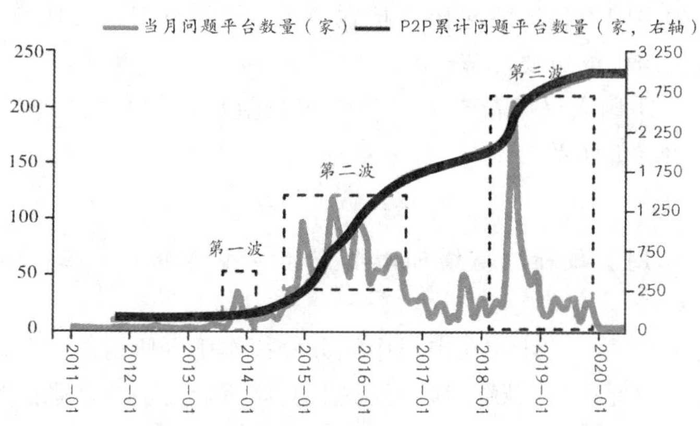

图4-1　P2P行业历经三波“爆雷潮”

二、推进金融市场化改革

在党的十八届三中全会审议通过的《中共中央关于全面深化改革若干重大问题的决定》（以下简称《决定》）中，关于金融改革方向和攻坚重点，市场在资源配置中起决定性作用，落实到金融领域，主要包括三个范畴的改革：

（一）准入开放

准入开放包括对民营经济开放、对外开放。

（1）在对内开放上，放宽民营银行的准入机制。金融业也是竞争性服务业，不需要垄断经营，也不需要对投资者的身份来源有过多的限制；在对外开放上，突出特点是按照准入前国民待遇和负面清单的新规则在上海自由贸易试验区进行改革。

（2）民间资本进入我国金融市场，对推动产业资本和金融资本的融合意义重大。不过，有些人对开办银行热情很高，但实际上真正投资银行业也不见得那么容易赚钱。开办银行不准替自己办事，也就是禁止关联交易。

（3）新成立的民营银行与传统股份制商业银行相比，更多地谋求差别化、特色化发展，强调普惠金融服务，其凭借灵活的经营机制，将成为我国金融市场发展的内生动力。2014年，腾讯集团牵头筹备成立了国内首家互联网民营银行。

（4）2014年3月，国务院批准第一批五家民营银行试点（首批试点包括5家民营银行，即深圳前海微众银行、上海华瑞银行、天津金城银行、浙江网商银行、温州民商银行）；2016年，民营银行正式进入常态化的发展阶段，中国银行业监督管理委员会批准了多家民营银行的筹建。新成立的民营银行寻求特色化、差别化发展，重点突出普惠金融服务，其凭借灵活的经营基准制度，将成为我国金融市场繁荣的内动力。

（二）生产要素价格改革

就金融来说，资源配置主要是通过资金价格来实现优化。利率与汇率在改良金融资源配置中起到主要作用，这两种比率是金融资源配置的重点。

（1）存贷款利率的整体放开，是我国利率市场化改革成功的第一个成就。

（2）中间价定价机制的改革高效率地促进了汇率市场化的进步，人民币汇率起伏幅度渐渐变大。

（3）人民币汇率的中间价每天的起伏保持在上下2%的范围，2015年，“811汇改”是人民币汇率市场化形成机制中的重要环节。

（4）2016年2月，中国人民银行在人民币未来贬值评估的高度压力下，宣布推出了“收盘价+一篮子货币”的定价体系。

（三）强调市场主体的作用

强调市场主体的作用表现在注重增加市场主体（实体企业、城乡居民等）的金融选择范围。

企业和消费者有了自主权，才能在市场中充分发挥作用，所谓的市场定价，其实就是市场主体之间的相互作用。由此可见，赋予城乡居民和实体企业更多的金融选择权，正是推动金融服务实体经济、构建内生型金融体系的根本。

市场主体的自主性，始终是市场化改革的重要内容。在《中共中央关于全面深化改革若干重大问题的决定》中有关“加快完善现代市场体系”的部分，继续明确提出要落实企业自主权，同时又提出了消费者的主权，并指出要在这个市场体系中，形成企业自主经营、公平竞争，消费者自由选择、自主消费，商品和要素自由流动、平等交换的现代市场体系。

三、通过人民币国际化和资本账户开放来参与全球金融治理

（一）人民币国际化概述

人民币国际化是指人民币能够跨越国界，在境外流通，成为国际上普遍认可的计价、结算及储备货币的过程。尽管目前人民币境外的流通并不等同于人民币已经国际化了，但人民币境外流通的扩大最终必然导致人民币的国际化，使其成为世界货币。

（二）人民币国际化的原因

（1）实现我国经济存量之保值。如果人民币在对外经济贸易中能更广泛地作为结算货币，国内企业须承担的外汇风险就会更低，政府经营外汇储备的压力也会有所缓解。

（2）促进我国经济增量之平衡。人民币国际化对有效控制外汇储备的增长，对缓解汇率压力和推动我国与主要区域及资源伙伴国之间经济与贸易平衡协同发展等方面有重要意义。

（3）获得更大的政治经济话语权。人民币逐步被我国的各贸易伙伴接受，扮演结算货币角色。这将加大我国在国际贸易中的影响力，更为我国政府的汇率政策增加主动性与灵活度。而人民币在向国际储备货币迈进的每一步都是我国在全球地缘政治话语权提升的具体体现。

（三）人民币国际化取得巨大突破

（1）人民币国际化是金融双向开放过程，是转变宏观调控框架的过程。

（2）我国大力推动人民币在跨境投融资、跨境贸易和国际储备货币中的使用，将人民币国际化逐渐上升为我国的国家战略。

（3）2015年12月，人民币成为第一个纳入特别提款权货币篮子的新兴市场国家货币，这有利于提升人民币的国际地位和中国在全球金融治理中的话语权。

【释义】特别提款权（Special Drawing Right，SDR），亦称“纸黄金”（Paper Gold），是国际货币基金组织根据会员国认缴的份额分配的，可用于偿还国际货币基金组织债务、弥补会员国政府之间国际收支逆差的一种账面资产。

（四）资本账户开放在加快步伐

（1）人民币国际化意味着资本账户开放会加大，境内外的联通会更加顺畅。

（2）资本账户的开放是人民币国际化的实质和核心内容，也是我国参与全球金融治理的必要前提。人民币在经常项目下已经实现可自由兑换，目前的问题是资本项目下是否可兑换。所谓资本项目下可兑换，可以理解为国际收支的资本与金融账户的自由兑换，也意味着一国对于资本流入和流出的兑换均无限制。

（3）“沪港通”与“深港通”相继创立，意味着在资本市场中，双向跨境流动模式取得了初步的实践成果。

①沪港通。

2014 年 4 月 10 日，沪港通开始试点。

沪股通：香港投资者买卖规定范围内的上海证券交易所（以下简称上交所）上市的股票，实现香港职业投资人的内地资产配置。

港股通：内地投资者买卖规定范围内香港联合交易所（以下简称港交所）上市的股票。交易范围包括恒生综合大型股指数成分股、恒生综合中型股指数成分股、同时在上交所和港交所上市的 A＋H 股公司股票。

②深港通。

2016 年 8 月 16 日，深港通开始试点。

深港通分为深股通和港股通，制度安排参照沪港通。

港股通的范围新增：恒生综合小型股指成分股（选取≥50 亿港元股票）、同时在深圳证券交易所（以下简称深交所）和港交所上市的 A＋H 股公司股票。

③开通沪港通和深港通的意义。

开通沪港通和深港通刺激了人民币资产需求，加大了人民币交投量；沪港通和深港通双向交易均以人民币结算，推动了人民币跨境资本流动、构建良好的人民币回流机制、完善国内资本市场。

（4）债券通。

①2017 年 5 月 16 日，债券通开始试点。

②开通原则：遵循“先北后南”，逐步开放。先“北向通”，2017 年 7 月 3 日正式启动，香港与其他国家和地区的境外投资者购买内地债券；后“南向通”，两地监管当局适时扩展允许内地投资者投资香港债券市场。

③开通意义：债券通的开通标志着人民币国际化取得了重要进展，是我国扩大金融市场特别是银行间债券市场开放的有利举措。

（5）RQFII（人民币合格境外机构投资者）。

①对象：境内银行、保险公司等香港子公司或注册地以及主要经营地在香港地区的金融机构可参与试点。

②试点：新加坡、伦敦，也开始陆续拓展美国、欧洲市场。

③在各类 RQFII 机构中，基金系 RQFII 机构成为主力。

（6）基金互认。

①定义：基金跨市场销售的一种制度性安排，一国注册的基金不需要在另一国家或地区注册，履行一定简便程序后就可直接销售。

②2015 年 7 月 1 日，内地与香港基金互认工作正式启动。

四、化解已有金融风险点，构建全方位覆盖的金融监管体系

（一）已有高杠杆金融风险点的多层面化解

问题：地方政府债务、非金融企业部门的债务问题以及房地产市场风险尤为突出。

举措：引导多家债权银行共同为企业脱困、降杠杆统一行动。通过债委会制度实现风险处置上的一致行动，能够有效避免信息不对称带来的恐慌和动荡；针对房地产价格过快上涨，推出完善差别化的信贷政策，以期紧紧把握“房子是用来住的、不是用来炒的”的定位，探索建立促进房地产市场平稳健康发展长效机制。

【释义】债委会制度中的债权人委员会是人民法院审理企业破产期间的临时组织，遵循债权人的共同意志，代表债权人会议监督管理人行为以及破产程序的合法、公正进行，处理破产程序中的有关事项的常设监督机构。

（二）构造广泛覆盖的金融监管体系

实现金融稳定必须经过深化改革建立起统一协调、高效完善的金融监管体系。

2016 年以来，一行三会结合金融风险和国家政策导向，密集出台监管政策，高度重视金融风险的防范和化解，以及不同部门监管政策的协同配合。

2017 年以来，一行三会规范资产管理业务，制定了统一的资管产品标准规制。

金融监管体系未来工作要点：强化宏观审慎管理，有效设立管理调节体系，解决监管短板问题，预防以及化解系统性金融风险，改善统筹协调功能。

专题 1　我国金融改革探索——利率市场化改革

利率市场化改革关乎全局，背负着“金融稳定”的重大责任，甚至被银行业看作是一场生死之战。

一、时代背景（“软约束”下的利率管制）

我们国家过去是低收入国家，同时我国的经济体制，从计划经济向市场经济转轨。在这个过程中，我国存在软约束市场主体的情况。

（一）软约束含义

就是借了钱没想还，或者说借钱是一个人的事，还钱是后面另一个人的事。软约束有两种表现，一种是利用行政权力借钱，另一种是借钱不怕贵，其本质都是不想还钱。这就产生了挤出效应，导致剩下的资金量变小，价格平衡点会更高。

因此，利率市场化改革的直接前提还是要强调减少软约束的行为和实体，否则无法实现平衡。

（二）软约束实体随时间变化

软约束实体随着时间的推移变化。二十世纪八九十年代，提及比较多的是国有企业。但经历多年改革后，国有企业大体已建立自负盈亏、自担风险的机制，与过去大不相同，改革颇有成效。目前，人们对软约束实体的看法主要聚焦在地方政府的融资平台上。

（三）软约束问题

软约束问题也不是单方面形成的，银行方面也助推了这个问题的出现。这就是说，“一个巴掌拍不响”，银行方面也有依赖性和误判。例如，二十世纪八九十年代，银行认为国有企业可以随意贷，后来认识到国有企业是自担风险、自负盈亏的，也会面临倒闭。

目前银行在认识地方政府融资平台方面，仍存在依赖性和误区。一些人认为，给地方政府融资平台放贷，出了问题肯定没事。这就迎合了软约束主体，并导致了信贷资源的过多占用；此外，不排除银行工作人员心存私利。因此，要从两方面改进，既从客户的角度限制软约束，也从银行角度限制内部迎合软约束的行为。

二、我国的利率市场化改革

（一）利率市场化

利率市场化就是将利率的决策权交给市场，由供求双方根据自身的资金状况和对金融市场动向的判断来自主调节利率水平，最终形成以中央银行基准利率为基础，以市场利率为中介，以市场供求决定各种利率水平的市场利率体系和市场利率管理体系。

（二）利率管制的弊端

（1）负利率导致居民财产严重缩水，债务人和债权人的财产再分配不均匀，会拉大贫富差距，对于缩小贫富差距具有不利影响。

（2）在贷款市场上，如果出现资源配置错误，会加快出现资金黑市。

（3）人为导致存款低利率，增加银行纳入存款的难处，导致大量存款流向别处。

（三）利率改革总体思路

利率改革要遵循“先外币、后本币；先长期、大额，后短期、小额；先贷款、后存款”的整体框架。

三、我国的利率市场化进程的四个阶段

从 1996 年 6 月中国人民银行放开银行间同业拆借利率时起，到 2015 年开放存款利率浮动上限为标志，中国利率市场化耗时近 20 年才宣告初步完成。总体而言，我国的利率市场化进程主要可以分成四个阶段。

（1）准备阶段：以货币市场利率和外币利率为锚（1996—2003 年）。

本阶段核心：为信贷市场做基础，达到货币市场利率和外币利率的市场化。

①以国债利率招标为起点，债券利率市场化。

银行之间市场利率的市场化，全面开设了调节利率以外的资金搭配机制，使利率的市场化规模渐渐扩大。银行之间市场利率的建立和健全创造了基准收益率曲线，可以提高商业银行的自主定价水平，为管理利率市场化以及银行优化内部定价体系提供了标准。

债券市场利率市场化大事件见表 4-2。

表 4-2　债券市场利率市场化大事件

时间	事件
1996 年	国债开始采用承购报销方式进行招标

续表

时间	事件
1996 年 6 月	财政部通过证券交易所市场平台实现了国债的市场化发行，全年共市场化发行国债 1 952 亿元。国债发行采取了利率招标、收益率招标、划款招标等多种方式。同时根据市场供求状况和发行数量，采取单一价格招标和多种价格招标
1997 年 6 月	《关于银行间债券回购业务有关问题的通知》标志着银行间债券市场正式启动，同时放开了债券市场、债券回购和现券交易利率
1998 年	国家开发银行和中国进出口银行通过人民银行债券发行系统以公开招标方式发行金融债券
1999 年 1 月	财政部首次在银行间债券市场实现以利率招标的方式发行国债
2004 年	《全国银行间债券市场债券买断式回购业务管理规定》进一步丰富了债券回购业务形式

②放开银行间同业拆借市场，推动完成资金批发利率市场化。

我国第一次不再全权管理银行之间同行业拆借市场利率，达到由拆借双方依据市场资金供求关系自行计算拆借利率。决定以货币市场利率为创新点，构建具有独立性的原本存贷款管理机制利率体系的市场利率。

③外币利率市场化：首先实行存款利率，中外资利率管理政策实现并轨。外币存贷款利率市场化大事件见表 4-3。

表 4-3 外币存贷款利率市场化大事件

时间	事件
2000 年 9 月 21 日	实行外汇利率管理体制改革，放开了外币贷款利率；300 万美元以上的大额外币存款利率由金融机构与客户协商确定
2002 年 3 月	将境内外资金融机构对中国居民的小额外币存款，纳入中国人民银行现行小额外币存款利率管理范围，实现中外资金融机构在外币利率政策上的公开待遇
2003 年	允许商业银行农信社开办邮政储蓄协议贷款，放开英镑、瑞士法郎和加拿大元的外币小额存款利率管理，对美元、日元、港币、欧元小额存款利率实行上限管理

经过上述改革成效显著，但也存在少许不足。

a. 效果上：货币与债券市场初步实现市场化，但外币利率市场化不足，本币存贷款利率浮动也存在隐形限制。

b. 数据上：货币市场利率市场化程度较高。

用银行间同业拆借利率与上海银行间同业拆放利率（Shibor）同期限利率走势相关度来衡量货币市场利率。

④债券市场利率的市场化可参照价与量两个指标，具体如下：

a. 对流动性反应较为敏感，利率债招标结果随行就市程度更高。

b. 金融债、国债的成交量平稳提升，交易的活跃度能更好地反映供需关系、市场情绪。

c. 信用债相对于利率债的风险溢价主要取决于市场自发行为。

（2）发展阶段：先贷款后存款（2004—2013 年）。

①利率市场化发展阶段。

2004 年，我国利率市场化进入发展阶段，其核心是实现人民币贷款利率市场化，并开始布局存款利率市场化。人民币贷款利率市场化大事件见表 4-4。

表 4-4　人民币贷款利率市场化大事件

时间	事件
1998 年 2 月	《关于下放贷款利率浮动权的通知》将金融机构对小企业的贷款利率浮动幅度由 10%扩大到 20%，农村信用社的贷款利率最高上浮幅度由 40%扩大到 50%
1998 年 3 月	改革再贴现利率及贴现利率的生成机制，放开了贴现和转贴利率
2004 年 10 月	贷款上浮取消封顶，下浮的幅度为基准利率的 0.9 倍，还没有完全放开。与此同时，允许银行的存款利率都可以下浮，下不设底
2006 年 8 月	贷款浮动范围扩大至基准利率的 0.85 倍；2008 年 5 月汶川特大地震发生后，为支持灾后重建，中国人民银行于当年 10 月进一步提升了金融机构住房抵押贷款的自主定价权，将商业性个人住房贷款利率下限扩大到基准利率的 0.7 倍
2012 年 6 月	贷款利率浮动区间的下限调整为基准利率的 0.8 倍
2013 年 7 月	全面放开金融机构贷款利率管制，取消金融机构贷款利率 0.7 倍的下限，由金融机构根据商业原则自主确定贷款利率水平，并取消票据贴现利率管制，改革贴现利率在再贴现利率基础上加点确定的方式，由金融机构自主确定

②思路整理。

a. 中国人民银行设立"先贷款后存款"的改革思路，是考虑到相比较贷款利率市场化，存款利率市场化要求更加审慎。其主要原因为存款利率市场化要求银行具备健全的经营体制和产权约束机制，否则如果引起价格恶性竞争，则可能影响金融体系安全，引起存款搬家。

b. "贷款利率管下限、存款利率管上限"的改革思路，是为了在某一阶段内限制银行价格恶性竞争，弥补长期低贷存利差对银行资本和自身发展能力的透支，合理保护银行业的利润水平，为银行改革赢得时间。在以资本充足率为核心的风险管理框架下，此政策还赋予银行运用利率杠杆主动调整资产负债结构和规模的空间，有利于发展直接融资。

（3）全面开放阶段：专攻存款利率（2014—2015 年）。

2013 年之后，开始进入全面开放阶段，利率市场化进程显著加快，该阶段的核心是全面放开存款利率浮动上限，实现存款利率市场化。

（4）最终深化阶段：实现利率并轨（2016 年至今）。

①2016 年到如今依然是利率市场化的最终深化阶段，该阶段的核心是实现利率并轨这一终极目标，是完成利率市场化"最后一公里"的关键性阶段。

②实现利率并轨，需要采取以下三个步骤。

第一，优化市场化利率机制，使策略目标利率具有弹性进而可以支持战略的实施。

第二，渐渐减少对贷款和存款基准利率波动幅度的管制（2015 年 3 月，中国人民银行再次降低金融机构人民币存贷款利率，而且扩大了存款利率调动空间的上限）。

第三，调整主要策略利率以及存贷款基准利率，健全利率走廊体系，最后达到以中央银行主要策略利率为根基，以存贷款基准利率为内容，用市场供求体制确立金融机构存贷款基准利率的行业利率机制和利率形成体制。提出探索利率走廊机制，理顺中央银行政策利率对金融领域乃至整体宏观经济传输的制度，意味着我国初步审查设立以利率走廊体系为关键因素的价格型货币策略调节机制。

利率走廊的基本操作原理：中央银行通过给商业银行提供一个存贷款便利的工具，使货币利率在标准利率的水平线上波动。利率走廊体系不仅可以促进金融市场稳定健康发展，而且可以在第一时间解决市场的流动偏差，进而可以有效控制短期利率。

利率走廊系统下中央银行仅仅要对走廊的上下限作出有效调节，以达到调节货币政策的目的，而不需频繁调整公开市场操作，用这种方法可降低货币政策的实施费用。

（5）对利率市场化变革方向的猜想。

①中国正持续发展利率市场化变革。

②今后利率市场化变革的关键点是达到利率并轨，也就是调节主要策略利率和存贷款基准利率，建立健全利率走廊体系。

专题2　我国金融改革探索——金融供给侧结构性改革

一、背景

2015年11月，中央财经领导小组第十一次会议首次提出“供给侧结构性改革”的概念，即在适度扩大总需求的同时，着力加强供给侧结构性改革，着力提高供给体系质量和效率，增强经济持续增长动力。

近几年来，在国际国内各种因素作用下，我国部分产业扩展过快，产生了严重的供过于求的矛盾，特别是钢铁、煤炭等若干能源原材料工业的生产也出现了严重过剩问题；有的地区盲目刺激和鼓励房地产发展，导致局部性的住房供给增长过快，库存显著增加，这些都是属于供给侧的结构问题。这些问题不解决，即使增加货币供给，增加需求，也无法向市场提供有效供给，反而会加剧原有的矛盾和问题，可能还会出现西方发达国家曾经出现过的经济“滞涨”的不良局面。

二、供给侧结构性改革

（一）内容

供给侧结构性改革主要包括去产能、去库存、去杠杆、降成本、补短板五大任务。

（二）释义

积极稳妥化解产能过剩；帮助企业降低成本，包括降低制度性交易成本、降低企业税费负担、降低社会保险费、降低企业财务成本、降低电力价格以及降低物流成本等多项措施；化解房地产库存，包括通过加快农民工市民化，扩大有效需求，打通供需通道，消化库存，稳定房地产市场，鼓励房地产开发企业适当降低商品住房价格，取消过时的限制性措施等；扩大有效供给，包括打好脱贫攻坚战，坚持精准扶贫、精准脱贫，提高扶贫质量，培育发展新产业，加快技术、产品、业态等创新，以及继续抓好农业生产，保障农产品有效供给等措施，补齐短板；防范化解金融风险，包括依法处置信用违约，有效化解地方政府债务风险，做好金融监管等措施，坚决守住不发生系统性和区域性风险的底线。

三、金融供给侧结构性改革

（一）服务实体经济

（1）“经济是肌体，金融是血脉，两者共生共荣。”这段话形象地比喻了金融和实体经济共

生共荣的关系。

（2）“金融活，则经济活；金融稳，则经济稳。”这段话把金融作为“引线”，想表达的是金融同经济间密切的关系。可以切实感受到，金融对于经济来说，位于辅助地位，它对经济具有辅助、助力的作用。

（3）“经济兴，则金融兴；经济强，则金融强。”这段话把经济作为“引线”，表达的是经济与金融间兴和强的关系。

（二）优化金融结构

1. 金融结构存在的问题

我们现有的金融结构存在扭曲、错配问题，表现为以下几个方面。

（1）期限结构错配，“借短用长”现象在我国的金融体系中较为普遍。克服期限错配成为艰巨且长期的工作。

（2）权益错配。在我国现行的金融结构下，能形成资本、筹资者权益的比重相对较小，动员的大部分资金只能形成借款者的负债，由此形成了权益错配。我国金融结构的权益错配与资本成本过高、债务过高、杠杆率过高等问题密切相关。

（3）服务对象偏颇。对于大部分的中等收入及以下水平的普通居民、民营经济、中小微企业等这些更需要资金及金融服务的经济主体，金融所能提供的服务显得严重不足。

2. 解决金融结构错配问题的措施

优化金融结构，解决错配问题的措施：

（1）健全政策性金融、商业性金融、合作性金融、开发性金融相互补充、分工合理的金融结构体系，构建广覆盖、多层次、有差异的银行体系。

（2）建设一个开放、规范、有活力、有韧性、透明的资本市场，把好市场出口和市场入口两道关，加强对交易的全程监管，完善资本市场基础性制度。

（3）在调整产品结构问题上，强调以市场需求为导向，积极开发定制化、差异化、个性化的金融产品。选择符合国家产业发展方向、主业相对集中于产品有市场、实体经济、技术先进、暂时遇到困难的民营企业提供重点支持。

（三）管理金融风险

管理金融风险，应注意五个方向：

（1）稳步推动金融业关键信息基础设施国产化，加速金融市场基础设施建设。

（2）做好金融业综合统计，完善信息发布管理规则，健全信用惩戒机制，健全及时反映风险波动的信息系统。

（3）做到看住钱、管住人、扎牢制度防火墙。扎牢制度的笼子，管住钱和人，对于反腐倡廉具有关键意义。

（4）运用支付结算机制和现代科技手段，适时动态监管国际国内、线上线下的资金流向流量，使所有的资金流动都置于金融监管机构的监督视野之内。

（5）去杠杆。去杠杆是一项长期任务，因为金融风险源头是高杠杆。

（四）遵循经济规律

（1）加快推进利率市场化，健全反映市场供求关系的国债收益率曲线，完备人民币汇率市场化形成机制。

汇率的市场化关系到我们能否有效地利用国内国际两个市场，利率的市场化关系到能否有效地将有限的资源配置到最有效率的领域、地区、行业和企业手中，而国债收益率曲线的完善，则关系到我国金融产品定价的合理性和科学性。完成“三率”（利率、汇率和国债收益率）市场化，我们仍然任重而道远。

（2）在遵从经济规律的前提下，消除金融体系的意识形态和所有制偏好，遵从“竞争中性”原则，公平同等地为各种所有制企业供给高效率服务。

（3）强化金融基础设施建设，包括一系列交易、清算、登记、托管、结算制度，以及规范并维护这些制度运转的法律法规。

（五）发展金融科技

供给侧结构性改革表现在金融领域就是大力发展金融科技。发展金融科技的要点是使创新成为推进金融服务效率提升和金融服务供给结构变革的根本支柱。

（六）扩大对外开放

（1）扩大对外开放的内涵：根据国际经济金融发展形式变化和我国的战略发展需要，研究推进新的改革开放措施。

（2）扩大对外开放需要满足以下三个要点：

①金融高水平双向开放的扩大，金融业全球竞争力的提升。

②提高开放条件下经济金融管理能力和防控风险能力。

③参与国际金融治理能力的提升。

四、外汇管理体制与贸易投资便利化改革

我国现阶段外汇管理改革开放实行统筹平衡便利化和防风险，建立健全与更高水平开放相适应的跨境资本流动管理框架，有力地维护了国家经济金融安全。

（一）稳步推进资本项目开放

把金融产业放开当作主要内容，设立跨区域证券市场买卖相互沟通体系，健全达标企业投资者策略；增加银行之间债券市场和国内产品期货市场的开放规模，使跨区域证券投资途径渐渐增加。开创全口径跨区域投资宏观审慎管理体系，增加金融产业内部的集资方式，减少集资费用。

（二）不断提升贸易便利化水平

维护经常项目可兑换原则，依法维护实际合法合规的经常项目国际付款与转换。在货物交易、服务提供、保险组织、外币钞票、个体外汇等方面提供各种不同的便利化方案，改善区块链在外汇管理技术水平上的运用。

（三）成功应对多轮外汇市场高强度冲击

自 2018 年以来，在中美贸易矛盾逐渐加剧、国际经济市场发展不确定的形势下，外汇管

理组织在党中央的集中带领下，仔细归纳了早期对付外部矛盾的实践经验，积极应对，多举并措，促进我国外汇市场平稳发展。

（四）跨境资本流动宏观审慎管理框架初步形成

（1）以规避大范围不确定跨区域资本运作产生系统性金融风险为目的，我国外汇管理组织在现代化导向及经常项目可兑换原则的引导下，施行逆周期、现代化调节外汇环境的金融贸易举措。

（2）开设并健全跨区域资本流动监测、预报和处理体系，更有效地使用中间价逆周期要素、风险准备资金、全口径跨区域集资宏观审慎等各种不同的策略举措。

（五）外汇市场微观监管政策体系逐渐完善

外汇管理部门坚持在保证正常贸易投资的前提下，保障外汇市场在微观下监管跨周期的稳定性，可预期性和一致性，严格打击跨境套利、非法网络炒汇、地下钱庄等违法违规行为，维护外汇市场秩序。

五、金融市场与金融机构改革

金融市场与金融机构共同组成了我国的金融体系，这一部分的变革是我国金融改革实践的重点部分。

（一）人口红利时期的中国金融体系

（1）在财政分权的格局下，“自下而上”式的金融变革推动了金融分权，而中央金融管理体制的尚未确立则很大程度地强化了分权的程度。1994 年以前的金融改革具有“自下而上”这一典型特点，这方便了地方政府介入金融资源的调配。

（2）我国金融管理体制正式建成了“一行三会”的分业管理、分业经营的架构，以 2003 年我国银行业监督管理委员会的建成为标志。

（3）金融约束体制与人口红利间的相互关系。

人口红利得以形成的一个关键因素是与年轻劳动力相匹配的资本积累。储蓄率和投资率的上升随着劳动年龄人口的增加显得更加关键。

（4）“三高”（高投资、高储蓄、高经济增长）奇迹与 1994 年后金融约束体制的建立密不可分。

（5）与“三高”奇迹相伴的还有一个“奇迹”：自 1994 年后形成的“双顺差”（即非储备金融账户和经常账户都呈现顺差）。

这种格局的形成一方面与 1993 年人民币汇率并轨后形成的人民币盯住美元的体制有关，另一方面也是由于国内金融体系的稳定。

“双顺差”从两个方面促进了我国人口红利的形成：①经常账户的长期顺差意味着我国劳动力与资本结合后形成的生产力有了外部市场需求的支持；②非储备金融账户的长期顺差意味着外部资本的流入，这同样是劳动力能够得到有效利用的条件。

（二）后人口红利时期的金融体系

（1）2009 年后金融体系的变化：非银行金融部门的崛起。

非银行金融部门的崛起期初体现在非银行金融机构的迅速发展上。除了在信用评级、规范化等领域略有不同外，债券与信贷的功能差不多，他们都是非银行金融部门的债务集资手段。

（2）居民和地方政府加杠杆是非银行金融部门崛起的原因。

（3）非银行金融部门崛起的背后是金融加杠杆。

信用总量一方面对应于金融部门的资产，另一方面则对应于非金融部门的负债。崛起的非银行金融部门在推动信用总量快速上升的同时，其资金来源主要还是银行。金融部门杠杆率的计算公式如下：

金融部门杠杆率＝不含存款的金融部门负债÷国内生产总值

（4）金融企业应对我国经济发展不平衡、不充分问题的解决方案。

①经济产业结构从工业化转向服务业化是长期趋势，要求金融体系更多地满足服务业的金融需求。

②经济需求结构从依靠投资拉动转向依靠消费拉动是长期趋势，要求金融体系服务的对象由生产者转向消费者。

③技术进步而非生产要素的投入已经成为经济增长的最大引擎，也要求金融体系功能发生转变。

专题3　我国金融改革探索——推动普惠金融服务体系建设

材料一：提高金融服务实体经济的效率，支持供给侧结构性改革。党的十八届三中全会正式提出要“发展普惠金融，鼓励金融创新，丰富金融市场层次和产品”，这是党中央在正式文件中首次提及“普惠金融”的概念。

材料二：为大力发展普惠金融和实施乡村振兴战略，经国务院批准，中国人民银行在2020年联合多部门在全国新设立了三个普惠金融改革试验区，多项服务乡村振兴的创新金融举措正在试点地区进行。

材料三：2015年12月，国务院印发《推进普惠金融发展规划（2016—2020年）》，对于普惠金融创新发展提出指导意见：①鼓励金融机构创新产品和服务方式；②提升金融机构科技运用水平；③发挥互联网促进普惠金融发展的有益作用。

【问题1】论述党的十八大以来，我国是如何发展普惠金融业务，推动金融与实体经济协调发展的以及我国近年来普惠金融服务实体经济的探索。

【思考1】

（1）普惠金融是指立足机会平等要求和商业可持续原则，以可负担的成本为有金融服务需求的社会各阶层和群体提供适当、有效的金融服务。

（2）我国普惠金融重点服务对象为小微企业、农民、城镇低收入人群和残疾人、老年人等特殊群体。发展普惠金融是近年来我国深化金融体制改革，完善金融体系的重要发力点之一。

（3）十八届三中全会，党中央在正式文件中首次提及“普惠金融”的概念。

（4）“十三五规划”提出：坚持借鉴国际经验与体现中国特色相结合、政府引导与市场主导相结合、完善基础金融服务与改进重点领域金融服务相结合，不断提高金融服务的覆盖率、可得性和满意度，使最广大人民群众公平分享金融改革发展的成果。

（5）实施普惠金融定向降准。对达到考核标准的银行定向降准，强化对中小微企业普惠性

金融的支持措施，包括进一步实施对中小银行的定向降准。

（6）截至2020年12月31日，全国共在五省七地设立了国家普惠金融改革试验区。通过加快数字普惠金融创新等试点手段，试点地区的融资服务可得性不断提升，普惠口径信贷投放总量稳步提升，根据各地的经济特点，试验方案的侧重点也各有不同，各地形成成熟经验后“以点带面”将在全国推广。

【问题2】深化金融改革是我国提高金融资源配置效率、有效服务实体经济和推动经济稳健发展的内在要求。近年来，我国在深化金融体制改革、推进普惠金融服务体系建设方面采取了哪些举措？

【思考2】

（1）普惠金融的实质是扶持弱势群体且自身可持续发展的金融体系。

（2）党的十八届三中全会明确提出“发展普惠金融，鼓励金融创新，丰富金融市场层次和产品”。

（3）目前，对“三农”和中小微企业的金融服务是推动整个普惠金融的重点所在。

（4）央行持续、大力发挥定向降准、再贷款、再贴现等结构性货币政策工具作用，强化小微企业信贷政策引导，深入推进金融精准扶贫，持续提升农村金融服务水平，同时深入推进贷款市场报价利率改革，疏通利率传导机制。

（5）普惠小微贷款余额、农户生产经营贷款余额均有所增加；新发放普惠小微企业贷款平均利率进一步降低。

（6）新成立的民营银行谋求差别化、特色化发展，强调普惠金融服务，其凭借灵活的经营机制，将成为我国金融市场发展的内生动力。

【问题3】简述近年来我国普惠金融创新发展取得了哪些成效？

【思考3】

（1）金融服务使用程度稳步加深。银行结算账户和银行卡人均拥有量较快增长，电子支付普及率继续提升，普惠小微贷款迅速增长，建档立卡贫困人口贷款覆盖面稳步扩大。

（2）金融服务可得性持续改善。银行网点乡镇覆盖率、助农取款服务点村级行政区覆盖率继续提升，边远地区金融服务可得性不断改善，数字渠道在增强可得性方面愈加重要，人均银行网点数、自动取款机具数、销售点情报管理系统具数有所下降。

（3）金融服务质量不断提升。

（4）金融信用信息基础数据库收录的自然人数、小微企业数有望持续稳步增加。

本章小结

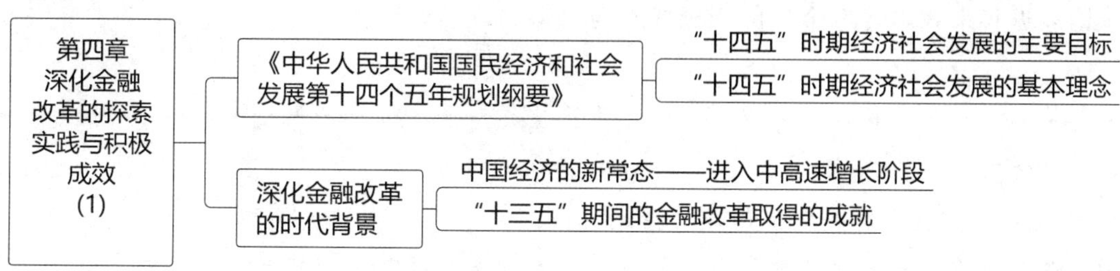

第四章

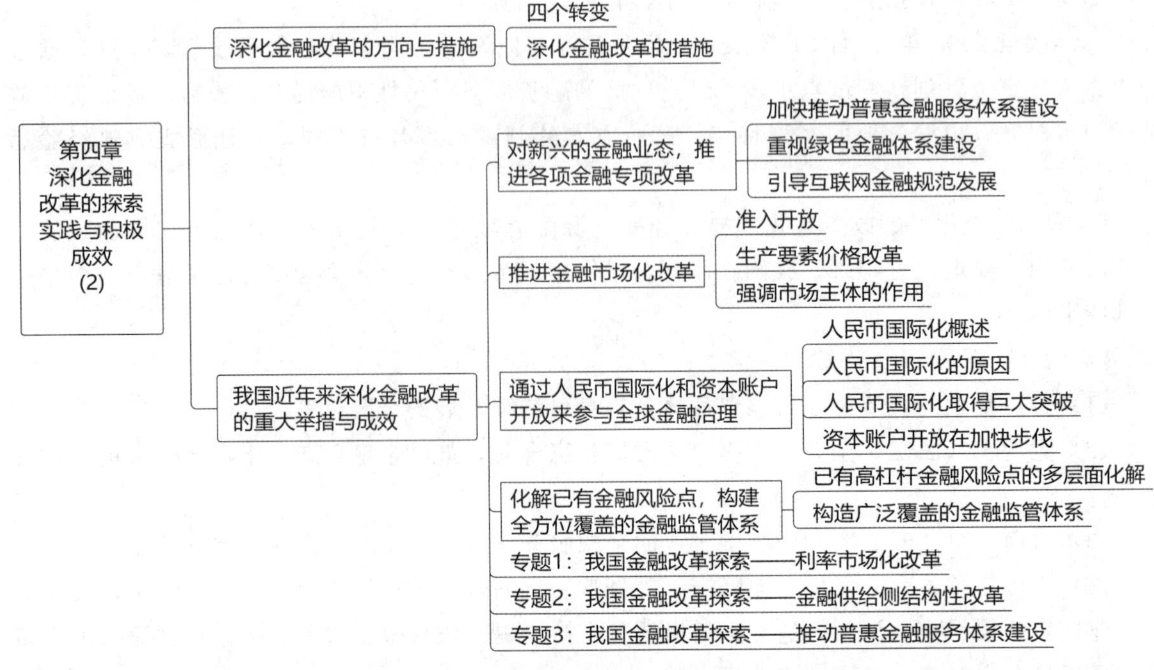

本章练习

一、简答题

1. 简述我国解决金融结构错配问题的措施。

2. 加快形成双循环格局，除了立足国内大市场，也要畅通国际市场。试简要论述2013年以来，我国建立健全跨境资本流动管理框架的主要成就。

3. 说明我国深化金融改革的方向。

二、案例题

党的十九届五中全会通过的《中共中央关于制定国民经济和社会发展第十四个五年规划和二〇三五年远景目标的建议》提出，要加快构建以国内大循环为主体、国内国际双循环相互促进的新发展格局。新发展格局是根据我国发展阶段、环境、条件变化做出的战略决策，是事关全局的系统性深层次变革，是与时俱进提升我国经济发展水平的战略抉择，也是塑造我国国际经济合作和竞争新优势的战略抉择。金融作为实体经济发展的重要推动，要把握这次金融革命机遇，坚持深化金融改革战略方向，创新服务“双循环”新发展格局。

问题：简要说明我国深化金融改革的时代背景。

三、论述题

试论述近年来我国普惠金融的积极探索与取得的成绩。

参考答案

一、简答题

1. 优化金融结构，解决错配问题的措施包括：

(1) 健全政策性金融、商业性金融、合作性金融、开发性金融相互补充、分工合理的金融

结构体系，构建广覆盖、多层次、有差异的银行体系。

(2) 建设一个开放、规范、有活力、有韧性、透明的资本市场，把好市场出口和市场入口两道关，加强对交易的全程监管，完善资本市场基础性制度。

(3) 在调整产品结构问题上，强调以市场需求为导向，积极开发定制化、差异化、个性化的金融产品。选择符合国家产业发展方向、主业相对集中于产品有市场、实体经济、技术先进、暂时遇到困难的民营企业提供重点支持。

2. (1) 稳步推进资本项目开放。

把金融产业放开当作主要内容，设立跨区域证券市场买卖相互沟通体系，健全达标企业投资者策略；增加银行之间债券市场和国内产品期货市场的开放规模，使跨区域证券投资途径渐渐增加。开创全口径跨区域投资宏观审慎管理体系，增加金融产业内部的集资方式，减少集资费用。

(2) 不断提升贸易便利化水平。

维护经常项目可兑换原则，依法维护实际合法合规的经常项目国际付款与转换。在货物交易、服务提供、保险组织、外币钞票、个体外汇等方面提供各种不同的便利化方案，改善区块链在外汇管理技术水平上的运用。

(3) 成功应对多轮外汇市场高强度冲击。

自2018年以来，在中美贸易矛盾逐渐加剧、国际经济市场发展不确定的形势下，外汇管理组织在党中央的集中带领下，仔细归纳了早期对付外部矛盾的实践经验，积极应对，多举并措，促进我国外汇市场平稳发展。

(4) 跨境资本流动宏观审慎管理框架初步形成。

①以规避大范围不确定跨区域资本运作产生系统性金融风险为目的，我国外汇管理组织在现代化导向及经常项目可兑换原则的引导下，施行逆周期、现代化调节外汇环境的金融贸易举措。

②开设并健全跨区域资本流动监测、预报和处理体系，更有效地使用中间价逆周期要素、风险准备资金、全口径跨区域集资宏观审慎等各种不同的策略举措。

(5) 外汇市场微观监管政策体系逐渐完善。

外汇管理部门坚持在保证正常贸易投资的前提下，保障外汇市场在微观下监管跨周期的稳定性，可预期性和一致性，严格打击跨境套利、非法网络炒汇、地下钱庄等违法违规行为，维护外汇市场秩序。

3. 经济发展新常态之下，追求经济高质量发展，必须实现四个转变：

(1) 经济增长目标的转变：由追求经济增长高速度转向重视经济增长高质量。

(2) 经济增长方式的转变：经济增长由出口带动、投资带动，转向由消费、投资和进出口协同带动，使国家经济实力不断增强，居民收入不断提高，人民生活水平不断改善。

(3) 经济增长动力的转变：生产要素的投放由粗放所带动的经济增长转变为以创新驱动提供动力和劳动生产积极性提高的经济增长；从基本依赖已有资源耗费得到的经济增长，转变为基本依赖管理功能优化、科学技术水平提高以及劳动者整体素质水平提高的经济增长。

(4) 经济增长速度的转变：由高速增长转变为中高速增长。

二、案例题

我国深化金融改革的时代背景是我国经济进入中高速增长的新常态：

（1）新常态下我国经济增长主要发展特点是：

①经济增速由高速转为中高速，但实际增量依然可观。

②经济增长动力由要素驱动、投资驱动转向创新驱动。

③经济结构不断优化升级。

（2）新常态下的新矛盾、新问题和新风险：

①养老问题，人口老龄化问题加剧，基本养老、基本医疗体系架构尚存不足。

②产业结构问题，产能过剩、产业结构陈旧落后。

③房地产进入调整期，影子银行、地方投融资平台问题频发等。

（3）新常态下出现矛盾和风险的原因：

金融未能发挥应有的职能，不能在金融体系和金融市场上对资源进行优化配置。

三、论述题

1. 基础概念

普惠金融是指立足机会平等要求和商业可持续原则，以可负担的成本为有金融服务需求的社会各阶层和群体提供适当、有效的金融服务。

我国普惠金融重点服务对象为小微企业、农民、城镇低收入人群和残疾人、老年人等特殊群体。发展普惠金融是近年来我国深化金融体制改革，完善金融体系的重要发力点之一。

2. 积极的探索

（1）央行持续、大力发挥定向降准、再贷款、再贴现等结构性货币政策工具作用，强化小微企业信贷政策引导，深入推进金融精准扶贫，持续提升农村金融服务水平，同时深入推进贷款市场报价利率改革，疏通利率传导机制。

（2）普惠小微贷款余额、农户生产经营贷款余额均有所增加；新发放普惠小微企业贷款平均利率进一步降低。

（3）新成立的民营银行谋求差别化、特色化发展，强调普惠金融服务，其凭借灵活的经营机制，将成为我国金融市场发展的内生动力。

3. 取得的成绩

（1）金融服务使用程度稳步加深。

（2）金融服务可得性持续改善。银行网点乡镇覆盖率、助农取款服务点村级行政区覆盖率继续提升，边远地区金融服务可得性不断改善，数字渠道在增强可得性方面愈加重要，人均银行网点数、自动取款机具数、销售点情报管理系统具数有所下降。

（3）金融服务质量不断提升。

（4）金融信用信息基础数据库收录的自然人数、小微企业数有望持续稳步增加。

【名师点拨】跨境资本流动管理。

跨境资本流动管理是一个复杂的政策框架体系，包含了不同的原则和政策工具。本文分析了国际货币基金组织（以下简称 IMF）提出应对跨境资本流动应包括的四大类政策，介绍了我国监管当局在实践探索中提出的跨境资本流动“宏观审慎＋微观监管”两位一体管理框架。

跨境资本流动管理是大部分新兴经济体面临的管理难题。尤其是短期跨境资本具有逐利性、易超调和顺周期性等特点，短期资本大进大出、快进快出容易引发跨境风险甚至

演变成金融危机。新世纪以来，以 IMF 为代表的国际社会逐渐转变立场，不断完善跨境资本流动政策框架，提出了结构性政策、宏观经济政策、宏观审慎政策和资本流动管理措施 4 个层次的政策框架。借鉴国际经验，我国在实践探索中提出了跨境资本流动“宏观审慎＋微观监管”两位一体管理框架，未来应不断完善宏观审慎、跨境资本流动管理和微观监管，更好地服务实体经济高质量发展，提升防范跨境资本流动风险和维护国家经济金融安全的能力。

跨境资本流动管理的四大类政策：

第一，结构性政策是旨在提高经济潜在生产力的政策措施。据 2016 年二十国集团（G20）杭州峰会通过的《二十国集团深化结构性改革议程》，结构性政策主要涉及九大领域：

一是促进贸易和投资开放。

二是推进劳动力市场改革及获取教育与技能。

三是鼓励创新。

四是改善基础设施。

五是促进财政改革。

六是促进竞争并改善营商环境。

七是改善并强化金融体系。

八是增强环境可持续性。

九是促进包容性增长。

通过上述结构性改革举措可提高一国经济发展质量，为吸引长期稳定资本夯实基础。

从实践看，近年来新兴经济体无法有效应对跨境资本流动冲击，归根到底还是自身结构性矛盾和内生脆弱性所致。2018 年，阿根廷比索、土耳其里拉兑美元汇率分别贬值 50.6％和 28.3％，源于相关国家在危机爆发前存在以下不足：

一是经常项目逆差占 GDP 比重高。

二是财政赤字高。

三是通货膨胀高。

四是外债依存度高。

五是外汇储备不充足。

六是经济结构单一，且过度依赖初级产品。

第二，宏观经济政策旨在增进整个社会经济福利、改进国民经济运行状况、实现宏观调控目标。可影响跨境资本流动的宏观经济政策包括货币政策、财政政策、汇率政策、储备政策及冲销干预等。

货币政策通过调整货币供应量或利率等，会影响境内外利差进而影响跨境资本流动。紧缩性或扩张性的财政政策通过调节政府收支和国内总需求进而会影响跨境资本流动。汇率政策通过汇率的升值和贬值来调节外汇市场供求失衡。储备政策通过吞吐外汇储备平抑外汇市场的波动，而冲销政策通过在进行外汇买卖的同时，利用公开市场操作进行对冲，避免外汇干预影响本币供应量。

第三，宏观审慎措施（Macro Prudential Measures，MPM）是应对系统性风险的审慎政策，强调宏观、逆周期、跨部门，关注系统重要性机构，目的不是为了控制跨境资本流动。系统性风险的核心是指金融体系受损，导致金融服务中断或被破坏，给实体经济带来严重的负面影响。其主要功能包括提升金融体系应对形势逆转的能力、减少金融部门顺周期性对经济波动的放大效应，以及加强对系统重要性金融机构的监管。

微观审慎和货币政策存在不足，需要使用必要的宏观审慎措施。首先，在微观审慎方面，个体稳健并不意味着整体稳健。微观审慎监管强调单家机构风险防范，忽视了经济学上的“合成谬误”。其次，在货币政策方面，货币政策侧重于经济增长和物价水平等目标，但金融体系的内在不稳定对实体经济的影响越来越不容忽视。在货币政策之外，须建立维护金融稳定的逆周期审慎措施。

第四，资本流动管理措施（CFMs）旨在直接影响资本流动的总量或构成。根据 IMF（2012 年）的机构观点，CFMs 是旨在限制资本流动的措施，既包括区分居民与非居民的限制性措施（资本管制），也包括不区分居民与非居民的限制性措施（跨境资本流动宏观审慎管理）。

IMF 关于跨境资本流动管理的操作原则：

操作原则一：从长期来看，持续推进结构性改革是提高经济发展潜力，抵御外部冲击的根本举措。结构性政策属于长期性政策，各国可根据经济发展所处的不同阶段和薄弱环节，有选择性地稳步推进结构改革，夯实经济发展的根基。

操作原则二：从短期来看，解决跨境资本周期波动，需要依靠宏观经济政策、MPM 等价格和数量工具组合。IMF 表示采取何种政策组合来解决跨境资本流动风险须视各国情况而定，在处理跨境资本流动引起的不同风险时要有针对性地优先使用相应的政策工具。

第五章　金融业双向开放与国际金融治理

本章导学

考情分析：本章在首次高级经济师统考中，侧重考查时事，主要出现在客观题型中。

学习要求：建议考生继续对相关热点事件进行关注，同时加强对开放环境下的国际金融治理、经济全球化、金融一体化的理解与掌握，另外，随着我国经济实力的跃升，也要求考生掌握全面双向开放的深刻内涵与重大意义。

考纲再现

包括金融业全面双向开放的深刻内涵与重大意义；人民币汇率改革，我国金融业对外开放的主要进程、举措和成效，金融市场开放与人民币国际化，我国金融业更高水平对外开放面临的风险挑战；经济全球化、金融一体化与国际金融治理，深度参与国际金融治理、积极推动国际金融治理体系变革等。

考点 1　金融业全面双向开放的深刻内涵与重大意义

党的十九届四中全会明确提出，建设更高水平开放型经济新体制，实施更大范围、更宽领域、更深层次的全面开放。扩大金融业的双向开放，是构建高水平开放型经济新体制的重要领域之一。

2019 年，习近平总书记在中共中央政治局第十三次集体学习时强调，要扩大金融高水平的双向开放，提高开放条件下经济金融管理能力和防控风险能力，提高参与国际金融治理能力。

一、金融业开放的意义

（一）金融业对外开放

1. 我国金融业对外开放是经济发展的趋势和必然结果

新的发展格局之下，金融业对外开放是必然的，我们的目标是形成开放的国内国际双循环。以金融双向开放为桥梁，形成与国际经济的良性互动，如金融的“引进来”战略，可以吸引国际资本的流入，为境内市场提供资金和专业的支持；另外，金融的“走出去”战略，推动我国主动参与到国际金融合作中去。

2. 我国的金融业对外开放是我国扩大开放的重要领域和手段

金融业在经济社会发展中占据重要地位。经济对外开放离不开金融业的对外开放。因此，积极推动深化金融领域的改革开放，有利于推动经济的全面开放。

3. 我国金融业对外开放有助于实现金融业健康发展

我国有几家金融机构已经跻身于全球系统重要性金融机构，无论是规模、影响力、国际的分支机构等，都显示出我国“走出去”的成果。但是我们也承认，我们要加强对外开放，加强巩固对外开放的成果，在金融“引进来”方面，我们还有很大的进步空间。

（二）金融业双向开放

新时代背景下，我国扩大金融业的双向开放，对于增强金融服务实体经济的能力和推动经济高质量发展具有重要意义。

1. 提升了我国金融业的国际影响力和国际金融治理能力

扩大金融业的双向开放，合理引导资金双向流动，加大融入国际金融市场的深度和广度，有利于提升我国金融业的国际影响力和国际金融治理能力。

2. 有利于国内金融体制的改革、优化金融资源配置

金融业的双向开放会促成优秀的跨境资本的流入，而跨境资本通过竞争机制对改革国内金融制度、改进金融监管能力、提高金融发展水平、增强货币政策的有效性有极其重要的意义。

3. 有利于提升国内金融业的竞争力

金融业双向开放带来的跨境资本流入，有利于提升国内金融业的竞争力。

“对外开放十一条”举措中，对外资金融机构持股比例、业务范围限制、QFII/RQFII 投资额度限制的放开、市场准入门槛的降低等的调整，加速了国内金融业的竞争，也倒逼了金融机构进行改革，进而提升我国金融市场效率和行业竞争力。

4. 有利于实施国际经济合作

基于金融业的双向开放而带来的跨境资本流出，有利于“一带一路”倡议等国际经济合作的深入实施。倡议提出以来，互联互通机制，特别是“资金融通”架起了我国与世界其他国家和地区经济发展的桥梁，也为人民币国际化和金融业的双向开放提供了重大机遇。

5. 有利于提高国际金融治理能力

最近几年，我国金融市场规模逐渐扩大，金融体系和金融制度也日益完善，但与美国、欧盟以及日本等发达经济体相比，国际金融治理能力仍有不少差距。

（1）从国内层面来看，需要对日益增加的金融业规模和金融创新产品进行有效监管。

（2）从国际层面来看，我国在全球金融体系规则制定方面的话语权非常有限。

在扩大金融业的双向开放、构建更高水平开放型经济新体制的同时，也要重视提高国际金融治理能力。

二、重视防范化解金融风险，维护国家金融安全

在扩大金融业的双向开放、构建更高水平开放型经济新体制的同时，也要重视防范化解金融风险，维护好国家金融安全。

（1）防范化解金融风险特别是防止发生系统性金融风险，是金融工作的根本性任务，也是双向开放中防范风险的原因。

（2）金融业双向开放引起的跨境资本流入，由于汇率效应，导致资本大量流入、对本币需求增加，加大本币升值压力并引发外汇市场压力风险。

（3）金融业双向开放引起的跨境资本流出，可能引起本国外汇储备下降，本币急剧贬值，并诱发货币危机。严重的资本流出还会使国际收支进一步恶化，严重的会引发金融危机。

三、扩大金融业的双向开放、增强金融服务实体经济的能力，注重防范化解金融风险的注意事项

（一）合理安排金融业开放顺序与开放程度

可依据我国不同金融市场的发展水平不同，合理安排金融业的开放顺序和开放程度。金融市场发展水平越高，对冲击的吸收能力就越强，由跨境资本流动引发危机的可能性就越小。

改革开放以来，银行等金融行业发展程度显著提升，具有较强的国际竞争力，但股票、债券等金融行业仍有较大发展完善的空间。

（二）注重发挥金融科技在金融业双向开放中的作用

根据不同金融业的发展水平，在推动金融业高水平双向开放的前提下，发挥金融科技作用可以减少开放所带来的风险，避免引致金融动荡。

（三）完善金融风险防控体系，确保国家金融安全

（1）在监管体制方面，要构建宏观审慎和微观审慎管理相结合的监管规则。

（2）在监管区域方面，加强系统重要性金融机构的监管以及跨行业、跨市场、跨部门的综合监管。

（3）在监管层次方面，大力发挥国务院金融稳定发展委员会的统筹协调作用。

（四）提升支撑金融业双向开放的“软件”和“硬件”建设

1. 软件建设

（1）软件建设包括培养高层次金融人才、建立与国际标准统一的会计准则、信息披露制度、信用评级及税收制度等金融体系和外资法律体系。

（2）进一步推动简政放权、深化金融“放管服”改革和“一次办好”，不断提高审批过程的透明度和审批效率以及政策制定的透明度，切实优化营商环境。

2. 硬件建设

硬件建设主要包括关键金融产业基础设施国产化、优化金融产业布局和规划以及加快国际金融中心建设等。

【点拨】扩大金融业的双向开放、构建更高水平开放型经济新体制，是当前我国对外开放领域的重要政策实践。在开放过程中，既要充分利用金融业双向开放带来的跨境资本，使之服务于我国的经济发展战略，又要注意防范化解金融风险，维护金融安全，进而增强金融服务实体经济的能力，切实推动我国经济高质量发展。

【考点回顾】新发展格局下，我国扩大金融业双向开放的重大意义有哪些？

扫码听课

考点2　我国金融业对外开放的主要进程及举措

2018 年 4 月 10 日，习近平总书记在博鳌宣布金融业加大开放的力度，政策落实宜早不宜迟，宜快不宜慢，我国新一轮金融开放开始进行。中国人民银行行长进一步宣布扩大金融业对外开放的具体措施和时间表。2018 年 4 月之后，我国金融业对外开放各项措施加快落地，包括放宽银行、证券、保险股权限制比例，发布《外商投资准入特别管理措施（负面清单）》等。

我国加速推进金融服务业开放既是实现我国加入世界贸易组织时的承诺，也是我国高质量

发展需要高质量金融体系支撑的要求。

一、我国金融业对外开放的主要进程

我国金融业对外开放从进程和目标这两个方面来看，大致可以划分为以下四个阶段。

（1）探索奠基阶段（1978—2000 年）。

这一阶段的主要目的是为了吸引投资和加大出口。

1994 年，我国取消双重汇率制度，实行根据市场供求关系自由波动的浮动汇率制。

1997 年，亚洲金融危机爆发后，我国宣布人民币不贬值，采取重新盯住美元的临时性汇率政策，这是为了让人民币兑换美元的价格保持在一个合理的区间。

（2）准备开放阶段（2001—2008 年）。

这一阶段的主要目的是加入世界贸易组织，并且承诺推动商业银行改制和加大我国金融市场对外开放。

四大国有商业银行（即中国建设银行、中国银行、中国工商银行、中国农业银行）先后进行了股份制改革并上市，同时我国开始实施引进境外战略投资者，以推进银行业金融机构转型为现代化企业。

（3）扩大的开放阶段（2009—2018 年）。

这一阶段的主要目的是让人民币“走出去”，同时进一步扩大国内金融市场。

2016 年 2 月，中国人民银行发布公告，进一步为符合条件的境外机构投资者依法合规投资银行间债券市场提供便利。关于开放股市这一方面，开通了“沪港通”“深港通”，未来我国将实现资金进出快速便利，金融市场的融合程度进一步提升，双向机制也将得到不断改善。

2016 年年底，我国主要的投资银行在 16 个国家和地区设立了多家分支机构，同时涵盖了我国香港、英国伦敦、美国纽约这三大国际金融中心。

（4）全面开放阶段（2019 年至今）。

二、我国金融业对外开放的主要举措

（1）2019 年 7 月 20 日，国务院金融稳定发展委员会办公室宣布了“对外开放十一条”。这些措施提出将取消证券公司、基金管理公司和期货公司外资股比限制的时间提前到 2020 年。取消银行、证券、基金管理、期货、人身险领域的外资持股比例限制，大幅扩大外资金融机构业务范围，降低资产规模、经营年限以及股东资质等方面的限制。

（2）证监会明确，自 2020 年 1 月 1 日起，取消期货公司外资股比限制。

（3）自 2020 年 4 月 1 日起，取消全国范围内基金管理公司外资股比限制。

（4）中国人民银行向连通公司（美国运通在我国境内发起设立的合资公司）核发银行卡清算业务许可证，这是我国扩大金融业对外开放的又一具体举措，有利于提高我国支付清算服务水平和人民币国际化，为金融消费者提供多元化的支付服务。

（5）稳步推进金融市场开放。全面取消合格境外机构投资者（QFII）和人民币合格境外机构投资者（RQFII）投资额度限制。放宽境外机构投资者本外币汇出比例限制，在粤港澳大湾区开展“跨境理财通”业务试点。

（6）自 2020 年 12 月 1 日起，取消全国范围内证券公司外资股比限制。

（7）2020 年 3 月，中国证监会进一步宣布，自 2020 年 4 月 1 日起不再限制证券公司外资股比。

考点3 我国金融业对外开放取得的成效

随着我国金融市场对外开放步伐越来越大，金融业迎来多个“首家”，如安联（中国）保险成为我国首家外资保险控股公司，美国标普成为我国首家外资信用评级机构，美国运通发起的连通公司成为我国首家外资银行卡清算机构等。在“对外开放十一条”措施推出之后，我国金融市场将迎来更多的“第一次”。

我国坚持联合推动扩大金融业对外开放、完善人民币汇率形成机制、减少资本管制的“三驾马车”，并且取得显著成果，主要体现在以下四个方面。

一、金融机构整体开放程度得到提高

随着我国出资设立的金融机构不断增多，队伍不断扩大，国际化经营程度也得到进一步提高。

中国银行、中国建设银行、中国农业银行、中国工商银行均已跻身全球系统重要性银行。中国平安保险（集团）股份有限公司成为全球系统重要性保险公司。此外，我国还推出了一系列对外开放的政策措施，这些措施覆盖银行、证券和保险等行业，同时对外国资本在我国设立的金融机构的形式、地域和业务范围等方面的限制也慢慢放宽。

二、多层次、多元化的金融市场开始发展，双向开放程度进一步拓宽

（1）在债券市场方面：银行间债券市场的境外发行主体和投资主体不断扩大，多种投资品种不断推出，债券市场得到进一步发展，同时市场专业化程度也在进一步加深。债券通的实现使内地与香港债券市场的联系进一步加强。

（2）在股票市场方面：建立了股票市场交易互联互通机制，如沪港通、深港通的开通，使投融资渠道得到扩展，境内外资本市场的联系更加密切，金融资源配置效率得到提升。A股被正式纳入MSCI指数，这说明我国的国际化程度得到认可，金融市场的国际化水平进一步提高。

【点拨】MSCI全球指数，是摩根士丹利资本国际公司所编制的证券指数。指数类型包括产业、国家、地区等方面，指数范围涵盖了全球，因此成为欧美国家的基金经理人对全球股票市场投资的重要参考指数。MSCI指数所组成的股票，大多是股市中的大型股，隐含着业绩与财务稳定的重要意义。

三、金融机构和金融服务网络化架构取得成效

（1）中资商业银行和政策性银行向“一带一路”沿线国家的战略布局加速提升。

（2）金融服务方面，中资商业银行主动建立资金结算和清算、风险管理、项目贷款、银团贷款、账户管理等，并通过这些方式与遍布全球的商业银行进行金融服务的接头工作，做到业务网络初步涵盖全球。

（3）在银行卡产业发展中，银行卡清算机构是核心，其作用是通过促进银行卡服务的标准化、居间协调各方利益，实现银行卡的规模发行与广泛受理，提高银行卡交易处理和资金清算效率。目前，银联是我国唯一一家银行卡清算机构。而获批的连通公司将成为我国第二家银行卡清算机构，也是首家外资清算机构。

四、人民币国际化发展明显

随着我国经济的发展、金融开放程度的提高和对外贸易规模的扩大，境外逐渐产生对人民币的需求。

（1）2004 年，我国的香港和澳门开办了跨境人民币业务，业务量与日俱增。

（2）2008 年，次贷危机爆发后，主要国际结算货币（如美元）的波动幅度大幅提升，境内企业及境外企业使用人民币进行跨境贸易的需求量均突飞猛进。

（3）2009 年是我国进行跨境贸易人民币结算试点元年，通过人民币跨境支付系统、双边本币互换、货币直接交易、人民币清算行等一系列的制度安排，汇率风险得到了有效遏制，同时也使得贸易和投资更加方便。

（4）2016 年 10 月 1 日，人民币正式加入特别提款权货币篮子，这意味着国际认可了人民币的国际储备货币地位，人民币对各国的吸引力得到提升。

【考点回顾】我国金融业对外开放取得了哪些成效？

扫码听课

考点 4 我国金融业更高水平对外开放面临的风险挑战

我国金融业更高水平的对外开放，一方面鼓励国内的各家金融机构走向国际市场；另一方面，各类外资金融机构同时也在布局中国市场。

一、我国金融业对外开放所面临的风险挑战

（一）资本账户开放

在持续推进更高水平金融市场开放的大背景下，我国的资本账户已逐渐开放，这对我国金融稳定提出新的挑战。

（1）对资本账户进行开放会引发国际金融资本的自由流动，资本流动方向与数量都具有不确定性，最终极可能引发不同程度的财政赤字、通货膨胀和内外经济失衡等相关经济问题。

（2）便利的资本流通可以帮助金融资产转移，本国经济也影响外国资本的流入，稳定增长的经济对吸收引进外国资本是有利的。

防范、化解系统性金融风险的重要措施包括保持货币政策独立性、加强金融体系防御，这也是我国实现更高层次资本账户开放的必然要求。

（二）证券市场开放

（1）“对外开放十一条”在 2020 年取消对证券公司、基金管理公司和期货公司外资股比限制，证券业的开放水平得到进一步的提升，这一举措能更好地吸引国外专业度和成熟度更高的机构投资者，对我国证券市场的发展更加有利。

（2）国外金融机构进入我国，有助于改善证券市场环境，还能推动国内二级市场与相关企业的发展。另外，外资金融机构的进入不仅使我国同国际之间的金融关系有了进一步的增强，而且使我国金融业的资金来源有了更深入的扩展。

（3）证券市场开放后，应加强防范金融风险的发生。

（三）债券市场开放

（1）我国扩大债券市场开放的重要措施是支持外资评级机构对我国银行间债券市场和交易所债券市场的全部种类债券进行信用评级。

（2）在债券市场对外开放的背景下，进驻的外资机构能在一定水平上满足国内外投资者更广泛的投资需求，并且在一定程度上鞭策我国的信用评级业务规范化和高水平地发展下去。

（3）带来的风险：国内的证券市场可能会因为关联效应受到跨境资本流动的影响，因此，想进一步扩大这个市场，就需要继续创新市场风险管理的工具。

（4）成效：人民币被纳入特别提款权货币篮子和在境外使用范围的扩大，有利于开放债券市场以及扩大债券市场的规模和容量，同时引进先进的制度理念将进一步改善我国债券市场的交易方式和交易制度。

二、建立预防系统

（1）坚持宏观审慎的原则，健全“两位一体”的微观监管管理框架。

为有效防范化解系统性金融风险，我们必须把握金融开放过程中系统性金融风险的特征，加快构建防范体系。

（2）完备金融市场基础设施，完善相应的法律法规制度。

①加强金融市场的基础设施建设，如市场信息平台的完善，扩展国际评级机构进入国内市场的道路，提高金融市场透明化管理，进一步吸收引进外资，资本市场的发展要更加深入，逐步提升开放市场水平。

②在金融市场的发行、交易、退出等多个环节，加强对投资者的保护，完善相关机制并健全相关领域的法律制度，实现规范化的市场交易，保证国内外金融机构之间的公平竞争。

（3）深入开展金融市场改革，优化对外开放水平。

更高水平地开放金融市场对我国系统性风险管控的能力有了更高要求。

【考点回顾】在我国金融业对外开放的过程中，资本账户开放面临的挑战有哪些？

考点5　适应经济金融全球化趋势，推动国际金融治理体系的建设

习近平总书记在第二届“一带一路”国际合作高峰论坛开幕式主旨演讲中提出，全球化经济需要全球化治理，规则与信用是国际治理体系有效运转的基础，同样也是国际经贸关系发展的前提。

我国积极参与和支持世贸组织改革，一同构建更高水平的国际经贸规则。

我国将不断加强同世界主要经济体的宏观政策协调，竭力创造正面外溢效应，一同促进世界经济强劲、平衡、可持续、包容的增长。

一、经济全球化、金融一体化和国际金融的治理

（一）国际金融治理机制

国际金融治理机制指围绕国际货币的一系列制度安排，它为全球资本流动、商品贸易和持续健康经济发展提供及时、有效的支付运行机制与调整机制，防止全球不平衡持续积累，或者通过全球的金融安全网应对冲击，保持或恢复全球经济稳定。

（二）努力构建“一带一路”国际金融新治理体系

金融是现代经济的血液，中国要为世界经济增长挖掘新动力，尤其是要推动共建“一带一路”国家的经济发展，未来需要有更强大的金融力量，以及完善的国际金融治理体系作为支撑。

（1）存在的问题：当前的国际金融治理体系没有与时俱进，影响了全球经济的复苏和发展。

（2）举措：我们亟需建立一个更加公平、开放、透明的“一带一路”国际金融新治理体系来适应未来经济发展的最新要求。

（三）各国的国际金融治理机制

1. 英国霸权体制下的国际金融治理机制

英国是17世纪之后第一个全球霸权国家。殖民贸易和投资的发展促进了国际金融制度的发展，并沿袭了“中心—外围”这一全球经济治理机制。

在“中心—外围”模式下，英国及其他殖民宗主国共同形成中心国家，为了维护共同利益，保护殖民贸易收支体系不倒，他们之间相互合作。在这一模式下，英镑为国际货币，金本位制下的黄金自由输入和输出可以实现国际收支平衡，当国际收支出现不平衡时，各个中心国家之间就会通力协作。

2. 美国霸权体制下的国际金融治理机制

以信用货币为基础的美国“中心—外围”治理机制开始建立的标志为牙买加协议的签订。

3. 世界多极化背景下G20（二十国集团）机制的发展

2008年，全球金融危机爆发后，美国及其附属国没有能力抑制金融危机传播带来的国际金融秩序混乱、经济下滑严重的恶劣形势，中心国家开始承认全球经济实力更迭以及发展中国家在全球金融治理中的积极影响，G20部长会议开始上升至首脑峰会并发挥其效用。

G20首脑峰会的首要目的是完备国际金融治理。之前几次首脑峰会的主要议题都围绕着国际金融治理，就金融危机起源、金融市场完整性、强化国际合作、金融市场透明度和问责制以及国际货币基金组织等问题做出了重要决定并进行了重大调整。

（四）目前国际金融治理机制的逆境

（1）国际金融治理机制权力构造不平衡。

权力构造不平衡体现在美国逐渐失去全球治理的权力基础。

（2）国际金融市场秩序性差，风险性高。

由于货币信用膨胀，全球资本流动与全球商品贸易流动的结构发生了一定的改变，目前能够满足贸易和直接投资需求的只有国际资本流动中很少的一部分，大宗的外汇交易规模对应的是国际间短期资本通过不一样的币种与资产形态在国际资本市场中套利。

（3）国际金融机构和组织调节功能失灵。

国际金融机构和组织是各个国家参与国际市场协作的纽带和制度性基础，其对国际货币体系下国家执行国际货币规则和公约以及国际货币体系有效运转非常重要。例如，2010年在伦敦召开的G20峰会通过了国际货币基金组织份额改革方案。此方案提高了国际货币基金组织的资源使其更具有代表性，但是美国国会直到2015年年底才通过该方案，导致国际货币基金组织在这5年期间一直无法修订协议改变投票权结构，这对国际货币基金组织的全球治理功能的影响是不利的。同时G20机制也面临成员国合法性的问题，这意味着G20只能采取相对保守的方式并在次优选择中达成共识。

现有国际金融机构和组织自我调节功能失效的市场表现是商品市场和金融市场的秩序

混乱。

（五）中国创建“互利共赢”机制的政策选择

1.“互利共赢”国际金融治理机制的发展

“互利共赢”治理机制始于中国国际经济合作的开放战略，并将这种战略逐步拓展至国际经济外交战略，此战略肯定会成为中国参与国际金融治理的金融战略。

2.“互利共赢”机制的思想和宗旨

“互利共赢”模式的宗旨在于放弃金融市场上普遍存在的零和博弈思想，着重强调金融服务实体经济的本质，以期实现合作共赢的局面。

3.“互利共赢”机制的构建和完备

（1）构筑新型大国关系，巩固权力运行根基。虽然如今的美国霸权体系有所削弱，但是作为守成大国依然树大根深，实力不可小觑。

（2）完善G20国际金融治理形成长效机制。

（3）深入推进人民币国际化进程，提供更加多样的国际货币。

我国逐步积累了很多国际金融治理的经验，这些经验的积累离不开我国主导新型多边金融机构运营，实践“互利共赢”理念的过程，这使我国逐渐增加了在国际上尤其是金融领域的话语权，也完善了G20下的国际金融治理机制。

二、深度融入国际金融治理，主动推进国际金融治理体系变革

（一）从中国情况看国际金融治理体系

随着我国改革开放进入“深水区”，我国的经济实力也得到增强，我国全面融入全球金融治理体系之中，具体表现是加入全球金融治理机构和遵守相关国际规则等。但是，要在全球金融治理体系中发出“中国声音”并推行“中国方案”，提升我国在国际上的金融权力，还存在较多的困难和挑战，想深度融入全球金融治理体系仍需全力以赴。

（二）从国际制度情况看国际金融治理体系

从国际制度的方向看，全球金融治理体系是发展到一定时期后的金融全球化在无政府状态下的国际社会中，有效结合管理国际金融关系和解决国际金融问题的组织结构和体制的一种体系。

（三）面临的挑战和问题

如果我国想要和全球金融治理的联系更加密切，同时增加我国在国际上的金融权力，一方面需要自身金融实力的提升，另一方面需要面对以下问题和挑战。

（1）人民币国际化如何帮助陷入困境的国际货币体系进行改革，同时尽力避免本国在货币权力方面和美国的竞争与冲突？

人民币国际化通过提供新的国际货币选择，激发主要货币之间竞争国际本位货币地位的斗志，是国际货币体系渐进式变革的全新动力，同时也易导致中美之间竞争国际货币权力现象的出现，激化中美两国在金融方面的冲突。如今国际格局变革加剧，在这一背景之下，如果我国想要和全球金融治理的联系更加密切，必要前提就是管理和控制金融冲突，找寻和平的发展环境。

（2）随着2008年由美国次贷危机引发的国际金融危机的影响慢慢减弱，类似于G20峰会

的会议开始增多，这些会议在国际金融治理方面的作用开始变弱，国际金融治理与合作的意向变得不再强烈，我国如何继续寻求更多机会参与到国家间的合作中去？

我国提出了一系列举措，激发了全球金融治理合作的动力，创造了机会，包括且不限于建立双边本币互换协议、发起“一带一路”国际合作倡议、敦促国际金融机构和国际货币体系改革、筹建亚洲基础设施投资建设银行等，我国深度融入全球金融治理的重要步骤是抓住机遇，继续寻求更多动力。

（3）我国应该如何参与到制定全球金融治理的核心议程和具体规则中去，并且能在国际上发出“中国声音”，提出行之有效的全球金融治理的中国方案？

自第二次世界大战结束之后，全球金融治理的核心议程共经历了四个时期，即布雷顿森林体系下的国际货币体制监管期（1944 年至 20 世纪 70 年代初）、国际银行业监管期（20 世纪 70 年代初至 80 年代末）、金融全球化和自由化时期（20 世纪 80 年代末至 2007 年）、全面监管期（2008 年至今）。

在 1997 年的亚洲金融危机之后，中国成为 G20 部长会议的创始成员，在这之后中国加入多数全球金融治理机构。就具体的全球金融治理国际规则而言，中国更多的是接受规则的一方，而并不是制定规则的一方。在核心议程和具体规则的制定过程之外，中国无法从真正意义上和全球金融治理的联系密切起来。因此，从本国发展的实践和经验出发，我们深入全球金融治理的关键是为全球金融治理提供中国智慧和中国方案。

【考点回顾】简述国际金融治理机制下，中国创建“互利共赢”机制的政策选择。

专题　人民币汇率形成机制改革

扫码听课

一、总述

汇率是国家宏观经济中位于主要领域的经济名词。汇率制度是指一个国家的经济开放水平和文化自信水平的具体形式。所以深化人民币汇率形成机制改革始终是深化改革的主要内容。

【注意】汇率是不同国家之间进行交易的货币转换率，是国际经济竞争的焦点问题。

二、人民币汇率形成机制经历的三次重大的跨越式变革

（1）1994 年，出现了第一次汇率的跨越式变革。在此之前，中国在国际市场上一直实行价格“双轨制”，也就是调剂价格与官方汇率共同存在。

调剂价格是在改革开放初期，由于外汇是稀有资源，为了激励企业积极出口，中央允许出口企业留下一些外汇成果，而且可以用这些成果在调剂市场以高于“官价”的“市场汇率”开展交易换算，使企业盈利。1993 年 12 月 25 日，国务院出台了《关于金融体制改革的决定》，倡导改善外汇管理机制，调节外汇政策与货币政策，其关键在于“汇率并轨”，开创了人民币汇率市场化的形成机制。

（2）2005 年 7 月 21 日，中国人民银行出台了人民币汇率形成机制优化办法：转换人民币盯紧美元制度，实施“以市场供求关系为根基、根据一篮子货币调控、协调发展波动汇率制度”。

（3）2015 年实行“8·11”汇率改革。

“8·11”汇率改革改善了人民币汇率中间价格的构建体系，增强中间价市场化规模以及增大基准范围。

这次汇改是人民币向着自由浮动汇率转变的一次有益尝试。汇改后，人民币于 2015 年 11

月底被批准纳入国际货币基金组织特别提款权货币篮子，并于2016年10月1日生效。

本章小结

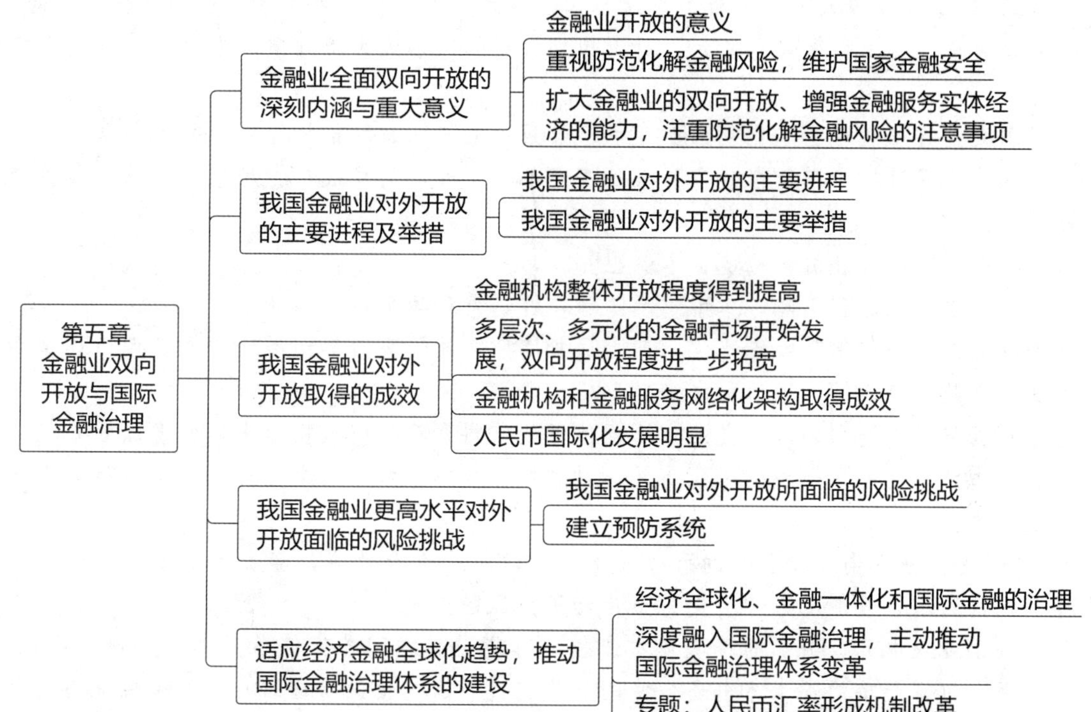

本章练习

一、简答题

1. 简述双向开放带来资本流入及流出的表现。

2. 简述我国金融业在双向开放时面临的新问题。

3. 我国在扩大金融业双向开放、增强金融服务实体经济的能力，注重防范化解金融风险方面有哪些注意事项？

二、论述题

（一）

“两会快讯”：在接受证券报记者采访时，有委员表示：目前已有多种渠道和方式，让外资进入我国资本市场，同时我国也在积极推动人民币国际化的进程，但总体来说，这个过程中暴露出来的新问题也急需解决。

试论述我国在双向开放的过程中，根据资本流动的表现就扩大金融业的双向开放、增强金融服务实体经济的能力，防范化解金融风险我们还应该注意哪些问题，就此展开论述。

（二）

试论述我国金融业更高水平对外开放，面临哪些风险挑战。试对构建防范体系可以采取的举措进行说明。

参考答案

一、简答题

1.（1）资本大量流入下，本币需求增加，加大本币升值压力并引发外汇市场压力风险。

①汇率效应，引发资本大量流入、对本币需求增加，加大本币升值压力并引发外汇市场压力风险。

②资本大量流入还可能恶化金融业竞争，导致金融机构过度借贷等冒险行为的发生。

③流入资本通过"资产价格效应"推动资产价格上升，引发股市和房地产泡沫，也可能导致金融危机。

（2）金融业双向开放引起跨境资本流出。

①引起本国外汇储备下降，本币急剧贬值，并诱发货币危机。

②资本外流还会使国际收支恶化，产生通货膨胀、偿债风险等诸多问题，扭曲一国金融结构、削弱宏观政策有效性，进而引发金融危机。

③对我国来说，资本外流引发的市场贬值可能使得资产价格大幅缩水，引发股票市场、外汇市场、房地产市场等多领域的风险，并通过"蝴蝶效应"加剧整个金融体系脆弱性，引发系统性金融风险。

2.（1）金融业双向开放引起的跨境资本流入，借助汇率效应，即资本大量流入、对本币需求增加，加大本币升值压力并引发外汇市场压力风险。

（2）金融业双向开放引起的跨境资本流出，可能引起本国外汇储备下降，本币急剧贬值，并诱发货币危机。严重的资本流出还会使国际收支进一步恶化，严重的会引发金融危机。

防范化解金融风险特别是防止发生系统性金融风险，是金融工作的根本性任务。

3.（1）依据我国不同金融市场的发展水平不同，合理安排金融业的开放顺序和开放程度。金融市场发展水平越高，对冲击的吸收能力就越强，由跨境资本流动引发危机的可能性就越小。改革开放以来，银行等金融行业发展程度显著提升，具有较强的国际竞争力，但股票、债券等金融行业仍有较大发展完善的空间。

（2）注重发挥金融科技在金融业双向开放中的作用。根据不同金融业的发展水平，在推动金融业高水平双向开放的前提下，可以减少开放所带来的风险，避免引致金融动荡。

（3）完善金融风险防控体系，确保国家金融安全。

①在监管体制方面，要构建宏观审慎和微观审慎管理相结合的监管规则。

②在监管区域方面，加强系统重要性金融机构的监管以及跨行业、跨市场、跨部门的综合监管。

③在监管层次方面，大力发挥国务院金融稳定发展委员会的统筹协调作用。

（4）提升支撑金融业双向开放的"软件"和"硬件"建设。

二、论述题

（一）

1. 双向开放带来资本流入及流出的表现

（1）资本大量流入下，本币需求增加，加大本币升值压力并引发外汇市场压力风险。

①汇率效应，引发资本大量流入、对本币需求增加，加大本币升值压力并引发外汇市场压力风险。

②资本大量流入还可能恶化金融业竞争，导致金融机构过度借贷等冒险行为的发生。

③流入资本通过“资产价格效应”，推动资产价格上升，引发股市和房地产泡沫，也可能导致金融危机。

(2) 金融业双向开放引起跨境资本流出。

①引起本国外汇储备下降，本币急剧贬值，并诱发货币危机。

②资本外流还会使国际收支恶化，产生通货膨胀、偿债风险等诸多问题，扭曲一国金融结构、削弱宏观政策有效性，进而引发金融危机。

③对我国来说，资本外流引发的市场贬值可能使得资产价格大幅缩水，引发股票市场、外汇市场、房地产市场等多领域的风险，并通过“蝴蝶效应”加剧整个金融体系脆弱性，引发系统性金融风险。

2. 金融业双向开放面临的新问题

(1) 金融业双向开放引起的跨境资本流入，借助汇率效应，即资本大量流入、对本币需求增加，加大本币升值压力并引发外汇市场压力风险。

(2) 金融业双向开放引起的跨境资本流出，可能引起本国外汇储备下降，本币急剧贬值，并诱发货币危机。严重的资本流出还会使国际收支进一步恶化，严重的会引发金融危机。

防范化解金融风险特别是防止发生系统性金融风险，是金融工作的根本性任务。

3. 扩大金融业的双向开放、增强金融服务实体经济的能力，防范化解金融风险的注意事项

(1) 依据我国不同金融市场的发展水平不同，合理安排金融业的开放顺序和开放程度。金融市场发展水平越高，金融市场对冲击的吸收能力就越强，由跨境资本流动引发危机的可能性就越小。改革开放以来，银行等金融行业发展程度显著提升，具有较强的国际竞争力，但股票、债券等金融行业仍有较大发展完善的空间。

(2) 注重发挥金融科技在金融业双向开放中的作用。根据不同金融业的发展水平，在推动金融业高水平双向开放的前提下，可以减少开放所带来的风险，避免引致金融动荡。

(3) 完善金融风险防控体系，确保国家金融安全。

①在监管体制方面，要构建宏观审慎和微观审慎管理相结合的监管规则。

②在监管区域方面，加强系统重要性金融机构的监管以及跨行业、跨市场、跨部门的综合监管。

③在监管层次方面，大力发挥国务院金融稳定发展委员会的统筹协调作用。

(4) 提升支撑金融业双向开放的“软件”和“硬件”建设。

①软件建设。

a. 软件建设包括培养高层次金融人才、建立与国际标准统一的会计准则、信息披露制度、信用评级及税收制度等金融体系和外资法律体系。

b. 进一步推动简政放权、深化金融“放管服”改革和“一次办好”，不断提高审批过程的透明度和审批效率以及政策制定的透明度，切实优化营商环境。

②硬件建设主要包括关键金融产业基础设施国产化、优化金融产业布局和规划以及加快国际金融中心建设等。

(二)

我国金融业更高水平的对外开放，一方面鼓励国内众多金融机构走向国际市场，另一方面

吸引各类外资金融机构纷纷布局中国市场。

1. 面临的风险挑战

(1) 资本账户开放：对金融稳定的挑战。

在持续推进更高水平金融市场开放的大背景下，我国的资本账户已逐渐开放。

①开放资本账户会带来国际金融资本的自由流动。资本的流动方向和数量都具有不确定性，可能导致不同程度的通货膨胀、财政赤字以及内外经济失衡等经济问题。

②资本流通的便利性有助于金融资产的转移，本国经济的稳定增长会吸引外资的流入。保持货币政策独立性、加强金融体系防御，是防范、化解系统性金融风险的重要措施，也是我国实现更高层次资本账户开放的必然要求。

(2) 证券市场开放：竞争与管控风险。

扩大证券业的开放程度，能够吸引国外更为专业、成熟的机构投资者参与，推动我国证券市场的发展。一方面，这些国外金融机构进入我国，不仅有助于改善证券市场环境，还能推动国内二级市场与相关企业的发展；另一方面，外资金融机构的进入在增强我国同国际金融联系的同时，也扩大了我国金融业的资金来源。

(3) 债券市场开放：市场联动性带来的危机。

支持外资评级机构对我国银行间债券市场及交易所债券市场的所有种类债券进行信用评级，是我国扩大债券市场开放的重大举措。在此背景下，外资机构的进驻会在一定程度上满足国内外投资者多样化的投资需求，促进我国信用评级业务走向规范化和高水平。一方面，人民币境外使用范围的扩大并被纳入特别提款权货币篮子，为债券市场的开放与扩容提供良好条件。另一方面，通过债券市场开放引进先进制度和理念，可以推进我国交易方式和交易制度的完善。

2. 构建防范体系

为有效防范化解系统性金融风险，把握金融开放过程中系统性金融风险的特征，我国需要加快构建防范体系。

(1) 健全宏观审慎和微观监管“两位一体”的管理框架。

(2) 完善金融市场基础设施与法律制度建设。

①进一步完善和提升金融市场的基础设施建设，如完善债券市场的信息平台，为国际评级机构进入中国市场拓宽道路，通过提高金融市场透明度继续吸引外资，深化资本市场发展，逐步优化开放水平。

②在金融市场的发行、交易、信息披露以及退出等多个环节，完善投资者保护机制，并建立健全相关领域的法律法规制度，实现金融市场交易的规范化，保证国内外金融机构竞争的公平化。

(3) 深化金融市场改革，提升对外开放水平。

高水平的金融市场开放对我国系统性风险管控能力提出了更高的要求。

【名师点拨】

主题：高水平对外开放对我国经济的影响。

背景：习近平总书记在博鳌亚洲论坛 2021 年年会开幕式上发表主旨演讲，倡议亚洲和世界各国回应时代呼唤，携手共克疫情，加强全球治理，高质量共建“一带一路”，朝着构建人类命运共同体方向不断迈进。

(1) 高水平开放与双循环间的关系。

金融开放是我国整体开放的重要组成部分，应围绕我国社会经济发展的总体布局和战略扩大金融开放，以高水平开放构建双循环发展格局。

①以国内经济循环为主体，目的是充分释放我国巨大的内需潜力，提升经济自我循环能力。

②在提升经济自我循环能力的同时，在新的发展格局下建设高水平开放型经济新体制。

③以高水平开放赢得国际合作与竞争新优势，实现国内国际经济双循环相互促进。

(2) 高水平金融开放助力“双循环”新发展格局。

围绕经济开放的新格局推进金融发展。新发展格局不是封闭的国内循环，而是开放的国内国际双循环，打开了我国经济高水平开放的新空间。

①在党中央做出“加快构建以国内大循环为主体、国内国际双循环相互促进的新发展格局”重大战略部署的背景下，推进金融开放具备了更加深刻的内涵，即持续推进高水平的金融双向开放，充分利用国内国际两个市场、两种资源，为构建双循环新发展格局注入更加坚实的力量。

②助力。一方面，高水平的金融双向开放可以更大力度、更广范围地促进跨境资本流动，吸引外资进入国内经济大循环，使现代金融服务更好地促进国内生产、流通、分配、消费等各环节顺利运行和相互联通。另一方面，高水平的金融双向开放可以加大我国融入国际金融市场的深度和广度，从而推动国内金融业更加持续地充分利用国内国际两个市场，加速自身新旧动能转换，参与国际竞争合作。

(3) 从风险预判、危机管理、多边合作、监管体系、金融机构稳健经营等方面分析我国应如何加强金融业对外开放过程中的风险防控。

加强金融业对外开放过程中的风险防控，健全宏观审慎和微观监管“两位一体”的管理框架；完善金融市场基础设施与法律制度建设；深化金融市场改革，提升对外开放水平。

①在风险预判方面，建立预警机制。动态监测资金运用状况，引导资金流向，防范投机资本涌入对我国金融机构造成冲击。

②在危机管理和监管体系建设方面，推动金融市场监管体制改革。加强政府的监管创新，合理配置监管资源，在混合经营业务不断发展下，进一步改革其分业监管的传统模式，赋予有关部门必要的统筹协调手段，加强对短期投机性资本的风险防范。

③多边合作中加强信息化建设。信息化时代为了解各国政策制度和信息差异提供便利，对实行跨国联合监管十分有利，可以在一定程度上防范资本账户开放后金融危机的国际传染性，提升监管有效性。另外，积极参与国际金融治理，推动国际金融治理体系的变革。

④完善金融市场基础设施与法律制度建设。首先，建立公平公正、公开透明的市场环境是实现高水平的金融市场开放的重要条件。进一步完善和提升金融市场的基础设施建设，如完善债券市场的信息平台，为国际评级机构进入中国市场拓宽道路，通过提高金融市场透明度继续吸引外资，深化资本市场发展，逐步优化开放水平，促进金融机构稳健经营。其次，在金融市场的发行、交易、信息披露以及退出等多个环节，建立健全相关领域的法律法规制度，完善投资者保护机制，实现金融市场交易的规范化，保证国内外金融机构竞争的公平。

⑤深化金融市场改革，提升对外开放水平。高水平的金融市场开放对我国系统性风险管控能力提出了更高的要求。在进行市场开放的同时要深化我国的金融体制改革，必须注重金融深化程度与金融开放之间的平衡，发挥金融开放对风险的分散效应。另外，推进汇率制度改革是深化金融开放的前提条件。

第六章 金融创新与金融发展

本章导学

内容概述：本章内容侧重我国创新与发展的实践，以时事考查为主。

考情回顾：统考第二年，本章中关于金融创新与金融发展的内容被嵌入到案例题中，如普惠金融、绿色金融等专项问题。建议各位考生在复习的过程中，加强金融创新与时事中金融发展的高度融合，重点关注创新探索与实践，包括近年来我国重点领域金融创新的探索与实践。

备考要求：掌握金融创新与金融发展；了解近年来我国在审慎监管的前提下采取的重要措施与取得的成就。另外，建议考生有针对性地扩展学习我国对重点领域的积极探索，以备考查。

考纲再现

包括金融创新的内涵，金融创新与金融发展的辩证关系；近年来我国在审慎监管前提下推动金融创新的重大举措与成效，近年来我国重点领域金融创新的探索与实践（普惠金融的创新与发展，金融支持碳达峰、碳中和工作的实践与创新，金融支持乡村振兴的实践与创新，金融支持科技创新、小微企业与民营企业的发展，人口老龄化对金融工作带来的机遇与挑战，征信创新与社会信用体系建设，金融消费者权益保护体制机制创新与发展）等。

依靠创新推动实体经济高质量发展，培育壮大新动能。促进科技创新与实体经济深度融合，更好发挥创新驱动发展作用。创新是引领发展的第一动力，在我国现代化建设全局中居于核心地位。在支持创新发展方面，金融业大有可为。

考点1 金融创新概述

一、金融创新的提出

金融创新由美籍奥地利经济学家约瑟夫·熊彼特首次提出。“创新”一词是熊彼特用来定义将新产品、工艺、方法或制度引用到经济中去的第一次尝试。

二、金融创新的多角度定义

（1）金融创新是变更现有的金融体制和增加新的金融工具，以获取现有的金融体制和金融工具所无法取得的潜在利润，它是一个为盈利动机推动、缓慢进行、持续不断的发展过程。

（2）金融创新是指金融领域内部通过各种要素的重新组合及创造性变革所创造或引进的新事物，是通过新的金融产品与服务、新的金融市场、新的组织机构与经营方式以及新的制度安排构成的对金融结构及运行机制产生的变革。

总而言之，金融创新即突破资源配置的时间、空间限制，在金融领域内部对各种要素再次

组合和创造性变革，从而创造并产生新事物。

【点拨】狭义的金融创新，一般指金融工具的创新。广义金融创新包括金融产品、金融组织、金融市场、金融制度、金融科技等金融领域内一切新要素和新组合的出现。如今，科技创新对金融创新的影响已成为人们普遍关注的焦点。

三、金融创新的多层次内涵

（1）宏观角度：可以把金融创新融入整个金融体系的发展过程，即金融创新是在金融领域内贯穿始终的必备要素，通过金融创新，使各种金融要素重新组合，在追求利润机会的同时，也完成了一系列的市场变革。

（2）中观角度：可以将金融创新理解为金融领域内某些具体内容的创新，也就是说，金融创新是创新金融制度、金融工具、金融市场和金融机构等活动，以满足更好地获取金融信息、促成金融交易、满足经济发展的需求。

（3）微观角度：把金融创新与微观金融主体结合起来，即金融组织机构为实现社会金融需求与自身利润目标，在金融风险可以控制的前提条件下，通过革新金融产品和服务、经营理念和模式等来提高自身发展效益与社会经济效益。

四、金融创新的原因

（1）经济思潮的变迁。

（2）需求刺激与供给的推动。

（3）对不合理金融管制的规避。

（4）新科技革命的推动。

【考点回顾】金融创新是由哪些因素带动的？

第六章

考点2　金融创新的要求及具体内容

一、金融创新的要求

所有的金融创新必须在审慎监管的前提下进行。

二、金融创新的具体内容

（一）金融制度创新

（1）定义：金融制度创新是指整个金融体系的制度性改革，是与金融管理相关的法律、法规的变革及由此引起的金融经营环境和经营内容上的创新。

（2）分类：包括金融组织制度创新和金融监管制度创新，其中金融监管制度创新是核心。

（3）金融监管制度需要创新的原因：金融监管及相关保障性制度有其特定的适用背景，当背景条件发生变化或者出现新的风险因素时，需要进行相应制度创新来保障金融体系的健康发展。

（4）金融监管制度创新的目标：以鼓励金融组织和金融市场创新为基础，完成保护性、预防性管制与适时适当监管。

（二）金融市场创新

（1）定义：金融市场创新是指金融市场组织形式与制度规则的创新。

（2）方式：通过促进市场要素组合多元化，使金融交易突破时空限制，为资金供需双方提供更多投融资渠道，以提高资源配置效率，推动价格形成机制进一步合理化，最终实现金融市场运行效率的提升。

（3）现在网络技术、区块链、云计算、大数据等金融科技的应用逐渐丰富了人们的视野，同时金融市场也在不停地更新、创新，成功增加了市场一体化规模。因此，市场参与者获得有效信息的能力增强，能够打破以前时间和空间的束缚，及时了解来自全球市场的信息，及时解决、处置，从而作出价值判断。

（4）金融市场一体化令相同产品在有差异市场上的价格接近，套利行为渐渐无效，价格形成机制渐渐合理化，金融市场运转效率逐步提升。

（三）金融组织创新

（1）金融组织创新一方面是指新型金融组织的产生，另一方面是指传统金融组织自我升级，进行产品与服务的创新。

（2）新型金融组织的大量出现加速了金融组织之间的竞争，使传统金融组织开启了对服务与自身产品的创新，用户思维取代了传统的产品思维，产品更迭速度不断加速。

【示例】第三方非银行支付机构基于大数据、微贷技术、云计算等发展而来，以支付宝、微信支付等为典型实例，填补了传统金融服务的空白。

（四）金融产品（工具）创新

（1）定义：金融产品（工具）创新是指通过金融创新，产生具有不同流动性、盈利性、安全性的新金融产品（工具）及衍生品的组合。

（2）产品创新的意义。

①金融产品创新增加了筹集和分配社会金融资源的工具，增加了投资者的选择，从而有助于满足经济发展对金融资源的需求，也能更好地满足不同投资者多样化的投资需求和风险管理需求。

②金融产品创新推进金融业务细分的深化，有助于金融结构的发展，使金融组织机构种类逐渐丰富。

金融产品创新的重要内容之一是金融衍生工具的创新，对各类基础性金融工具的组合构建需要利用其金融工程技术，形成新的衍生金融产品，或者通过技术进步加速某种繁杂金融工具的开发。

（五）金融科技（技术）创新

（1）定义：金融科技（技术）创新是指由大数据、区块链、云计算、人工智能等新兴技术带动，对金融市场及金融服务业务供给产生重大影响的新兴业务模式、新技术应用、新产品服务等。金融创新速度与信息化建设和科技水平提升密不可分。

（2）金融科技的内涵。

①从金融角度来说，坚持金融科技的本质是金融，严格落实金融持牌经营原则，严防打着“金融科技”的旗号从事非法集资、金融诈骗等违法犯罪活动。

②从科技角度来说，明确风险底线和安全标准，建立风险动态监测感知、高效处置的风控体系，保障真正有价值的科技新成果得到充分测试和迭代完善，最终为金融创新注入科技动力。

（3）金融科技创新的形态。

①金融机构自身运用信息科技开展创新、实施数字化转型步伐明显加快，在支付结算、信贷融资、财富管理、基础设施等领域应用不断拓展，为扩大金融服务覆盖面，填补服务空白、提升金融服务效率、降低融资门槛、提高风险防控水平作出了一定贡献。

②信息技术创新取得新进步，数字经济发展迈上新台阶，为科技在金融业的实践探索创造了更加有利的发展环境。

（4）金融科技创新存在的问题。

①金融数字化快速发展过程中也伴随着网络安全、市场垄断、数据权属不清、消费者权益保护等方面的新问题，还有一些“伪创新”甚至违法违规行为，影响市场公平和金融稳定。

②科技驱动的金融创新在一定程度上是向未知领域探索的活动，面临不确定性因素，风险与变数如影随形，一旦忽视很可能酿成大错。

③过去几年互联网金融风险的教训深刻表明，一味神化信息技术不但不能促使金融服务创新发展，反而会使金融市场鱼龙混杂、金融产品良莠不齐，给金融稳定带来巨大挑战。

为此，应设置创新应用“刚性门槛”，强调监管审慎性。

（5）未来金融科技创新发展的三个方面。

①支付与清算。（金融的基本功能之一）

支付与清算是一系列技术和制度安排的集合，是最重要的金融基础设施之一。支付与清算基础设施决定了资金如何融通，金融资源如何配置，金融风险如何转移，以及金融政策如何传导。区块链和数字货币将对支付与清算产生深远影响。

②信息处理。

金融是经营风险的行业，金融风险评估、定价和监控等活动的核心都是信息处理。提供信息并解决激励问题属于金融的基本功能。数据要素市场、隐私保护以及人工智能和大数据分析技术将显著影响金融信息处理。

③资源配置。

聚集资源和股权细分，跨越时间和空间转移资源，以及管理风险都属于金融的基本功能，可以纳入资源配置的范畴。金融科技会影响资源配置方式，直观体现为对金融活动组织形式的影响，如金融脱媒或去中介化。

推动传统金融机构创新的同时发展新兴金融业态，加大前沿技术应用的同时营造发展氛围。加大人工智能、云计算、大数据、区块链、网络空间安全等前沿技术在金融领域的应用，提升金融科技水平。在审慎监管的前提下，增强金融资源在不同科创企业之间、科技资源在不同金融机构之间的普惠性，提高科创企业融资效率，加速现代金融与科技创新融合发展。

【点拨】在理解金融创新的概念和主要内容时，需要注意以下三点。

（1）多角度、多层次理解金融创新：从宏观、中观、微观层面深入把握；从动态、静态角度全面理解。

（2）金融创新的主体具有多样性，既可以是金融监管部门、金融机构，也可以是非金融机构。

（3）金融创新的目的在于实现微观效益与宏观效益的全面提升。

【考点回顾】金融创新的要求及具体内容是什么？

考点3 金融创新与金融发展的辩证关系

扫码听课

一、金融创新与金融发展的辩证关系概述

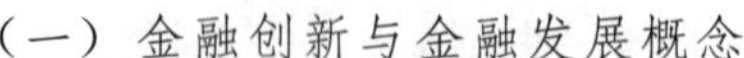

（一）金融创新与金融发展概念

1. 金融创新

金融创新是指突破资源配置的时空限制，重新组合金融领域的各种生产要素，创造性地变革和产生新事物的过程。

2. 金融发展

金融发展是指在金融工具、金融机构的种类和数量增长的基础上，提高金融体系的效率，促使经济结构优化和经济增长。

（二）辩证关系的体现

（1）金融创新使金融机构、金融市场的脆弱性增加，积聚金融风险，金融监管难度增加。

（2）金融创新可以减少金融机构的单位运行时间，提升金融市场发展水平，优化金融机制改革。

二、金融创新对金融发展的促进

（一）促进金融机构运行效率的提升

金融创新通过提供大量具有特定内涵与特性的金融工具、金融服务、交易方式或融资技术等成果，从数量和质量两个方面同时提高需求者的满足程度，增加了金融商品和服务的效用，从而增强了金融机构的基本功能，提高了金融机构的运作效率。

（1）金融产品和业务创新，促进金融发展。

大量金融业务和产品的创新使金融机构能满足客户个性化的金融消费与投资需求，拓宽金融机构的服务范围，推动覆盖传统金融无法触及的金融服务需求，提升金融服务效率。如移动支付方式的创新提高了支付清算能力和速度，也推动了互联网金融等融资模式的创新。

同时，多种风险转移性金融工具的开发及创新，也增强了金融机构的自我风险管理能力。如为了避险，开发出期权、互换、远期利率协议等金融衍生品，实现了风险转移，优化了风险管理，进而扩展到套期保值的功能。

（2）金融组织丰富和创新，促进金融发展。

金融组织的丰富和创新使金融机构体系不断丰富完善，增强了金融机构之间的竞争，推动细分领域业务的深入发展，转变金融机构的业务思维（即产品思维转向用户思维），提升自身服务质量，优化自身运作效率。如外资机构准入条件进一步放宽，智慧银行等新兴科技与传统金融业务的结合等。

（3）金融市场不断创新和完善，促进金融发展。

通过建立健全多层次资本市场体系，优化社会融资结构。如建立多层次股权市场，促进债券市场的健康发展等。

多层次资本市场体系见图6-1。

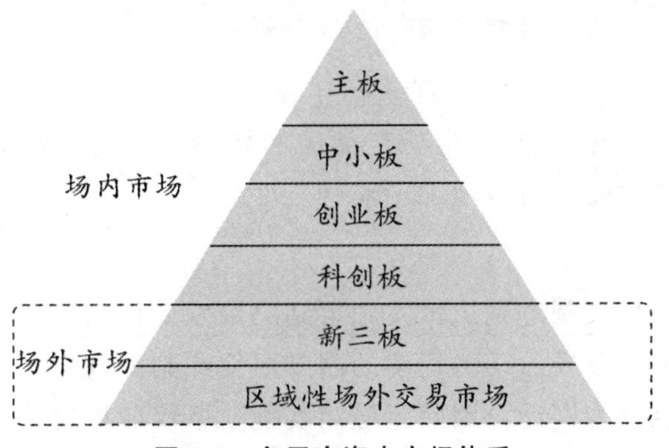

图 6-1　多层次资本市场体系

（二）促进金融市场的发展

（1）提高了金融市场的运作效率。

（2）提高了市场价格对信息反应的灵敏度。

（3）增加了可供选择的金融商品种类。

（4）增强了剔除个别风险的能力。

（5）降低了交易成本与平均成本，使投资收益相对上升。

（6）吸引了更多投资者和筹资者进入市场，提高了交易的活跃程度。

（三）推进金融制度的发展

（1）推进金融组织管理制度的完善。

（2）推进金融监管制度的完善。

金融监管制度发展的目标：既推动真正的金融创新，又有效防范化解金融创新带来的金融风险。

（3）针对金融创新中金融与科技的深入渗透问题，在宏观审慎的前提下谈创新，给金融监管提供了新思路，监管科技的兴起和应用提升了监管机构的监管能力与效率。

三、金融创新对金融发展的阻碍

（一）增加金融机构、金融市场的脆弱性

（1）许多金融衍生产品交易在资产负债表上没有相应科目，因而也被称为“资产负债表外交易（简称表外交易）”。

（2）金融衍生品的特点之一是高收益。金融衍生品的出现，打破了金融机构贷款管理严格以存贷利差为主要收入的历史，使其业务的侧重点逐渐转向表外业务和中间业务，因此贷款发放标准不断降低，贷款业务风险增大。

（3）信息网络技术、大数据、云计算等新科技在金融领域的广泛运用，提升了金融机构的信息获取能力，也强化了金融机构的风险承担意愿。因此，金融机构运用越来越多的金融衍生品，导致虚拟化程度和杠杆率随之提高。

（4）信贷环境紧缩、资产价格持续下跌时，金融机构自身过高的虚拟化程度和杠杆率，很有可能发生资金链断裂，进而引发金融动荡甚至金融危机。

【点拨】复杂的金融产品隐藏信息，表内资产表外化，金融市场的信息不对称加剧，使投资者无法作出理性判断，金融市场的波动和震荡加剧。

（二）增加金融监管难度

新兴的第三方支付（小额支付）、金融产品的网络销售、网络融资等多种多样的新兴金融业态，使金融服务能力增强的同时也增加了监管难度。

（三）积聚金融风险

（1）金融制度创新从决策制定到决策实施再到决策发挥作用，整个阶段历时较长。新旧制度交替转换的过程中，可能会导致某种程度的制度重叠或制度真空。

（2）由于主体和内容极为广泛，因此金融制度创新不仅应该对金融市场以及金融机制的框架与流程进行调节，而且应该对金融活动的调控与监管进行改革。

总而言之，创新不到位会导致金融发展退步，创新过度会导致金融明显虚拟化，不仅会降低经济发展水平，而且会增加金融效率、积聚金融风险。

【总结】虽然当代金融创新的积极影响和消极影响共存，但从总体上看，积极影响远远大于消极影响，并且始终是主流。当然，当代金融创新的消极影响也不能忽视，必须加以有效的引导和监管，进行防范和控制。加强宏观调控、有效监管与正确引导，金融创新中的消极影响一定会有所降低。

正确认识和客观评价金融创新对于金融发展的积极推动作用，是有效利用和充分发挥其动力作用，主动驾驭并把握金融创新的内在规律，最大限度推动金融发展和社会进步的基本前提。

【考点回顾】金融创新与金融发展有何辩证关系？

考点4 我国推动金融创新的重大举措与成效——金融产品创新

第六章

一、支付方式的创新

（一）电子支付方式发展带来的支付方式的创新

电子支付的具体内容见表6-1。

表6-1 电子支付

项目	具体内容
定义	是指单位、个人授权他人或直接通过电子终端发出支付指令，完成资金转移与货币支付的行为
类型	依照电子支付指令发起方式划分为电话支付、网上支付、销售点终端交易、移动支付（渐渐成为我国零售电子支付的主导）、自动柜员机交易和其他电子支付
创新的根源	（1）手机的普遍使用和互联网时代的碎片化时间应用，随机性交易增加，移动支付可以满足这些特殊条件之下的支付需要 （2）我国中央银行持续发布政策文件，大力推进

（二）中央银行系列政策摘要

1.《关于全面推进深化农村支付服务环境建设的指导意见》（银发〔2014〕235号）

（1）主题。

在农村积极发展手机支付等新兴支付方式。

（2）指导思想。

充分发挥农村支付服务环境建设对于发展普惠金融和健全城乡发展一体化体制机制的基础性作用，进一步扩大现代化支付体系建设成果在农村的应用和普惠，丰富农民易于接受和获得的支付服务和支付产品，提升农村支付服务水平，形成以“三农”金融需求为导向，多层次、广覆盖、可持续的农村支付服务体系，推动金融包容性增长和城乡金融服务一体化发展。

（3）积极探索。

①持续推广非现金支付。

大力推广银行账户和非现金支付工具。提高银行账户普及率和活跃账户率，增强农村地区银行服务的可获得性。完善农村地区银行卡受理环境，支持在风险可控情况下开通农村地区支付终端的跨行使用，应在2015年6月末前开通所有转账电话的跨行支付功能。

②积极发展手机支付及其他新兴支付方式。

a. 发挥手机支付在推动农村金融普惠方面的独特优势，对农村地区手机支付试点成功经验进行认真总结，推动移动运营商与银行卡清算机构、支付机构、涉农金融机构等有关各方合作。

b. 研究开发贴近农民、农村的手机支付产品，加强客户身份识别，加强手机支付特约商户资金结算管理及实名制管理，保障手机支付信息与交易安全。

c. 支持在应用环境较为成熟的农村地区发展网络支付业务，大力推行适应种养殖大户、农资企业、农副产品收购企业发展需求的新兴电子支付方式。

2.《非银行支付机构网络支付业务管理办法》

（1）主题。

规范非银行支付机构网络支付业务，防范支付风险，保护当事人合法权益。

（2）网络支付业务定义。

付款人或收款人通过计算机、移动终端等电子设备，依托公共网络信息系统远程发起支付指令，且付款人电子设备不与收款人特定专属设备交互，由支付机构为收付款人提供货币资金转移服务的活动。

3.《中国金融业信息技术“十三五”发展规划》

《中国金融业信息技术“十三五”发展规划》强调：建设非银行支付机构网络支付清算平台，大力优化繁荣移动支付，增强人民币国际化和银行卡支付清算的信息基础设施建设，推进人民币跨境支付系统（二期），加强中央对手方集中清算平台建设。

4.《金融科技（Fintech）发展规划（2019—2021年）》

《金融科技（Fintech）发展规划（2019—2021年）》在重点任务中提到：利用云计算、人工智能支付标记化、大数据等技术优化移动支付技术架构体系，完成手机客户端软件规范接口、账户统一标记、交易集中路由。

（三）中国人民银行的数字货币带来支付方式的创新

1. 发展历程

我国数字货币的起步较早。2014年，央行成立了发行法定数字货币的专门研究小组。2018年3月9日，时任央行行长周小川在记者会上正式透露了正在研发的法定数字货币名称为 DCEP。

2. 从 DCEP 的涵义看特征

DCEP 是数字货币电子支付（Digital Currency Electronic Payment）的简称，这意味着央行数字货币将同时具有法定货币与电子支付的双重职能。

3. DCEP 的特征

具体来看，DCEP 的特征主要体现在金融与技术两个方面。

（1）金融特征：DCEP 为法定货币，与纸钞和硬币等价，只不过是纸币的数字化版本，且以国家信用为背书，是具有价值特征的数字支付工具。

（2）技术特点：DCEP 借鉴了区块链技术中的一些技术思想，如智能合约、非对称加密等，构建了拥有可控匿名、有安全保障、无法伪造等优势的新型数字加密货币机制，高效解决现有货币搜索难、造假多、费用高等难题。DCEP 具有“扫码支付”“汇款”“收付款”“碰一碰”四大常用功能，在一定程度上降低了使用门槛，有利于数字货币的接受与推广。

4. DCEP 的优势

（1）实行可控匿名原则，可以更好地保证交易的匿名性。

（2）支持双离线支付的“碰一碰”功能，具备更高的线上便捷性以及线下强流通性，使其对网络环境和银行卡的依赖下降。

（3）理论上包含了所有支付场景，在一些程度上打破了支付产业的账户界限，减少了来自账户机制的束缚。

二、企业融资模式的创新

（一）以供应链金融为代表的企业融资模式的创新

供应链的具体内容见表 6-2。

表 6-2 供应链

项目	具体内容
定义	是指以客户需求为导向，以整合资源为手段，以提高效率和质量为目标，实现采购、销售、服务、产品设计、生产等全过程高效协同的组织形态
优点	通过流程优化和资源整合，有利于加强从生产到消费等各环节的有效对接，促进产业跨界和协同发展，促进供需精准匹配和产业转型升级，全面提高服务和产品质量，降低企业交易和经营成本
供应链金融	围绕供应链上的核心企业，提供融资服务给上下游企业，其核心在于掌握物流、资金流、商流、信息流，是一种依靠核心企业的信用支持的融资形式

（二）企业融资模式创新的政策支持

1. 国务院办公厅发布《关于积极推进供应链创新与应用的指导意见》（国办发〔2017〕84 号）

（1）主题。

积极稳妥发展供应链金融。

（2）重点任务。

①推动供应链金融服务实体经济。

促进商业银行、供应链核心企业、全国和地方信用信息共享平台等公开分享信息的发展。

支持供应链核心企业、商业银行等建立供应链金融服务平台，为供应链上下游的中小微企业提供更加便捷高效的融资渠道。支持供应链核心企业、金融机构与中国人民银行征信中心开设的应收款项集资服务机制配合，增加互联网应收账款集资等供应链金融模式。该项工作由中国人民银行、国家发展和改革委员会、商务部、银监会、保监会等负责。

②有效防范供应链金融风险。

促进金融机构、供应链核心企业建立债项评级以及主体评级相融合的风险规避机制，进一步加强供应链大数据运用和共享，支持以实际交易为基础的借贷资金的发展。提高金融机构开始前和结束后风险评估水平，保障资金向实体经济流动，健全对供应链金融的风险监督管理。完善供应链金融承担、抵押、质押体系，规避空单质押以及重复质押，促进供应链金融持续健康发展，支持以中国人民银行征信中心开创的动产融资统一登记系统办理应收款项以及其他动产融资质押和转让登记。该项工作由中国人民银行、商务部、银监会、保监会等负责。

2.《关于金融支持制造强国建设的指导意见》

（1）主题。

供应链金融发展的方向。

（2）内容。

鼓励金融机构依托制造业产业链核心企业，积极发展仓单质押贷款、票据贴现、保理、应收账款质押贷款、国际国内信用证等各种形式的产业链金融业务，高效满足产业链上下游企业的融资需求。这是首次在国家战略层面提及供应链金融，明确了供应链金融发展的方向。

3.《关于推动供应链金融服务实体经济的指导意见》

该意见提出，银行保险机构应依托供应链核心企业，基于上下游链条企业与核心企业之间的真实交易，整合物流、信息流、资金流等各类信息，为供应链上下游链条企业提供结算、现金管理、融资等一揽子综合金融服务。

4.《关于复制推广供应链创新与应用试点第一批典型经验做法的通知》

商务部等八个部门联合提出了《关于复制推广供应链创新与应用试点第一批典型经验做法的通知》。从探索政府公共服务和治理新模式、加强供应链技术和模式创新、提升供应链管理和协同水平三个方面总结了试点地区和企业的典型做法与经验，各试点主体积极应用新技术，培育新业态，探索新模式，供应链金融服务能力明显提高，供应链发展效果显著。

考点5 我国推动金融创新的重大举措与成效——金融组织创新

一、放宽外资金融机构准入

（一）十一条金融业对外开放措施

国务院金融委推出的十一条措施标志着金融业对外开放再获实质性进展。具体内容如下：

（1）允许外资机构在华开展信用评级业务时，可以对银行间债券市场和交易所债券市场的所有种类债券评级。

（2）鼓励境外金融机构参与设立、投资入股商业银行理财子公司。

（3）允许境外资产管理机构与中资银行或保险公司的子公司合资设立由外方控股的理财公司。

（4）允许境外金融机构投资设立、参股养老金管理公司。

（5）支持外资全资设立或参股货币经纪公司。

（6）人身险外资股比限制从51%提高至100%的过渡期，由原定2021年提前到2020年。

（7）取消境内保险公司合计持有保险资产管理公司的股份不得低于75%的规定，允许境外投资者持有股份超过25%。

（8）放宽外资保险公司准入条件，取消30年经营年限要求。

（9）将原定于2021年取消证券公司、基金管理公司和期货公司外资股比限制的时点提前到2020年。

（10）允许外资机构获得银行间债券市场A类主承销牌照。

（11）进一步便利境外机构投资者投资银行间债券市场。

（二）相关政策解读

（1）提前至2020年取消证券公司、基金管理公司、期货公司外资股比限制。

证监会解读：提前于2020年内取消证券公司、基金管理公司、期货公司外资股比限制，是证监会认真落实党中央国务院深化金融供给侧改革、扩大金融业对外开放等决策部署的重要举措，符合资本市场和行业以开放促改革、促发展的客观要求，体现了我国坚定不移地深化改革开放的决心和信心。

通过扩大证券、基金和期货行业开放，鼓励良性竞争，持续增强实力，有利于营造良好的市场生态和营商环境，促进行业服务水平实现跃升。

（2）允许境外金融机构投资设立、参股养老金管理公司。

银保监会解读：目前，我国养老金管理市场以第二支柱企业年金基金管理为主，规模和增长有限。

国内养老金管理公司仍处于试点阶段，试点采取成熟一家、批准一家的方式，目前只有1家由建设银行设立的建信养老金管理公司。

允许外资设立养老金管理公司，有利于增加主体类型，增强市场活力，引入成熟养老金管理经验，提升养老金投资管理水平。

下一步，银保监会将推动完善相关法律法规，并继续采取成熟一家、批准一家的方式，会同相关部委共同做好养老金管理公司许可准入工作。

（3）缩短外资人身险公司外资股比限制从51%提高至100%的过渡期至2020年。

银保监会解读：取消外资寿险公司股比限制，有利于吸引更多优质外资保险机构进入中国市场，引入更加先进的经营理念和更加多元化的寿险产品，增强寿险市场活力，为实体经济提供更好的服务。

下一步，银保监会将推动《中华人民共和国外资保险公司管理条例》等相关法律法规的出台，并在相关行政许可工作中及时落实规定。同时，强化事中、事后监管，维护市场秩序。

（4）取消境内保险公司合计持有保险资产管理公司股份不得低于75%的规定。

银保监会解读：放开保险资产管理公司外资持股比例限制，有利于吸收借鉴境外优秀保险机构的经验做法，激发国内保险资产管理市场活力，提升保险资产管理公司资产管理能力，有利于保险资产的保值增值。

二、鼓励金融科技企业发展

（一）北京市金融工作局等联合印发《关于首都金融科技创新发展的指导意见》

（1）时间：2018年10月。

（2）主要内容：要着力推进金融科技产业发展，加速科技创新与金融发展高度融合，借助科技创新提升金融服务实体经济能力。加强对金融科技行业的标准制定、技术引领、规范创新与国际合作，建设国际化的金融科技全产业链，加强金融科技风险监管和防控，紧守不发生系统性区域性金融风险底线，建设国际一流的金融科技生态，培育出具有全球影响力的金融科技产业。

（二）中国人民银行上海总部向辖区内金融机构印发《关于促进金融科技发展 支持上海建设金融科技中心的指导意见》

（1）时间：2019年10月。

（2）主题：持续优化金融科技企业的金融服务。

（3）主要内容：

①运用再贴现、再贷款，引导金融机构加大对小微金融科技、民营企业的信贷支持，为不同规模、类型、发展阶段的金融科技企业提供差异化融资便利和融资产品。

②针对金融科技企业的需求和特点，鼓励金融机构为符合条件的金融科技企业开立自由贸易账户，创新特色金融产品，为金融科技企业供应全生命周期的各类跨境金融服务。

③支持行业协会、互联网平台、政府部门、大型企业将掌握的企业资质资格信息、交易信息、行政管理信息、上下游供应链等信息向企业征信机构开放，强化信用信息的共享，为金融科技企业融资提供充分帮助。

（三）北京市地方金融监督管理局发布《关于征集金融科技类企业在科创板上市有关意向的通知》

（1）时间：2020年3月。

（2）主要内容：扶持优秀的金融科技企业，挑选出成长于具体的金融业务场景，有核心金融科技产品，且主营收入来自金融科技产品的企业，可以主动推介到科创板。

三、推动建设智慧银行

近几年来，以人工智能、大数据、云计算、区块链等为代表的新兴科技迅速发展。科技正在向传统金融领域深入渗透，以银行为代表的传统金融机构，面临互联网金融和经济结构调整的双重挑战。一方面，由于传统线下银行网点的运营成本紧张，银行纷纷撤销线下网点；另一方面，互联网金融发展引发用户习惯变化，银行需要创新运营模式，提高服务水平。因此，建设高效、精准营销的智慧银行成为传统银行谋求转型发展的关键途径。

考点6 我国推动金融创新的重大举措与成效——金融市场创新

一、完善多层次股权市场

（一）推进股票发行注册制改革

2015年12月，第十二届全国人民代表大会常务委员会第十八次会议提出了《关于授权国务院在实施股票发行注册制改革中调整适用〈中华人民共和国证券法〉有关规定的决定（草案）》，授权国务院对拟在上海证券交易所、深圳证券交易所上市交易的股票的公开发行，调整适用《中华人民共和国证券法》关于股票公开发行核准制度的相关规定，实行注册制度，详细的实施方案由国务院规定，报全国人大常委会备案。

注册制的优点在于在股票发行过程中以充分信息披露为核心，减少证券监管部门对发行人资质的实质性审核和价值判断，弱化行政审批，增加发行制度的灵活性，降低股票发行成本，提高融资效率。

（二）多渠道推动股权融资

科创板的设立顺应了我国资本市场制度体系转型升级的迫切需求，为资本市场引入了新的资金活力。

二、促进债券市场健康发展

（1）国务院批准并出资创设中央国债登记结算有限责任公司，对债券市场的发展深度介入。

（2）党中央推进债券市场金融产品创新，鼓励实体经济发展，包括发展中小企业集合债券、私募债等融资工具，加宽融资途径。

（3）推进资产证券化，平稳扩大债券市场规模，加强对实体经济的融资支持。

（4）深入研究市政债券，发展城镇化建设融资机制。

（5）完善债券市场机制建设，提高支持实体经济繁荣的效率，包括发挥公司信用类债券部际协调作用，提高信息披露标准，强化债券管理部门的协作配合，履行监管职责。

（6）强化债券市场基础设施建设，推进银行间市场和交易所市场稳步发展。

（7）鼓励债券市场对外开放，助力“一带一路”。

三、扩大资本市场有序开放

“深港通”正式启动，大力支持境内企业境外发行融资，开启熊猫公司债试点。

考点7 我国推动金融创新的重大举措与成效——金融制度创新

一、金融监管创新

（一）金融监管创新的目标

以保护金融消费者合法权益为前提，不但支持真正的金融创新，还能及时发现并规避金融创新的缺点与风险隐患，从而助力金融业实现数字化转型。

（二）金融科技应用试点

2019 年以来，中国人民银行会同相关部委在北京、上海、浙江、广东等 10 省市积极组织金融科技应用试点。值得注意的是，10 省市试点几乎均提及利用隐私计算、人脸识别等技术，构建以人脸特征为路由标识的转接清算模式。

试点采用风险拨备资金、保险计划等补偿措施，在事前制定应急与退出机制，建立立体化、多层次的综合风控体系，打造灵活高效的试错容错机制。

（三）金融科技创新监管试点

启动金融科技创新监管试点工作，支持在北京市率先开展金融科技创新监管试点，探索构

建符合我国国情、与国际接轨的金融科技创新监管工具，涵盖数字金融、普惠金融、供应链金融等应用场景，聚焦人工智能、大数据、区块链、物联网等技术在金融领域的应用测试。这有助于缓解小微民营企业融资难融资贵、普惠金融“最后一公里”等难点问题，引导持牌金融机构在依法合规、保护消费者权益的前提下，运用现代信息技术赋能金融提质增效，营造守正、安全、普惠、开放的金融科技创新发展环境。

二、金融开放创新

2019 年 1 月，中国人民银行等八部门联合印发《上海国际金融中心建设行动计划（2018—2020 年）》。该计划指出，上海国际金融中心建设在服务国家经济社会发展和金融改革开放进程中取得了突破性进展，金融业务创新日益活泼，金融改革创新深化推进。同时提出以下内容：

（1）保持以上海自贸试验区金融开放创新为突破口。不断深化自贸试验区金融改革，稳健推动人民币跨境使用、资本项目可兑换、金融服务业开放和建设面向国际的金融市场。

（2）保持以金融科技和科技创新中心建设为新动力。

（3）基本完成以信息化技术为突出特征的金融创新系统的建设。

（4）完善金融机构体系。强化综合服务能力和金融创新活力，强化各类金融机构集聚，推动一批具有跨境金融资源配置能力和国际竞争力的金融机构快速稳步增长，促使专业服务机构发展，加快形成功能完善、门类齐全的金融机构体系。

考点 8 近年来我国重点领域金融创新的探索与实践——普惠金融的创新与发展

一、普惠金融的定义及重点服务对象

（一）定义

普惠金融是指以机会平等原则和商业可持续发展要求为基础，以能承担的费用为有金融服务需求的社会各群体给予合理、高效的金融服务。

（二）我国普惠金融的重点服务对象

我国普惠金融重点服务对象：小微企业、农民、城镇低收入人群、贫困人群和残疾人、老年人等特殊群体。

二、规划摘要

2015 年 12 月，国务院印发《推进普惠金融发展规划（2016—2020 年）》。

（一）主题

针对普惠金融创新发展给出合理意见与建议，倡导金融机构改善产品以及业务能力。

（二）主要内容

（1）倡导创新针对小微型企业、高校毕业生、农户、特殊群体以及精准扶贫对象的小额贷款。

（2）在全国中小型企业股份转让机制中，丰富适合小微型企业的融资种类，进而增加中小型企业债券融资范围，增加投资基金、私募股权投资基金、创业投资基金，鼓励达到标准的涉农企业在多层次资本环境中融资，促进农产品期货市场的发展。

(3) 鼓励地方各级人民政府开设小微型企业信用保证保险基金，用于小微型企业信用保证保险的保费补贴和贷款本金损失赔偿，支持保险公司开发与低收入人群、残疾人等特殊群体相适应的小额人身保险以及有关保险产品。

(4) 增强金融机构科技的应用水准，提倡金融机构利用大数据、云计算等高新科学技术，开创网络金融业务供给机制，倡导金融机构积极发展电子支付方式，广泛开展保险移动产业。

(5) 发挥网络促进普惠金融发展的积极影响，大力支持互联网支付平台服务电子商务的发展，完善互联网借贷机制，解决小微型企业、农户以及不同的低收入人群的融资困难问题，发挥股权众筹融资平台对万众创新、大众创业的支持作用，倡导互联网金融产品销售平台满足不同消费者全方位的投资理财要求。

三、报告摘要

《中国普惠金融创新报告（2019）》对我国近年来普惠金融发展取得的成就进行了如下总结。

(一) 普惠金融政策体系不断完善

从 2018 年开始，对于小微、民营企业的融资难题，决策部门统一筹划，在货币政策、信贷政策、财税政策、债券发行支持、风险分担等各方面，有效促进普惠金融及策略机制的发展。

(二) 普惠金融机构体系日益丰富

在银行业体系中，大型银行全面寻找组织架构的创新，到 2018 年年末，5 家国有大型银行、10 家股份制商业银行均开设了普惠金融事业部门，并以此为基础建设了独具特色的普惠金融服务体系。

(三) 数字普惠金融创新继续深入

数字普惠金融泛指全部能够经过数字科技的方式来优化普惠金融的举措。在我国数字经济迅速发展的今天，健全数字普惠金融基础设施为金融的发展带来了积极影响，这些创新在国际上一直名列前茅。

(四) 普惠金融业务模式实现创新

“聚合模式”根据金融科技开设公开平台，将在收获客户、开创数据、风险控制、增强信用、资金管理等业务中各有千秋的机构联系到一起，各种服务提供方积极体现自身长处，利用规模经济效应为普惠金融顾客解决了多方位、承担性、便捷性的信贷难题。

四、发展普惠金融的重要意义

发展普惠金融是我国全面建成小康社会的必然要求；有利于促进金融业可持续均衡发展；推动大众创业、万众创新，助推经济发展方式转型升级。因此，党中央、国务院高度重视发展普惠金融，采取系列举措推动普惠金融创新发展。

【考点回顾】我国的普惠金融发展取得了哪些成就？

考点9 近年来我国重点领域金融创新的探索与实践——金融支持碳达峰、碳中和

基础概念篇

（1）绿色债务融资工具是指在绿色金融改革创新试验区内注册的具有法人资格的非金融企业在银行间市场发行的，募集资金专项用于节能环保、污染防治、资源节约与循环利用等绿色项目的债务融资工具。

（2）绿色金融改革创新试验区是指经国务院批准设立的绿色金融改革创新试验区。

（3）碳金融是指服务于旨在减少温室气体排放的各种金融制度安排和金融交易活动，目标是控制温室气体的排放。通过建立以碳交易市场为代表的交易机制，能低成本、高效率地减少二氧化碳排放，推动“碳达峰”“碳中和”目标的实现。

（4）碳达峰是指某一个时刻，二氧化碳排放量达到历史最高值，之后逐步回落。碳达峰不等于冲高点，而是要尽快进行生产方式和生活方式的持续调整。

（5）碳中和是指通过植树造林、节能减排等形式，抵消自身产生的二氧化碳或温室气体排放量，实现正负抵消，达到相对“零排放”。我国将力争2030年前实现碳达峰、2060年前实现碳中和。

（6）绿色金融是指为支持环境改善、应对气候变化和资源节约与高效利用而开展的经济活动，即为环保、节能、清洁能源、绿色交通、绿色建筑等领域的项目投融资、项目运营、风险管理等所提供的金融服务。

一、“碳达峰”和“碳中和”目标提出的意义

“碳达峰”和“碳中和”目标（以下称“双碳”目标）将引导我国经济走绿色和可持续发展之路。要实现“双碳”目标，意味着必须分步骤分阶段转变我们的经济发展方式和产业结构，逐渐减少进而退出高耗能的产业和生产方式，大力发展数字经济，大力推动环保、绿色能源、文化等新兴产业发展。这样的发展不仅有利于提升我国的环境质量，也有利于政府降低债务，实现更为可持续的发展。

二、“双碳”工作被广泛关注的原因

（一）实现碳中和是大势所趋

习近平总书记在第七十五届联合国大会一般性辩论上宣布“中国将提高国家自主贡献力度，采取有力的政策和措施，二氧化碳排放力争于2030年前达到峰值，努力争取2060年前实现碳中和”目标。

2021年9月，习近平总书记指出，“加快绿色低碳转型，实现绿色复苏发展。”

（二）碳中和是我国高质量发展的内在要求

与其他发达国家能源结构不同，我国“富煤贫油少气”的能源供给现状导致我国能源结构中以煤炭、石油、天然气为代表的化石燃料占一次能源消费的绝大比重，所以中国为实现碳达峰、碳中和目标所需要做的工作更为艰巨。因此，“双碳工作”成为各行各业都非常关注的议题。

三、金融支持碳达峰、碳中和工作的实践

（1）政策指引：央行会同发展改革委、证监会联合发布《绿色债券支持项目目录（2021年版）》，统一了绿色债券标准，不再将煤炭等化石能源项目纳入支持范围。

（2）制度规范：央行计划分步推动建立强制披露制度，统一披露标准，推动金融机构和企

业实现信息共享。

（3）金融工具创新：央行在银行间市场推出“碳中和债务融资工具”和“碳中和金融债”，用科技手段，有序推进绿色低碳金融产品和服务开发。设立直达碳减排领域的碳减排支持工具，通过央行向符合条件的金融机构提供低成本资金，支持金融机构为具有显著碳减排效应的项目提供优惠利率融资。

（4）全国碳市场建设的金融支持。绿色低碳转型需“两条腿”走路：一是绿色金融支持，二是碳排放权交易市场。碳市场的核心是通过市场化定价，约束排放，激励减排，同时发挥金融的期限转换和风险管理功能，引导跨期投资，推动低碳技术的研发。

考点⑩ 近年来我国重点领域金融创新的探索与实践——金融支持乡村振兴

央行、银保监会、证监会、财政部、农业农村部日前联合印发《关于金融服务乡村振兴的指导意见》。

一、各阶段金融服务乡村振兴的目标

（1）短期内，突出目标的科学性和可行性，到2020年，要确保金融精准扶贫力度不断加大、金融支农资源不断增加、农村金融服务持续改善、涉农金融机构公司治理和支农能力明显提升。

（2）中长期，突出目标的规划性和方向性，推动建立多层次、广覆盖、可持续、适度竞争、有序创新、风险可控的现代农村金融体系，最终实现城乡金融资源配置合理有序和城乡金融服务均等化。

二、金融支持乡村振兴的总体要求、目标和原则

（一）总体要求

建立完善金融服务乡村振兴的市场体系、组织体系、产品体系，完善农村金融资源回流机制，把更多金融资源配置到农村重点领域和薄弱环节，更好满足乡村振兴多样化、多层次的金融需求，推动城乡融合发展。

（二）工作目标

1. 2020年以前乡村振兴的重点就是脱贫攻坚

（1）金融支持精准扶贫，打赢脱贫攻坚战。

（2）新增金融资源要向深度贫困地区倾斜。

2. 中长期目标

（1）到2035年，基本建立多层次、广覆盖、可持续、适度竞争、有序创新、风险可控的现代农村金融体系，金融服务能力和水平显著提升，农业农村发展的金融需求得到有效满足。

（2）到2050年，现代农村金融组织体系、政策体系、产品体系全面建立，城乡金融资源配置合理有序，城乡金融服务均等化全面实现。

（三）金融支持乡村振兴的基本原则

1. 以市场化运作为导向

尊重市场规律，充分发挥市场机制在农村金融资源配置和定价中的决定性作用。

2. 以机构改革为动力

持续深化全国政策性、商业性涉农金融机构改革，增强中长期信贷投放能力和差别化服务水平。

3. 以政策扶持为引导

建立健全政府性融资担保和风险分担机制，发挥农业信贷担保体系和农业保险作用，弥补农业收益低风险高、信息不对称的短板，促进金融资源回流农村。

4. 以防控风险为底线

金融机构要坚持信贷投放和风险防控两手抓，探索与服务乡村振兴相适应的资本补充渠道、合理回报机制和风险资本管理模式，提高法人治理水平，关注贷款质量，完善市场化风险处置机制，增强涉农业务风险防控能力，提高金融服务乡村振兴的可持续性。

三、金融支持乡村振兴的创新

（1）坚持农村金融改革发展的正确方向，健全适合乡村振兴发展的金融服务组织体系。

（2）明确金融重点支持领域，加大金融资源向乡村振兴重点领域和薄弱环节的倾斜力度。

（3）强化金融产品和服务方式创新，更好满足乡村振兴多样化融资需求。

四、金融支持乡村振兴的实践

央行、银保监会联合发布《金融机构服务乡村振兴考核评估办法》，体现了金融服务乡村振兴的新实践新要求。

（1）突出了金融对乡村振兴重点领域和薄弱环节的支持。

明确了评估对象、评估指标和方法、评估程序、评估结果和运用等具体内容，强调了对新型农业经营主体、小农户等的支持。

（2）进一步强化了考核评估工作的激励约束作用。

考点11　近年来我国重点领域金融创新的探索与实践——金融创新支持中小微企业与民营企业发展

民营企业和中小微企业是经济新动能培养的重要要素，它的主要作用是促进经济水平的快速发展、增加就业机会、倡导更新创新，是大众创业以及创新的关键因素。

一、意见摘要

2018 年 6 月，中国人民银行等部门联合发布《关于进一步深化小微企业金融服务的意见》。

（一）主题

监督与管理金融机构扩张对小微企业的金融帮助规模，初步解决小微企业融资困难以及融资过于昂贵的问题，实际减少企业融资费用，推动经济快速更新换代，在原有旧功能的基础上增加新的职能。

（二）具体内容

（1）利用当代金融科学技术手段，增强对金融科技服务的创新。

银行业金融机构一定要掌握互联网、大数据、云计算等高新技术的使用方法，更新信贷程序和信用评价机制，减少经营管理费用及发出贷款的时间，增加服务便利水平。

提倡政策性、开发性银行以转贷形式向银行业金融机构发放资金，开设专门的发放资金用户账号，台账进行同步记账，以保证资金可以单独用于小微企业，进而促进小微企业的发展。同时，开创知识产权、仓库凭证、存货等抵质押融资工作。

（2）促进小微企业应收款项融资特别行动。

促进供应链中的关键企业、商业银行与应收款项融资服务机制的对接，推动政府购买人员在规定时间内在政府采购网上按照法律规定公开政府采购协议以及相关内容，以便助力小微供货商进行融资活动。

提倡银行业金融机构等资金提供者优化应收款项集资产品机制，改善业务步骤，助力各种小微企业可以完成应收款项的融资。

二、民营企业债券融资支持工具

依照法治化、市场化准则，中国人民银行倡导建立民营企业债券融资支持工具。民营企业债券融资支持工具是指由中国人民银行利用再贷款给予部分初始资金，由专门开设的机构开展市场化经营，经过售卖信用风险缓释工具、担保增信等多种方式，主要支持短期内遇到的难题，可是有背景、有条件、技术有核心竞争力的民营企业得到债券融资。

三、创设定向中期贷款便利（TMLF）

中国人民银行决定创设定向中期借贷便利，根据金融机构对小微企业、民营企业贷款增长情况，向其提供长期稳定资金来源。

支持实体经济发展力度大、与宏观审慎条件相适应的大型商业银行、股份制商业银行以及大型城市商业银行，均可向中国人民银行提出申请。

定向中期借贷便利资金的使用期限是3年，其操作比率与中期借贷便利利率相比优惠了15个百分点，有助于加大对民营企业以及小微企业的金融支持规模。

四、促进民营企业融资的措施

中共中央、国务院发布《关于营造更好发展环境支持民营企业改革发展的意见》，提出了多项促进民营企业融资的措施，具体如下：

（一）完善民营企业直接融资支持制度

（1）完善股票发行和再融资制度，提高民营企业首发上市和再融资审核效率。

（2）积极鼓励符合条件的民营企业在科创板上市。

（3）深化创业板、新三板改革，服务民营企业持续发展。

（4）支持服务民营企业的区域性股权市场建设。

（5）支持民营企业发行债券，降低可转债发行门槛。

（6）在依法合规的前提下，支持资管产品和保险资金通过投资私募股权基金等方式积极参与民营企业纾困。

（7）鼓励通过债务重组等方式合力化解股票质押风险。

（8）积极吸引社会力量参与民营企业债转股。

（二）健全民营企业融资增信支持体系

（1）推进依托供应链的票据、订单等动产质押融资，鼓励第三方建立供应链综合服务平台。

（2）民营企业、中小企业以应收账款申请担保融资的，国家机关、事业单位和大型企业等应付款方应当及时确认债权债务关系。

（3）推动抵质押登记流程简便化、标准化、规范化，建立统一的动产和权利担保登记公示系统。

（4）积极探索建立为优质民营企业增信的新机制，鼓励有条件的地方设立中小民营企业风险补偿基金，研究推出民营企业增信示范项目。

（5）发展民营企业债券融资支持工具，以市场化方式增信支持民营企业融资。

考点12 近年来我国重点领域金融创新的探索与实践——征信创新与社会信用体系建设

社会信用体系把法律、规章、规则和契约作为根据，以完善涵盖每个社会人员的信用记录以及网络信用基础设施为根基，以信用知识规范化和信用服务机制为支撑，以普及诚信文化思想、弘扬诚信传统美德为基本要求，以信用鼓励和失信约束作为奖惩手段，是社会主义市场经济体制和社会治理体系的重要内容。

我国注重社会信用体系建设，优化金融业等主要部分信用改革。

（1）提出到2020年，社会信用基础性法律规章和标准体系的初步确立，信用信息资源共享作为基础覆盖全国的征信体系初步建成。

①包含创新金融信用产品，优化金融服务，为金融消费者个人信息安全提供保障，维护金融消费者的合法权益。

②增强对金融诈骗、故意逃废银行债务、内幕交易、制造销售假保单、骗保骗赔、故意披露虚假信息、非法集资、逃套骗汇等金融失信行为的惩罚力度，使金融市场走向正轨。

③完善金融信用信息基础设施建设，进而拓宽信用记录的涉及区域，增加金融业对守信者的鼓励作用以及对失信者的束缚作用。

（2）强调金融行业征信创新，加强对金融业全方位征信平台建设。

继续推动银行、证券、保险、外汇等金融管理部门之间信用信息系统的链接，促进金融业全方位征信平台建设，增强金融管理机制信用信息的转化和分享。

（3）金融信用信息基础数据库由中国人民银行征信中心建设和运行，经过收集、整理、储存、处理企业和个人的基础信用信息和信贷信息以及与之相关的其他信息，设立了企业和个人信用信息共享平台，改善金融交易中的信息不对称问题。

（4）以完善金融机构和各行各业的征信需求，适应金融科技发展形势为目的，中国人民银行征信中心适时开启了二代征信系统建设工作。从2020年1月19日起，征信中心开始面对社会人员与金融机构提供二代格式征信报告查询服务。

考点13 近年来我国重点领域金融创新的探索与实践——金融消费者权益保护体制机制创新与发展

金融消费者是金融市场的主要参加者，同时亦是金融业平稳安全发展的驱动者。强化金融消费者权益保护业务，是防控与规避金融风险的主要方法，对改变金融消费者观念、保护金融产业健康发展、推动社会经济公开透明以及社会和谐具有重大影响。

2016年2月，银监会发布《关于加强银行业消费者权益保护 解决当前群众关切问题的指导意见》，从多方面作出创新指导，具体内容如下：

（1）要求办理私人业务的银行业金融机构应该在董（理）事会下设立专业的消费者权益保护委员会，并定期向董（理）事会提交相关问题的报告，确定把维护消费者合法权益加入公司管理、企业文化建设以及经营发展战略中。

（2）银行业金融机构应该建立产品信息查找系统，集结各方面正在销售以及存续期内金融产品的基础内容，及时提示存续期内金融产品的风险数据变动情况，并谨慎划分自有产品与代销产品，以便顾客选择购买。

（3）到 2016 年年底前，金融机构建立并健全销售区域内线上监管系统的安装任务，具有销售自有理财产品以及代销产品的全部录影录像功能。

（4）每一级的管理部门要监督银行体系金融机构切实担负起保护消费者权益的责任，全面健全“首问负责制”的消费者投诉机制。

（5）需要将维护消费者权益的职能与市场准入有机结合，发展市场准入的指导作用，对于已经开办理财产品及代销产品销售业务的模拟网点，应该在进入金融市场审批时严格审查其销售专区和专区产品销售“双录”等监管条件落实情况。

（6）金融机构应当把消费者权益保护纳入日常监管范围之内，经过舆情监测、消费者投诉评析等渠道，掌握银行业消费者提出的不足之处，及时采取解决办法。

（7）不同银行业金融机构要承担起自身的职责，向公民广泛普及金融知识，培养金融意识。

考点 14　近年来我国重点领域金融创新的探索与实践——金融支持科技创新

一、《金融科技发展规划（2022—2025 年）》的相关内容

（1）总述：《金融科技发展规划（2022—2025 年）》提到，金融科技作为技术驱动的金融创新，是深化金融供给侧结构性改革、增强金融服务实体经济能力的重要引擎。

（2）数字经济的蓬勃兴起，数字技术的快速演进为金融数字化转型注入了充沛活力，金融科技逐步迈入高质量发展的新阶段。

（3）积极争取政策和资金支持，加大对科技发展的重点领域、重点工作的投融资力度，保障规划落地实施的资源需求。

二、金融支持科技创新的实践

（1）政策方面：出台加强金融支持科技创新工作的一系列政策措施，一些地方联合建立科技型企业重点名单对接机制，推进金融支持科技创新工作。

（2）资金支持：发挥再贷款、再贴现货币政策工具精准滴灌扶持的作用，扩大对科技企业信贷投放。

（3）政府资金引导：通过信用信息共享的发展，加大对科技企业的信用增进，指导金融机构—银行创新多项科技贷款产品，提升科技金融服务能力。

（4）服务对象：以高新技术企业、科技型中小企业、高价值知识产权企业为主要对象的科技创新金融服务，指导金融机构积极推广运用“科创贷”，着力提升市场主体的信贷覆盖面和可获得性。

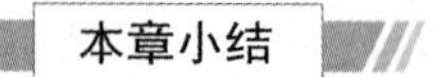

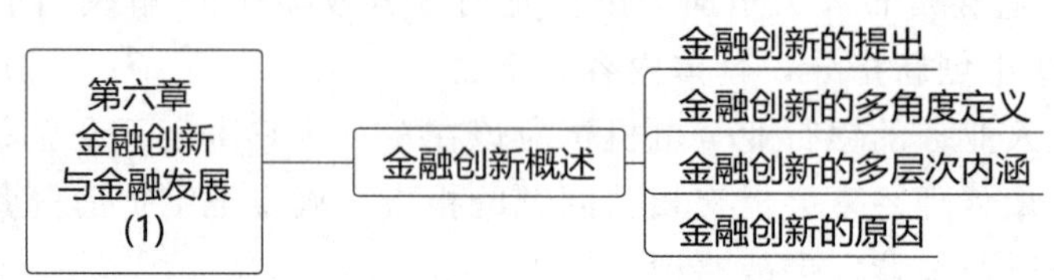

- 第六章 金融创新与金融发展（2）
  - 金融创新的要求及具体内容
    - 金融创新的要求
    - 金融创新的具体内容
  - 金融创新与金融发展的辩证关系
    - 金融创新与金融发展的辩证关系概述
    - 金融创新对金融发展的促进
    - 金融创新对金融发展的阻碍
  - 我国推动金融创新的重大举措与成效——金融产品创新
    - 支付方式的创新
    - 企业融资模式的创新
  - 我国推动金融创新的重大举措与成效——金融组织创新
    - 放宽外资金融机构准入
    - 鼓励金融科技企业发展
    - 推动建设智慧银行
  - 我国推动金融创新的重大举措与成效——金融市场创新
    - 完善多层次股权市场
    - 促进债券市场健康发展
    - 扩大资本市场有序开放
  - 我国推动金融创新的重大举措与成效——金融制度创新
    - 金融监管创新
    - 金融开放创新
  - 近年来我国重点领域金融创新的探索与实践——普惠金融的创新与发展
    - 普惠金融的定义及重点服务对象
    - 规划摘要
    - 报告摘要
    - 发展普惠金融的重要意义
  - 近年来我国重点领域金融创新的探索与实践——金融支持碳达峰、碳中和
    - “碳达峰”和“碳中和”目标提出的意义
    - “双碳”工作被广泛关注的原因
    - 金融支持碳达峰、碳中和工作的实践
  - 近年来我国重点领域金融创新的探索与实践——金融支持乡村振兴
    - 各阶段金融服务乡村振兴的目标
    - 金融支持乡村振兴的总体要求、目标和原则
    - 金融支持乡村振兴的创新
    - 金融支持乡村振兴的实践
  - 近年来我国重点领域金融创新的探索与实践——金融创新支持中小微企业与民营企业发展
    - 意见摘要
    - 民营企业债券融资支持工具
    - 创设定向中期贷款便利（TMLF）
    - 促进民营企业融资的措施
  - 近年来我国重点领域金融创新的探索与实践——征信创新与社会信用体系建设
  - 近年来我国重点领域金融创新的探索与实践——金融消费者权益保护体制机制创新与发展
  - 近年来我国重点领域金融创新的探索与实践——金融支持科技创新
    - 《金融科技发展规划（2022—2025年）》的相关内容
    - 金融支持科技创新的实践

本章练习

一、简答题

1. 2017 年 6 月，工、农、中、建、交五大国有商业银行设立普惠金融事业部的具体方案

已全部出台，总行普惠金融事业部均已正式挂牌。发展普惠金融对促进我国经济发展有什么重要意义？

2. 金融创新都包括哪些内容？试叙述金融科技（技术）创新面临的问题以及我们的解决方案。

二、论述题

（一）

2016 年 3 月 16 日，中国人民银行、国家发展和改革委员会、财政部、中国银监会、中国证监会、中国保监会、国务院扶贫开发领导小组办公室联合印发《关于金融助推脱贫攻坚的实施意见》（以下简称《意见》）。该《意见》提出准确把握金融助推脱贫攻坚工作的总体要求、精准对接脱贫攻坚多元化融资需求、大力推进贫困地区普惠金融发展、充分发挥各类金融机构助推脱贫攻坚主体作用、完善精准扶贫金融支持保障措施、持续完善脱贫攻坚金融服务工作机制等内容。

问题：请简要阐述我国在精准扶贫方面采取了哪些有针对性的举措。

（二）

作为疫情期间支持小微企业、实体经济的重要工具，票据在 2020 年实现了规模的持续增长。上海票据交易所（下称“票交所”）日前公布的数据显示，2020 年全年票据市场业务总量 148.24 万亿元，同比增长 12.77%。

2021 年是“十四五”的开局之年，我国经济将进入新的发展阶段，票据市场面临的政策环境和市场机遇都将有新的变化。特别是在供应链金融重要性凸显，政策利好不断的情况下，票据在供应链金融创新发展的过程中大有可为。

问题：试论述在金融创新支持中小微企业与民营企业发展方面，我国采取过的助力中小企业融资的具体举措。

（三）

试论述金融创新与金融发展间有何辩证关系，从积极的影响方面再进一步加以说明。

参考答案

一、简答题

1.（1）普惠金融是指立足机会平等要求和商业可持续原则，以可负担的成本为有金融服务需求的社会各阶层和群体提供适当、有效的金融服务。服务对象包括小微企业、农民、城镇低收入人群、贫困人群和残疾人、老年人等特殊群体。

（2）发展普惠金融是我国全面建成小康社会的必然要求；有利于促进金融业可持续均衡发展；推动大众创业、万众创新，助推经济发展方式转型升级。因此，党中央、国务院高度重视发展普惠金融，采取系列举措推动普惠金融创新发展。

2.（1）金融创新的具体内容包括金融制度创新、金融市场创新、金融组织创新、金融产品（工具）创新、金融科技（技术）创新等。

（2）金融科技（技术）创新是指由大数据、区块链、云计算、人工智能等新兴技术带动，对金融市场及金融服务业务供给产生重大影响的新兴业务模式、新技术应用、新产品服务等。

(3) 金融科技（技术）创新的形态。

①金融机构自身运用信息科技开展创新、实施数字化转型步伐明显加快，在支付结算、信贷融资、财富管理、基础设施等领域应用不断拓展，为扩大金融服务覆盖面，填补服务空白、提升金融服务效率、降低融资门槛、提高风险防控水平作出了一定贡献。

②信息技术创新取得新进步，为科技在金融业的实践探索创造了更加有利的发展环境。

(4) 金融科技（技术）创新存在的问题。

①金融数字化快速发展过程中也伴随着网络安全、市场垄断、数据权属不清、消费者权益保护等方面的新问题，还有一些“伪创新”甚至违法违规行为，影响市场公平和金融稳定。

②科技驱动的金融创新在一定程度上是向未知领域探索的活动，面临不确定性因素，风险与变数如影随形，一旦忽视很可能酿成大错。

③过去几年互联网金融风险的教训深刻表明，一味神化信息技术非但不能促使金融服务创新发展，反而会使金融市场鱼龙混杂、金融产品良莠不齐，给金融稳定带来巨大挑战。

(5) 我们的解决方案。加快金融科技的进步，并有效对市场予以管理，在此过程中，设置创新应用“刚性门槛”，强调监管审慎性。在审慎监管的前提下，增强金融资源在不同科创企业之间、科技资源在不同金融机构之间的普惠性，提高科创企业融资效率，加速现代金融与科技创新融合发展。

二、论述题

(一)

2016 年 3 月，中国人民银行等联合发布《关于金融助推脱贫攻坚的实施意见》，提出以下措施。

(1) 精准满足脱贫攻坚多元化融资要求。

要积极满足独具特色的农业基地、当代农业示范区、农业产业园区的金融要求，大力建设金融产品以及完善金融服务体制建设，有效促进产业链、供应链金融的稳定发展，稳妥推动试点区域农村产权融资工作。

(2) 将新兴金融业态和精准扶贫相融合，多途径提供金融服务。

在积极规避风险的前提条件下，倡导贫困区域金融机构建设创新模式型互联网平台，开展网银、网络保险、网络基金售卖以及网络消费金融等职能；提倡互联网企业合法建设网络支付平台；创新促进民间融资，引入创业投资基金、私募股权投资基金等，促使社会资本对精准扶贫的支持。

(二)

第一，运用现代金融科技等手段，加大金融科技等产品服务创新。

(1) 银行业金融机构要加强对互联网、大数据、云计算等信息技术的运用，改造信贷流程和信用评价模型，降低运营管理成本，提高贷款发放效率和服务便利度。

(2) 支持开发性、政策性银行以转贷形式向银行业金融机构批发资金，建立单独的批发资金账户，实行台账管理，确保资金专门用于支持小微企业。

第二，推进小微企业应收账款融资专项行动。

(1) 引导供应链核心企业、商业银行与应收账款融资服务平台进行系统对接，推动政府采购人及时在政府采购网依法公开政府采购合同等信息，帮助小微供应商开展融资。

（2）鼓励银行业金融机构等资金提供方完善应收账款融资产品制度，优化业务流程，帮助更多小微企业获得应收账款融资。

第三，按照法治化、市场化原则，中国人民银行引导设立民营企业债券融资支持工具。

第四，采取多项措施促进民营企业融资。

（1）完善民营企业直接融资支持制度。

①完善股票发行和再融资制度，提高民营企业首发上市和再融资审核效率。

②积极鼓励符合条件的民营企业在科创板上市。

③深化创业板、新三板改革，服务民营企业持续发展。

④支持服务民营企业的区域性股权市场建设。

⑤支持民营企业发行债券，降低可转债发行门槛。

⑥在依法合规的前提下，支持资产管理产品和保险资金通过投资私募股权基金等方式积极参与民营企业解忧纾困。

⑦鼓励通过债务重组等方式合力化解股票质押风险。

⑧积极吸引社会力量参与民营企业债转股。

（2）健全民营企业融资增信支持体系。

①推进依托供应链的票据、订单等动产质押融资，鼓励第三方建立供应链综合服务平台。

②民营企业、中小企业以应收账款申请担保融资的，国家机关、事业单位和大型企业等应付款方应当及时确认债权债务关系。

③推动抵质押登记流程简便化、标准化、规范化，建立统一的动产和权利担保登记公示系统。

④积极探索建立为优质民营企业增信的新机制。

⑤发展民营企业债券融资支持工具，以市场化方式增信支持民营企业融资。

（三）

（1）金融创新突破资源配置的时空限制，重新组合金融领域的各种生产要素，创造性地变革和产生新事物。

（2）金融发展在金融总量（金融工具、金融机构的种类和数量）增长的基础上，金融体系的效率得到提高，能够促进经济增长和经济结构优化。

（3）辩证关系的体现。

①金融创新能够提升金融机构的运行效率，促进金融市场发展，推动金融制度完善。

②金融创新增加了金融机构、金融市场的脆弱性，增加金融监管难度，积聚金融风险。

（4）从积极影响来看，金融创新促进金融发展。

①金融创新促进金融机构提升运行效率，促进金融发展。

a. 金融产品和业务创新，促进金融发展。

金融产品和业务创新使金融机构能够满足客户个性化的金融消费与投资需求，拓宽金融机构的服务范围，推动覆盖传统金融无法触及的金融服务需求，提升金融服务效率。如移动支付方式的创新提高了支付清算能力和速度，也推动了互联网金融等融资模式的创新。同时，多种风险转移性金融工具的开发及创新，也增强了金融机构的自我风险管理能力。

b. 金融组织丰富和创新，促进金融发展。

金融组织丰富和创新使金融机构体系不断丰富完善，增强了金融机构之间的竞争，推动细分领域业务的深入发展，转变金融机构的业务思维（即产品思维转向用户思维），提升自身服务质量，优化自身运作效率。如外资机构准入条件进一步放宽，智慧银行等新兴科技与传统金融业务的结合等。

c. 金融市场不断创新和完善，促进金融发展。

通过建立健全多层次资本市场体系，优化社会融资结构。如建立多层次股权市场，促进债券市场的健康发展等。

②金融创新能够促进金融市场的发展。

a. 提高了金融市场的运作效率。

b. 提高了市场价格对信息反应的灵敏度。

c. 增加了可供选择的金融商品种类。

d. 增强了剔除个别风险的能力。

e. 降低了交易成本与平均成本，使投资收益相对上升。

f. 吸引了更多投资者和筹资者进入市场，提高了交易的活跃程度。

③金融创新能够推动金融制度的完善。

a. 金融创新推动金融组织管理制度的发展。

b. 金融创新推动金融监管制度的发展。

金融监管制度发展的目标：既推动真正的金融创新，又有效防范化解金融创新带来的金融风险。

c. 针对金融创新中金融与科技的深入渗透问题，在宏观审慎的前提下谈创新，给金融监管提供了新思路，监管科技的兴起和应用提升了监管机构的监管能力与效率。

【名师点拨】

2021 年数字人民币在上海、海南、长沙、青岛、大连、西安等城市试点，数字人民币试点地区不断扩大，支付场景不断升级更新。大家开始对数字人民币进行讨论，并发表了各自的观点：

观点一认为：按照目前我国移动支付的发展速度，数字人民币将很快全面取代现金。

观点二认为：各个城市试点的数字人民币是由各地方政府发行的数字人民币，只能用于商场消费。

观点三认为：数字人民币相当于官方第三方支付，发行数字人民币是为了替代现有第三方支付。

【内容点拨】

（1）分析三种观点是否准确并说明原因。

①观点一的说法错误。原因：现金和非现金支付方式并存可以使社会总交易费用更低，两者本质上是互补关系，而非替代关系。现金作为应对自然灾害等重大突发事件的备用支付工具更是不可或缺的。在我国，老年人、农民、低收入人群以及境外游客、未成年人、视障人士等群体较为依赖现金，消费者在一些场合使用现金有助于保护个人信息和财产安全，保留现金使用符合人民群众的切身利益。虽然数字人民币目前处于试点阶段并在未来会广泛应用，但是短

时间内取代现金的可能性几乎为零。

②观点二的说法错误。原因：数字人民币属于法定货币，由央行发行，法定货币的其他形态（如现金，包括纸币和硬币）是基于政府信用背书的货币形态，可以发挥货币的职能，可以流通；地方政府发放的只能在当地商场使用的消费券。

③观点三的说法错误。原因：数字人民币是法定货币，第三方支付是支付方式，且在第三方支付方式下运行的载体仍然是有支付功能的法定货币，数字货币并不是取代第三方支付。另外，即使没有网络，数字人民币也能实现双离线转账、移动端转账，如同现金交易一样自然。而第三方支付是通过银行划转款项的第三方支付机构，人民币并没有储存在手机中，也不能离线支付。

（2）移动支付等技术快速发展，从应用、政策法规、普惠金融、消费者权益保护等角度阐述保留现金的必要性。

①从应用角度讲：在我国，老年人、农民、低收入人群以及境外游客、未成年人、视障人士等群体较为依赖现金，消费者在一些场合使用现金有助于保护个人信息和财产安全，保留现金使用符合人民群众的切身利益保护。就目前的使用人群来看，保留现金是非常必要的。

②从政策法规角度讲：货币的本质属性是充当商品交换的媒介。现金是现代信用货币的代表，在国家信用的支撑下，由国家法律规定强制流通，独立发挥货币职能，具有法偿性。世界各国普遍通过不同形式的立法来维护本国货币的地位。

③从普惠金融角度讲：保留现金符合普惠金融的初衷。发展普惠金融的初衷是让社会各个群体都能平等享受基础金融服务。数字技术提升了金融服务的覆盖面，但也带来了“数字鸿沟”。其中，老年人、农民、低收入人群等特殊群体有的缺乏数字通信设备与网络接入，有的缺乏数字金融知识与技能，老年人可能因指纹退化或记不住密码而对现金的依赖度较高，过度“去现金化”会引发新的金融排斥，偏离普惠金融的初衷。此外，中小商户也是普惠金融服务的重点对象，现金可以与非现金支付形成必要的市场竞争，使中小商户在接受支付结算服务时有议价空间和最后退路，避免支付服务提供商随意提高佣金或延长资金到账周期。

④从消费者权益保护角度讲：现金可以保障消费者的自主选择权、公平交易权、信息安全权和财产安全权等基本权利。关于拒收现金的问题，实质上是利用技术手段强制设置交易门槛和障碍，侵害了消费者自主选择支付方式的权利。

第七章　金融监管体制改革与现代金融监管框架构建

本章导学

内容概述：本章讲述构建现代金融监管框架，加强现代金融监管体制改革。危机过后，加强国际金融监管体制改革成为各国关注的重点。了解金融监管制度改革，一定要结合我国实际。近几年我国在推进现代金融监管框架改革的过程中积极探索，取得了一定的成效。

考情分析：统考元年，本章分别在客观题和主观题中考查了“双峰监管”“国务院金融委”“金融监管框架”等内容。

学习要求：本章内容贯穿于现代金融体系发展的每一个阶段，属于高级金融备考的重要章节，建议考生予以重视。要求考生掌握我国推进金融监管框架改革的主要举措与成效，金融监管的概念、内涵与主要内容；熟悉金融监管框架、监管目标和原则；了解金融监管的发展演变，培养对我国加强金融监管、保障金融安全进行全面分析的能力。

考纲再现

包括金融监管体制的内涵与主要内容，危机后国际金融监管体制的重大变革，中国金融监管体制改革的主要历程；现代金融监管框架的内涵与构成要素，我国推进金融监管框架改革的主要举措与成效等。

考点1 主题时代背景

近年，我国金融业与实体经济之间出现失衡，部分资金脱实向虚，使金融领域失调的风险加剧，各种类型的金融风险时有发生，这些风险虽然与“经济下行”和“结构性调整”等周期性因素的影响有关，但根源上仍与我国金融监管体制自身存在的缺陷不可分割。

金融风险频发已危及国家经济金融的安全，而国家经济金融的安全是国家安全的重要组成，防止系统性金融风险的发生就成为了金融工作的永恒主题。

一国金融体系的健康发展需要有与之匹配的金融监管。为保证国家金融安全进一步落实第五次全国金融工作会议精神，就要加强金融监管协调，填补监管空白，补齐监管短板，明确监管责任，稳步推进金融体制改革，构建风险全覆盖的现代金融监管体制。

考点2 金融市场失灵

一、市场失灵概述

（一）市场失灵的定义

金融市场自发调节失利，市场机制不能充分发挥作用导致资源配置缺乏效率或配置失当，即为市场失灵。站在公共利益的角度来看，私人部门缺少相应的信息、动作和能力去监控企业和银行机构，因此迫切需要一个强有力的政府机构对金融市场进行监管。

（二）市场失灵的现象

不能够维持其资产价格发现的条件以及资产交易的稳定有序。

【示例】有财务风险的企业或信用等级低的贷款人申请贷款，金融机构可能面临逆选择风险，进而导致信贷风险，即便市场上的信贷风险特别小，金融机构仍可能决定不发放任何贷款。

（三）市场失灵的原因

市场失灵的原因见表 7-1。

表 7-1　市场失灵的原因

<table>
<tr><th>原因</th><th colspan="2">定义</th><th>举例</th></tr>
<tr><td>信息不对称</td><td colspan="2">即部分内幕信息交易者所进行的交易欺诈，损害了正当的市场交易，使市场配置资源的功能失灵</td><td>向金融机构提供资金的储户们不太清楚金融机构的经营是否稳健，因此，一旦对金融机构的经营状况发生怀疑，容易引发恐慌及“羊群效应”</td></tr>
<tr><td rowspan="2">外部性</td><td rowspan="2">是指某一主体的行为对其他的主体产生了一定的影响，但是却不承担应该承担的责任或者享受应得的权益</td><td>外部经济：个人（企业）的经济活动对其他人（企业）带来好处，却未因此得到收益</td><td>企业对员工进行培训，员工的工作能力和专业度提升，但是这些员工也有可能跳槽去别的公司，该企业不能从其他的企业索回培训费或补偿</td></tr>
<tr><td>外部不经济：个人（企业）的经济活动对其他人（企业）造成影响，却未因此付出代价</td><td>钢铁厂排放的烟雾及含硫气体损害当地人的财产和健康，但受害者并不能得到补偿</td></tr>
<tr><td>垄断</td><td colspan="2">绝对控制某种资源的供给</td><td>生产者在一定程度上控制价格和产量，削弱市场机制的作用</td></tr>
<tr><td>公共物品</td><td colspan="2">满足社会公共需要的物品</td><td>—</td></tr>
</table>

（四）金融市场失灵的预防措施

防止金融市场失灵，需要政府加强对金融市场的监管与交易制度的制定，确保市场竞争的充分性、信息披露的对称性与充分性。

二、亟待解决的金融风险问题和亟待治理的金融乱象

（1）我国普遍存在着不合理的金融资产结构、业务结构、产品结构、人员结构、资源结构和市场结构等问题，调整结构是金融行业供给侧改革的重中之重。

（2）P2P 网络借贷的发展呈现出“快、偏、乱”的现象。

一是规模增长势头过快；二是业务创新偏离轨道；三是风险事件时有发生，网贷行业中问题机构不断累积，风险事件时有发生。

当借贷大量违约、经营难以为继时，部分机构出现“卷款”“跑路”等情况；部分机构销

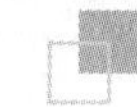

售不同形式的投资产品，规避相关金融产品的认购门槛及投资者适当性要求，在逃避监管的同时，加剧风险传播；部分机构甚至通过假标的、资金池和宣传高收益等手段，进行自融、庞氏骗局，碰触非法集资底线。

（3）形成短时间内的监管空白。

①某些金融机构以业务创新为名，乱做表外业务、同业业务，或绕过监管进行资金空转、以钱炒钱，如银行委外和通道投向非标等资产。

a. 银行委外。

银行委外是指银行将自营或者表内、表外的理财资金委托给非银行机构管理，而非直接将资金投向债券或者信贷，流入实体经济。

b. 通道投向非标等资产。

通道投向非标等资产是指银行通过信托计划、资管计划等方式投向非标、股权、房地产等受限的领域，实现规避监管限定投资范围、降低风险资本计提、绕过存货比等监管指标等效果。

这些问题造成的后果：多机构层层嵌套，增加空转成本，并由实体主体买单，导致实体经济的融资成本大幅度提高。

②某些资管产品借通道多层嵌套，拉长资金链条，实现监管套利，转化为传统银行信贷的“影子”。

③某些网络借贷平台打着 P2P 旗号行非法集资甚至诈骗之实，现金贷、校园贷等借助网络平台壮大规模，也曾一度成为消费金融领域的“风险高发区”。

④某些金融产品结构日益复杂且交易频率高，随着金融混业经营活动不断增加，跨机构、跨行业、跨市场已成为常见形态，金融科技的突飞猛进更放大了这一特征。

（4）有效监管、协调的制度亟待完善。

如何建立为各类金融机构松绑并更好的服务实体经济制度？如何建立鼓励各类资本为产业转型升级和双创提供切实的支持制度？如何建立推动我国资本市场的转型升级和创新发展的新制度？

面对以上新问题，监管框架能不能及时跟上，协调机制能不能有效运转，都显得尤为重要，这些关系到我国金融行业风险化解与防范能否成功，转型升级、结构调整和创新发展能否顺利进行。

【考点回顾】市场失灵的原因有哪些？

考点3 金融监管体制与金融监管

一、金融监管体制概述

金融监管体制本身是一种受各国自身发展历史和国情影响的监管制度安排，涉及监管的范围、监管的法律法规体系、监管主体的确立及监管手段等内容。

（1）金融监管体制是金融监管的职责划分及权力分配的方式与组织制度。

（2）确立监管体制模式，既要提高监管的效率，避免过分的职责交叉和相互掣肘，又要注意权力的相互制约，避免权力过度集中。

（3）金融监管体制分为双线多头监管体制、一线多头监管体制和单一监管体制。

二、金融监管概述

（1）金融监督：监管当局对相关金融机构采取的经常性、全方面的检查与督促，从而促成金融机构依法稳健地发展与经营。

（2）金融管理：监管当局按照相关法律要求对金融机构及其经营活动实施的领导、组织、控制和协调。

（3）金融监管的内涵。

①狭义：中央银行及其他金融监管当局根据国家法律授权，对整个金融业以及金融机构及其在金融市场上全部的业务活动实施的监督与管理。

②广义：金融监管还包括金融机构内部的控制和稽核、社会中介组织的监管、同业自律性组织的监管等。

金融监管的本质是一种政府行为。金融监管的主体是中央银行或其他金融监管当局，监管的对象是国家或地区的金融体系，带着特定的金融监管目的和要求，使金融监管构成了一国经济监督的重要组成部分。

三、金融监管的职能

（1）建立有效监管制度，维护信用活动（如传统银行信用）的顺利进行。

①积极方面：汇聚闲散资金，积少成多投入社会化大生产；促进社会资源的合理配置，推动国民经济发展。

②消极方面：如果信用盲目扩张，会使社会生产出现脱实向虚的局面；刺激国民经济个别部门过度发展，造成经济总体结构失衡等。

通过有效的金融监管，保障信用活动良性运转，有效发挥银行信用的积极影响，预防且抑制其消极影响。

（2）保障货币制度与经济秩序稳定。

金融业以货币信用为主的经营活动容易产生大范围的社会影响。通过有效的金融监管，预防并积极控制因信用风险发生导致的全社会资金供求无法有效连接，尽可能避免整个社会的信用链条遭到破坏，从而维护社会经济秩序。

（3）通过有效的监管当局推动，协助中央银行贯彻执行货币政策。

①中央银行除了依靠货币政策手段（存款准备金制度、再贴现和公开市场业务）外，需要相关监管机构辅以其他措施来强化我国货币政策的落实。

②基于金融监管的职能，明确我国金融监管的目标：维护金融机构稳健运行，保护消费者利益；保证我国货币政策的贯彻和进一步落实。

③不同国家的监管目标：

a. 美国：维护公众对银行系统的信心，建立有效、竞争的银行服务系统，保护消费者。

b. 加拿大：规范货币与信用，促进经济与金融发展。

c. 德国：保证银行资产安全和银行业务正常运营。

d. 法国：确保银行体系正常运行。

④研究制定货币政策的重要前提：及时、真实、全面、准确的信息和数据。

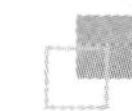

（4）防止金融风险的传播。

金融风险的传染性及金融体系内部的关联性均非常强，所以为防止金融风险的传播，建立完善的金融监管制度势在必行。

四、金融监管的分类

（一）按照金融监管的手段分类

（1）现场检查：监管人员直接深入到金融企业（被监管对象内部）进行制度、业务检查和风险判断分析，通过核实和查清非现场监管中发现的问题和疑点，达到全面深入了解和判断金融企业经营情况和风险情况的一种实地检查方式。

通过现场检查可以直观了解到金融机构的各项运作指标，如资本充足情况、信贷质量、盈利状况、清偿能力等，从而判断金融机构的运营状态。

（2）非现场检查：金融监管机构全面、持续地收集、监测和分析被监管对象提交的各种报告和报表，从而判断金融机构特定期间内的经营状况。

缺陷：被监管对象提供的信息不充分，或有意将不利信息隐瞒，会影响非现场检查的真实性和效率。

（3）委托稽核：金融监管当局委托其下级机构或其他社会稽核机构对被监管对象进行专项检查，并将结果向金融监管当局汇报。履行社会稽核职能的专业机构主要包括会计师事务所、律师事务所等。选择信用良好的稽核机构是委托稽核方式有效实施的前提。

（二）按照金融监管的流程分类

（1）市场准入监管：是金融监管的重要环节，通过对金融机构进入市场的可行性和必要性进行管理，从而对进入金融市场的产品、服务和金融机构进行把关。

（2）市场运作监管：监管当局对成立后的金融机构日常的市场经营运作进行的监管。监管的具体内容因金融机构的业务经营特点而有所不同。

银行类金融机构的监管内容一般有资本充足率监管、资产流动性监管、贷款风险控制、外汇风险管理、准备金管理、存款保险管理、业务经营范围监管等。银行类金融机构的监管内容见表7-2。

表7-2　银行类金融机构的监管内容

项目	定义
资本充足率监管	①金融机构持续稳健经营的基本条件：充分合理的资本金 ②资本金的用途：金融机构在突发意外损失时，用于弥补流动性不足，保护广大投资者利益。因此巴塞尔协议强调对商业银行的资本充足率、核心资本充足率的指标要求
资产流动性监管	通过管理流动性，确保金融机构在正常条件下的清偿能力
贷款风险控制	严格限制大额贷款，同时对行业或部门集中贷款加以控制，从而分散风险
外汇风险管理	①目的：使国际收支与汇率符合本国经济发展需要 ②主要包括贸易项目管理、非贸易项目管理、资本项目管理、黄金管理、汇率管理等
准备金管理	央行通过适时适度调整准备金率，可以有效防止商业银行资产过度扩张，同时也提升了金融机构的清偿能力

续表

项目	定义
存款保险管理	存款保险制度规定经办存款的相关机构根据不同的存款额和期限，按相应比率向存款保险机构缴纳保险费，当投保的存款机构无法支付储户存款时，此保险机构在一定限度内代为向储户支付，用以保护存款人的利益
业务经营范围监管	目的是分散金融机构的日常经营风险，对其经营业务范围进行严格规范。业务专一化有效的避免了混业经营的不利影响

【点拨】

a. 投保机构：存款类金融机构。

目前参加存款保险的机构包括商业银行（含外商独资银行和中外合资银行）、农村合作银行、村镇银行、农村信用合作社等，外国银行在中国的不具有法人资格的分支机构以及中资银行海外分支机构的存款原则上不纳入存款保险。

b. 投保依据：吸收的存款额，按规定费率向存款保险机构投保。

c. 偿付限额：最高偿付限额为人民币 50 万元。本息和≤50 万元的，全额赔付；本息和>50 万元的部分，以投保机构清算财产清偿。

（3）市场退出监管：监管机构对经营管理存在严重问题的金融机构及其业务活动采取救助性或惩罚性强制措施。

金融机构退出市场，表明该金融机构不再继续经营金融业务，应依法处理其债权债务、剩余财产，并最终取消其法人资格。金融机构退出市场的方式及定义见表 7-3。

表 7-3 金融机构退出市场的方式及定义

方式	定义
主动退出	金融机构自主提出解散，是由于公司分立、合并或按公司章程规定的具体事由需要解散而退出市场
被动退出	金融机构由于法定理由被迫退出市场，例如，某公司因严重违规或经营不善造成资不抵债，监管部门依照相关法律关闭该公司，取消该公司经营金融业务的资格
【提示】我国金融机构市场退出方式主要包括接管、解散、撤销和破产四种	

第七章

五、各国金融监管的发展概况

（一）我国的监管发展历程

我国是最早出现货币的国家之一，随着货币的发展，于 2 000 多年前就已形成了完整的金融活动管控制度，可以说我国在金融监管方面是世界领先的。

随着改革开放，我国的金融监管体制也在不断探索完善。

1984 年，中国人民银行开始专门行使中央银行职能，包括对所有金融活动进行监管。随后，证监会、保监会和银监会相继成立，形成了证券、保险和银行的分业经营和分业监管格局。

2017 年，国务院金融稳定发展委员会成立，次年组建银保监会，监管的权威性和协调性更趋完善。

2018 年 3 月，第十三届人大会议批准将银监会和保监会的职责整合，组建中国银行保险

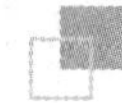

监督管理委员会（简称中国银保监会或银保监会），并作为国务院的直属事业单位直接管控。

银监会和保监会独立监管各自领域时，发生过很多令消费者不满并投诉的事件，主要原因是银行和保险属于金融业，业务难免会有交叉的地方，但是银监会和保监会只负责自己的管辖范围，对于一些趁机作乱的不法分子来说，有了很大的作案空间。后来，国家做出了调整，将银监会和保监会合并，成立了银保监会。银保监会在 2018 年 4 月 8 日上午正式挂牌成立，银监会和保监会退出历史舞台。

（二）各国的监管方式

欧洲资本主义兴起之后，伴随着各类金融业务的快速发展、金融产品的不断创新，各种金融风险和危机不断显现。

1720 年，英国颁布《泡沫法》，标志着国家开始对现代金融活动实施监管。

1933 年，美国通过《格拉斯—斯蒂格尔法案》，确立商业银行与投资银行分业经营格局。

20 世纪 80 年代以来，欧美国家逐渐兴起混业经营趋势。

2008 年全球金融危机爆发后，国际上对金融监管有效性进行了反思，修订或发布一系列监管标准和规则。

（三）中外金融监管发展历程中应吸取的经验教训

（1）货币经济需要与实体经济步调一致。

商品经济由两部分构成：一是产业代表的实体经济；二是金融代表的货币经济。实体经济是一国经济发展的根基，金融回归本源应为实体经济提供服务。金融是货币交易买卖，这个性质决定了金融可能脱实向虚。因此，金融监管必须把防止脱实向虚作为主要目标之一。次贷危机前，欧美影子银行 5 年增长 1 倍以上，大比例资金未流入实体经济。我国交叉金融业务也一度十分复杂，经过 3 年多的集中整治，总体风险开始收敛。

（2）所有的商业活动都需要有稳定的现金流。

投入本金、追求利益，这是一种理性的商业逻辑。疫情期间，一些企业现金流不足导致资金链断裂，难以继续生存，我们需要为他们开通融资的通道，提供新鲜血液支持；同样，金融业务如果没有一定资本金的投入和循环，迟早会陷入困境。

巴塞尔协议的核心就是对银行信贷确定基本的资本金约束，才有了资本充足率指标的考核，同时要求其杠杆率必须处于安全范围。

（3）注意风险、收益和流动性的逻辑关系。

资本在不同的增值方式中会伴随不同程度的风险。如国债平均收益被视作“无风险收益”；股票与债券相比，风险增加，投资者期望获得的风险补偿提高，因此对股票的收益期望超过对债券的收益期望。

每多一分预期收益，就多一分潜在风险。金融监管要严防承诺低风险、高流动性、高收益的现象发生。

（4）构建完善的征信体系。

金融的核心职能是信用中介，诚实守信是一切经济关系的基础。

（5）把握好金融改革及创新的边界。

我国互联网金融发展初期，一些网贷平台打着“创新”的旗号违规经营，形成了巨大的金融风险和社会风险。2021年年初，为规范金融市场秩序，所有P2P业务被关停。

（6）坚决抑制房地产泡沫。

每个国家的房地产市场与金融市场的关联性都非常高。比如，过往世界上130多次金融危机中，有100多次与房地产有关。2008年次贷危机前，美国房地产抵押贷款超过当年GDP的32%。而在我国，房地产行业与银行之间的关联也非常紧密。目前，我国房地产相关贷款占银行贷款的39%，还有大量债券、股本、信托等资金进入房地产行业。

（7）公司治理进一步规范。

激励短期化导致股东、高管甚至一部分员工都愿意过度冒险，这对于机构而言是非常不利的。我国部分中小金融机构中也产生了大股东操纵和内部人员控制的现象，必须全面深化改革，健全内部约束机制。

【考点回顾】我国金融监管的职能有哪些？

考点4 国际金融监管体制在危机后的重大变革

2008年的金融危机为全球经济带来了巨大的冲击，这一次金融危机过后，各国监管部门开始总结本次危机爆发的原因。于是，国际金融监管有了新的发展方向——各国金融监管体制改革重点为建设重视宏观审慎管理制度框架，将事前、事中监管和救助机制有效结合，统筹兼顾宏观审慎管理和微观审慎监管，进而构建全方位的金融安全网。

各国对金融业监管从传统的多头监管转向双峰监管甚至是一元综合监管发展，并加强中央银行监管职责。所采用的监管体制包括以下几类。

一、双线多头监管体制

双线多头（也称双元多头）金融监管体制，即中央和地方对银行都有监管权，同时每一级又有若干机构共同行使监管职能。

【示例】联邦制国家因地方权力较大往往采用这种模式，美国联邦和各州都有权对银行发照注册并进行监管，从而形成分业双元多头的银行管理体制。

二、一线多头监管体制

一线多头监管体制是指一国只在中央政府一级设有多个监管机构负责对某一类金融机构实行系统监管的一种模式。虽然对金融机构的监管是多头的，但只是中央政府一条线，地方政府一般不再设置监管机构。

三、单一监管体制

单一监管体制是指由中央银行或专门机构独立行使金融监管的职能。

【示例】在我国，不同的债券品种由不同监管部门核准或注册，并在不同的债券市场发行和流通，形成了“两个市场、多头监管”的局面。“两个市场”指的是银行间债券市场和交易所债券市场。中央银行负责监管银行间债券市场，包括中央银行票据、金融债、非金融企业债务融资工具等；证监会负责监管交易所债券市场，包括公司债、可转债等；财政部负责监管国债、地方债等；发改委负责监管企业债等。此外，银保监会还负责监管银行和保险机构发行的金融债等。

四、规则监管

规则监管中的“规则”二字指针对特定监管事项作出的相关监管规范，对具体的责任、权利和义务作出了规定，有很强的针对性与约束性，但缺乏适应性与灵活性。

规则监管的缺陷：监管机构的监管总是落后于市场环境的变化，由于金融监管缺少必要的灵活性而赶不上金融创新的步伐，二者差距过大时极易引发新的危机。

五、原则监管

（1）原则监管中的“原则”二字指相对稳定的原理与基本行为准则，预先未确定具体的事实状态，对具体的权利、责任和义务也不作规定，而是通过“适当”“合理”“公平”等定性的标准约束金融机构行为。

（2）原则监管模式的特征。

①原则监管有利于调动监管对象对内开展自律性监管的积极性。

②原则监管有很强的灵活性与适应性，是面对日渐复杂的金融业务以及金融体系更有力的监管方式。

③有利于提高监管对象的创新能力。

④有助于更加合理分配监管资源。

六、“双峰”监管

（1）目的：确保系统稳定（指审慎监管）和保障消费者权益（指行为监管）。

（2）审慎监管：维护金融体系的稳定与金融机构的稳健经营，防止发生系统性风险。

审慎监管亦称“金融风险监管”“金融风险监督”，是对金融机构防范和控制风险的能力和状况的监督和管理。

金融业各种风险相对集中，个别金融机构的问题易波及整个金融体系，引发社会性的金融危机。金融机构的经营活动必须采取极为审慎的态度，国家对金融业也采用更为严格、审慎的监管，特别体现在对金融机构“经营管理的审慎性”所实行的严格监管上。

（3）行为监管：对金融机构的机会主义行为进行纠正，避免发生欺诈与不公正交易，维护金融参与者利益。

监管部门通过制定公平的市场规则，对金融机构的经营活动及交易行为实施监督管理，包括禁止误导销售及欺诈行为、充分披露信息、保护个人金融信息、实现合同及交易公平、打击操纵市场及内幕交易、规范债务催收等。

考点5　我国推进金融监管框架改革的主要举措与成效

一、我国构建现代金融监管框架的背景

2015 年 10 月，习近平总书记在党的十八届五中全会上发表了深刻讲话，提出“要坚持市场化改革方向，加快建立符合现代金融特点、统筹协调监管、有力有效的现代金融监管框架，坚守住不发生系统性风险的底线”。

“十三五”规划纲要指出：“加强金融宏观审慎管理制度建设，加强统筹协调，改革并完善适应现代金融市场发展的金融监管框架，健全符合我国国情和国际标准的监管规则，实现金融风险监管全覆盖。”由此，我国开始了现代金融监管框架的建设工作。

二、现代金融监管框架的任务和原则

（一）第五次全国金融工作会议的召开

（1）时间：2017年7月。

（2）会议主题：金融工作的重心和金融工作的原则。

（3）会议主要内容：习近平总书记强调“必须加强党对金融工作的领导，坚持稳中求进工作总基调，遵循金融发展规律，紧紧围绕服务实体经济、防控金融风险、深化金融改革三项任务，创新和完善金融调控，健全现代金融企业制度，改善金融市场体系促进建设现代金融监管框架”，做好金融工作要把握好“回归本源、优化结构、强化监管提高防范化解金融风险的能力、市场导向”四项重要原则。同时，会议指出“设立国务院金融稳定发展委员会，深化中国人民银行宏观审慎管理与系统性风险防范，落实金融监管部门监管职责，并强化监管问责。”

（二）建设现代金融监管框架的任务

（1）科学规避，早发现、早警惕、早辨别、早解决，强调防控规避核心区域风险，高度优化金融安全边界和风险紧急处理体系，健全金融机构法人监管体系。

（2）优化宏观审慎管理体制发展，丰富管理能力，强调注重行为管理。

（3）要持续治理严重扰乱金融市场秩序的行为，强调金融市场交易行为的规范化，优化金融全面经营与市场相融合，丰富网络金融监督管理体系，改善金融体系规避风险的功能。

（4）要建立健全社会信用体系，优化和我国国情相适应的金融法治机制。

（5）要丰富金融管理调节机制，解决监管问题。

（6）在维护金融监管尤其是中央权力的基础下，地方政府需要按照中央统一战略，优化该地区风险归属责任。

（7）金融管理组织要尽力培养工作人员兢兢业业、乐于监管、优于监管、严格问责的监管精神，创建不及时发现就是失职、没有及时处理已发现的风险就是渎职的严格监管环境。

（8）完善风险监测预估及初期调整体系，丰富金融基础设施的整合管理以及改善其相互关系，促进金融业整体数据与监管信息的业内分享。

三、现代金融监管框架的建立

（1）国务院金融稳定发展委员会成立。

①时间：2017年7月。

②职责：a. 统筹金融改革发展和金融改革监管；b. 协调货币政策和金融监管等相关事项；c. 协调产业政策、金融政策和相关财政政策等；d. 增强央行宏观审慎管理与系统性风险防范地位和职责。

③强化属地风险处置责任：地方金融监督管理局相继在各地成立，承担地方金融监管的职责。

（2）《国务院机构改革方案》在总结“一行三会”监管框架的成就、经验和教训基础上，根据新时代中国经济高质量发展的要求，立足于解决我国经济社会主要矛盾的客观需要，建立了“一委一行两会”的现代金融监管框架。

①整合银监会与保监会职责，成立中国银行保险监督管理委员会，作为国务院直属事业

单位。

②将银监会与保监会拟订银行业、保险业重要法律法规草案与审慎监管基本制度的相关职责划入中国人民银行，中国证券监督管理委员会保持不变。

③新的金融监管框架成型——“一行两会”，解决传统“一行三会”存在的监管空白和沟通成本高的问题。监管空白与沟通成本高的定义见表7-4。

表7-4 监管空白与沟通成本高的定义

项目	定义
监管空白	我国分业监管体制与混业经营发展趋势无法适应，致使部分领域监管不到位，诱发监管套利。在分业监管的机制下，监管部门很难准确了解到资金的真实流向，增强了金融危机传染性，极易诱发系统性风险
沟通成本高	享有相同行政级别的“一行三会”相互间仅有建议权，无行政命令权，必然会导致监管过程中沟通不足、沟通效率低、监管信息分享机制不畅通等现象的发生

四、建立现代金融监管框架的重大文件

（一）《关于规范金融机构资产管理业务的指导意见》

（1）时间：2018年4月27日。

（2）发布主体：中国人民银行、中国银行保险监督管理委员会、国家外汇管理局、中国证券监督管理委员会。

（3）内容：明确统一了资产管理产品的监管规则，要求资产管理产品坚持公允价值计量的原则，鼓励采用市值计量。

（二）《关于进一步明确规范金融机构资产管理业务指导意见有关事项的通知》

（1）时间：2018年7月20日。

（2）发布主体：中国人民银行。

（3）内容：对银行的现金管理类产品的估值，许可“过渡期内，以严格监管为前提情况下，暂时参照货币市场基金‘摊余成本＋影子定价’方法估值”；第一次提出现金管理类产品的概念，要求严格监管，并允许这类产品在某些条件下使用摊余成本计量。

（三）《商业银行理财子公司净资本管理办法（试行）》

（1）时间：2019年11月29日。

（2）发布主体：中国银行保险监督管理委员会。

（3）内容：充分借鉴相同类别资产管理机构净资本监管要求，通过净资本的管理约束，指引理财子公司创建审慎经营理念，保持自身经营管理能力与业务发展相匹配，防止业务盲目扩张，保障投资者的合法权益，有利于同类资产管理机构平等竞争，防止发生监管套利。

（四）《保险资产管理产品管理暂行办法》

（1）时间：2020年3月18日。

（2）发布主体：中国银行保险监督管理委员会。

（3）目的：规范保险资产管理产品业务的发展，将保险资产管理产品监管标准统一，指引保险机构为实体经济提供更优质的服务，有效防止金融风险发生。

（五）《证券期货经营机构私募资产管理业务管理办法》和《证券期货经营机构私募资产管理计划运作管理规定》

（1）时间：2018 年 10 月 22 日。

（2）发布主体：中国证券监督管理委员会。

（3）内容：统一基金管理公司、证券公司、期货公司与其子公司等各类证券期货经营机构的私募资产管理业务监管的相关规则；着重于加强风险防控、防范利益输送、规制关联交易、压实经营机构的主体责任等方面，进一步完善制度体系。

（六）《“十三五”现代金融体系规划》

（1）时间：2018 年 5 月。

（2）发布主体：中国人民银行牵头，国家发展改革委、工业和信息化部、科技部、财政部、商务部、农业农村部、中国银行保险监督管理委员会与中国证券监督管理委员会等九个部门共同编制。

（3）建立现代金融监管体系的具体措施。

①全面体现国务院金融稳定发展委员会的作用。

设立国务院金融稳定发展委员会是强化金融宏观审慎监管，提高金融管理协调性、权威性、有效性，促使金融行业持续健康发展的重要安排，要全面体现其在金融管理中的调节控制作用。

②增强中国人民银行宏观审慎监管和系统性风险规避职能。

在国务院领导下，中国人民银行制定与实施货币政策、实行宏观审慎监管。主要内容有：带头设计宏观审慎管理结构，起草金融业重大法律法规草案，提出审慎管理基础制度，设立并完善金融消费者保障体系；牵头管理跨市场、跨行业、跨领域的金融风险鉴别、规避和处理，和有关部门一同设立合理的资产监管平台，以及公司信用类债券的基本规则；牵头管理核心金融基础设施保障体系并统筹实行管理，保护核心金融基础设施平稳运行发展；整合金融业基础数据；优化金融产业发展以及金融服务实体经济工作。

③加强审慎监管。

运用更多的市场化手段依法监督管理，从根本上改变用审批替代监督管理的举措，联系我国实际情况，确保落实金融稳定理事会以及巴塞尔协议Ⅲ管理准则，利用银行稳妥审慎实行全部损失吸收能力监管指标，建立以资本约束为主要内容的审慎管理机制；以维持金融体系平稳发展为主要内容，改善对金融机构、董事和高管人员以及金融业务活动的充分监管；优化金融机构准入管理，强化金融机构资本监管与偿债能力监管。

④加强功能监管。

将金融监管从以机构监管为核心转变为以机构监管和功能监管二者并重为核心。增强对金融体系资本的全面监督管理，优化公司治理体系，规定相关交易程序，严格制定市场公允定价和市场透明原则，控制集中风险。对不同种类的金融机构、线上金融平台等创造的效用相似的金融产品，提高发展水平，强化风险预测评估准确率，依照设定的规则及标准进行管理，根据“实质重于形式”原则，按照公开透明的市场准则和监督管理原则，及时预估监管策略的效益期并且及时进行调节，有效规避监管套利以及逃避管理行为。充分开展金融经营业务，将线上线下的不同新型金融业态加入监督管理体系，及时查处各种没有牌照、超出范围的非法金融

行为。

⑤发展穿透式监管新技术。

在各种不同的跨产业、跨领域的金融产品逐渐增加时，对金融产业资金流转效率的要求也逐渐增加。监管真空与监管套利在行业交叉领域不断滋生，全面发扬金融基础设施数据监控功效，利用当代信息技术，对复杂金融产品全方面、金融领域资金流转全进程执行穿透式监督管理，以全部资金流转和风险情况及其在各部门、各产品之间的分配规模为核心要点，重点优化全链条投资者合理性监督管理，完善全链条实际资本、杠杆率和风险计提等监督管理工具及其应用发展。

⑥加强金融法治体系建设，建立健全金融法律制度和规范。

提出并促进科学立法、民主立法、依法立法，进而优化改善人民银行法、商业银行法、证券法、保险法、信托法、公司法等基础法律。促进期货法、融资租赁法的制定，推动外汇管理条例、现金管理暂行条例、金融统计管理条例等金融法律规章的修改与制定。推动处置非法集资条例、非存款类放贷组织条例、非银行支付机构管理条例的出台。加速制定金融机构市场化退出、互联网金融等新型金融业态、普惠金融、国有金融资本监管等法律规则。强化地方金融监管法律机制，清晰划分法律依据和所授权利。

【点拨】2019年11月28日，国务院金融稳定发展委员会（以下简称金融委）召开第十次会议。金融委强化统筹协调，充分治理金融市场突出风险，维护金融领域发展稳定，促进市场秩序良好，预防处理特大金融风险攻坚战取得了阶段性成果。维护已有战略政策，调整强化思想路线和行为能力，平稳运行、加快增长和防范风险至关重要，极力提高逆周期调控水平，重点关注在改革建设中应对风险，多途径强化商业银行尤其是中小银行的资本总额，不断创新防控风险的有效制度，维护金融机制平稳运行，保持经济社会大局稳定。从根本上来说，服务实体经济与规避金融风险靠的是优化金融改革开放，利用改革提供的制度保护，给予基础动力支持。下一阶段主要强调问题导向，进而改善资本市场以及中小银行体制，促进私募基金行业稳定运行发展，优化奖励惩罚机制，通过释放活力、促进竞争、增强内生动力，提高金融机制的适应性、竞争力以及普惠性，促使金融产业和宏观经济平稳运行、循环发展。

（七）《关于推动银行业和保险业高质量发展的指导意见》

（1）时间：2019年12月30日。

（2）发布主体：中国银行保险监督管理委员会。

（3）内容：到2025年，有效处理重点领域的金融风险，有效改善银行保险管理机制以及管理功能的现代化改造。具体指出，积极平稳强化问题金融机构改革，合理规避影子银行风险；增加重点部门风险评估检测，积极整改违法违纪的金融活动；提高风险防控水平，监管有法有据；改善金融管理调节机制，突出监管核心，掌握分寸与节奏；增加同宏观审慎政策的协调合作，力求宏观审慎管理和微观审慎管理的有效配合；进一步提升中央和地方金融管理水平，形成核心管理体系。

【考点回顾】我国为推进金融监管框架改革，采取了哪些主要举措以及取得了哪些成效？

本章小结

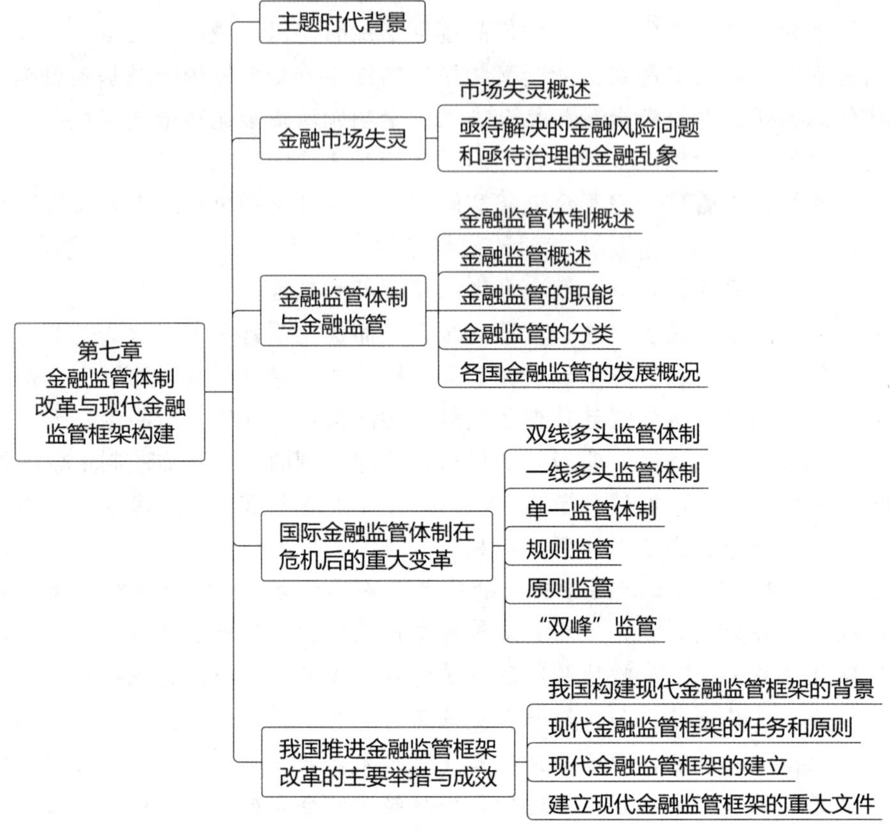

本章练习

一、简答题

1. 我国现代金融监管的框架要素都包括哪些？并加以说明。

2. 试简要说明现场检查的特点及其他金融监管常见的手段。

二、案例题

有媒体质疑中国股市波动大与银行证券保险监管机构之间的交叉影响有关。对于理想的金融监管体制，机构负责人回应说，金融监管体制包括货币金融宏观调控、宏观审慎管理和监管以及金融基础设施、金融稳定职能，这些职能之间的分工体制从全球来看不满意比较多，发现的问题缺陷比较多。

金融监管的研究基本有两个方向，一是过去金融市场出了哪些问题，哪些地方监管不足，哪些地方有漏洞，并提出如何提高效率、加强协调的改进方向；二是国际上有哪些经验可借鉴。国际金融危机后，大家都在探索如何搞好宏观管理、宏观审慎政策、金融监管、金融消费者保护、金融稳定、金融基础设施等，这些问题是值得研究的。

全球的央行比较强调价格稳定，即保持低通货膨胀，但有时价格虽然很稳定，经济会出现别的问题，如次贷危机等，这些也都是需要改进的重要方面。

问题：

1. 就“媒体质疑中国股市波动大与银行证券保险监管机构之间的交叉影响有关”，谈谈金融监管的职能有哪些？

2. 就“国际金融危机后，大家都在探索如何搞好宏观管理、宏观审慎政策、金融监管、金融消费者保护、金融稳定、金融基础设施等，谈谈金融监管的目标是什么？

三、论述题

1. 试论述金融监管的内容。

2. 金融危机后，国际金融监管体制有哪些重大变革？我国在金融监管体制改革方面做了哪些努力？

参考答案

一、简答题

1. 现代金融监管框架的构成要素：协调统一监管、加强宏观审慎管理、重视行为监管与功能监管、加强金融基础设施统筹监管等。

(1) 协调统一监管。

优点：使金融监管体系更顺畅、高效，保障中央制定的监管政策在地方能有效执行，避免出现监管真空，并保证执行力度的一致性。

(2) 加强宏观审慎管理。

①近年来金融监管改革的趋势：微观审慎监管→宏观审慎监管→宏观与微观审慎监管协调；②为了审慎管理的协调性，构建现代金融监管框架，有必要强化央行在宏观审慎管理方面的突出地位和作用。

(3) 重视行为监管与功能监管。

重视行为监管体现了“双峰”监管理念：①实施审慎监管来维护金融机构的稳健经营和金融体系的稳定，防范系统性风险；②实施行为监管来纠正金融机构的机会主义行为，防止欺诈和不公正交易，保护金融参与者利益。

(4) 加强金融基础设施的统筹监管。

①宏观审慎监管需要整合来自不同金融部门的微观数据，数据统一、信息共享是金融监管的基础；②加强金融基础设施的统筹监管，利于提升金融数据收集的质量与效率，为现代金融监管框架的建设提供有力支持。

2. 我国现代金融监管的常用手段有三种，分别是现场检查、非现场检查、委托稽核。

(1) 现场检查：监管人员直接深入到金融企业（被监管对象内部）进行制度、业务检查和风险判断分析，通过核实和查清非现场监管中发现的问题和疑点，达到全面深入了解和判断金融企业经营情况和风险情况的一种实地检查方式。

通过现场检查可以直观了解到金融机构的各项运作指标，如资本充足情况、信贷质量、盈利状况、清偿能力等，从而判断金融机构的运营状态。

(2) 非现场检查：金融监管机构全面、持续地收集、监测和分析被监管对象提交的各种报告和报表，从而判断金融机构特定期间内的经营状况。

缺陷：被监管对象提供的信息不充分，或有意将不利信息隐瞒，会影响非现场检查的真实性和效率。

(3) 委托稽核：金融监管当局委托其下级机构或其他社会稽核机构对被监管对象进行专项检查，并将结果向金融监管当局汇报。履行社会稽核职能的专业机构主要包括会计师事务所、律师事务所等。选择信用良好的稽核机构是委托稽核方式有效实施的前提。

二、案例题

1. 金融监管的职能包括维护信用活动的良性运转、维持货币制度和经济秩序的稳定、协助中央银行贯彻执行货币政策、防止金融风险的传播。

结合材料分析：

(1) 材料中提到股市波动大，与交叉监管有关。说明对金融监管的职能要求而言，要维持货币制度和经济秩序的稳定。金融业以货币信用为主的经营活动的失败，会波及极大的社会范围，不但会导致全社会资金供应者和资金运用者的失败，而且会破坏整个社会的信用链条，甚至会动摇货币制度，造成社会经济秩序的混乱。

(2) 金融监管的研究基本有两个方向，一是过去金融市场出了哪些问题，哪些地方监管不足，哪些地方有漏洞，也反映了金融监管中，防止金融风险的传播职能。

金融业务的长链条和金融体系的联动性使金融风险有极强的传染性，所以必须建立完善的金融监管制度，以防止金融风险的传播。

2. 金融监管的目标包括：

(1) 维护金融机构稳健运行，保护消费者利益。

材料中“搞好宏观管理、宏观审慎政策、金融监管”是为了维护金融机构稳健运行、降低风险、稳健运营。在金融混业经营的发展趋势下，金融交易规模急剧扩张，金融交易方式日趋复杂。维护金融机构稳健运行，确保金融体系安全，防止金融系统性危机或减少危机破坏力，是当今金融监管的重要目标。

(2) 保证货币政策的贯彻实施。

金融监管可以为中央银行货币政策的制定、执行等全过程提供信息数据和机制保障的支持。

三、论述题

1. 金融监管的概念有广义和狭义之分，广义和狭义最大的差别在于监管主体的多寡不同。

如果要划分金融监管的主要内容，可按金融监管的具体过程分为市场准入监管、市场运作监管、市场退出监管。

(1) 市场准入监管。

市场准入监管主要考虑金融机构进入市场的可行性和必要性。

(2) 市场运作监管。

市场运作监管是指金融监管当局在批准金融机构进入市场后，对其业务运营过程开展有效监管，监管的具体内容针对不同金融机构业务经营的特点而有所不同。

对银行类金融机构的监管内容一般包括资本充足率监管、资产流动性监管、业务经营范围监管、贷款风险控制、外汇风险管理、准备金管理和存款保险管理。

(3) 市场退出监管。

①主动退出是指金融机构因分立、合并或者出现公司章程规定的事由需要解散而退出市

场，其主要特点是自行要求解散。

②被动退出是指金融机构由于法定的理由被迫退出市场，例如，由法院宣布破产或因严重违规、资不抵债等而关闭，监管机构依法将该金融机构关闭，取消其经营金融业务的资格。

2.（1）更严格和更大范围的监管。

金融稳定监管委员会负责监测处理系统性金融风险，消费者金融保护局则对提供信用卡、房贷等金融产品及服务的金融机构实施监管，以保护广大消费者的利益。

（2）从规则监管到原则监管。

①规则监管："规则"是针对特定监管事项的监管规范，规定了具体的责任、权利和义务，具有很强的针对性和约束性，但缺乏适应性和灵活性。

规则监管的缺陷：市场环境的变化总是领先于监管机构的监管，金融监管因为缺乏必要的灵活性而落后于金融创新的步伐，二者差距过大时容易引发新的危机。

②原则监管：原则监管中的"原则"二字指相对稳定的原理与基本行为准则，预先未确定具体的事实状态，对具体的权利、责任和义务也不做规定，而是通过"适当""合理""公平"等定性的标准约束金融机构行为，具有较强的灵活性、概括性和普遍适用性。

（3）加强宏观审慎监管。

金融体系通常存在系统性金融风险，即便单个金融机构有效控制了自身的风险程度，但整体风险依旧可能超过安全范围。

（4）加强国际金融监管合作与协调：世界各国由分散监管向国际统一监管方向努力。

另外，我国在金融监管体制改革方面也做了很多努力：

①经历了束缚与控制、统一监管到分业监管、社会主义市场经济体制下的分业监管模式的确立，三个阶段。

②在第三个阶段里，证监会、银保监会、逐一确立市场监管的主体地位。2017年，国务院金融稳定发展委员会的正式成立，标志着监管框架调整的实际工作正式启动。

【名师点拨】解读五中全会精神，完善现代金融监管体系，正确认识现阶段金融形势。

一、正确认识现阶段金融形势

（1）"十四五"时期我国的金融安全形势仍然十分复杂。当今世界正处于百年未有之大变局，国内外经济金融运行环境正在发生深刻变化，金融监管面临新的严峻挑战。

我国经济正处于转向高质量发展的关键时期，面临人口未富先老、经济杠杆率过高、科技创新力不强、资源环境约束增大等重大挑战。

（2）现代科技带来金融业态的巨大改变。

①科技变革有利于发展普惠金融、提升服务效率。

②数字货币、网络安全、信息保护已成为金融监管的全新课题。

③我国移动支付、线上借贷和互联网保险等走在世界前列，意味着法律规范和风险监管没有成熟经验可借鉴。

（3）金融体系内部风险仍在持续累积，一些长期形成的隐患并未彻底消除。

疫情冲击下新老问题相互交织叠加。结构复杂的高风险影子银行容易死灰复燃。银行业不良资产反弹压力骤增。一些中小金融机构资本缺口加速暴露。企业、居民和地方政府债务水平进一步抬升。不法金融机构依然存在，非法金融活动屡禁不止。

(4) 金融相关制度存在较多短板，金融法治还很不健全。

社会信用体系不健全，失信惩戒不到位。信息披露机制有效性不够，信息披露不及时、不全面，市场透明度须进一步提高。

(5) 金融监管资源，无论是数量还是质量，都明显不足。金融监管的专业化、国际化水平有待提升。

①金融基础设施助力监管的有效性不足。

②监管科技水平不高，与金融科技高速发展的趋势相比，监管工具和手段难以满足实际需要。高素质监管人才较为缺乏，资金和技术等资源保障亟待充实，基层监管力量十分薄弱。

二、持续完善现代金融监管体系

“十四五”时期我国金融监管改革任务更加艰巨。必须以习近平新时代中国特色社会主义思想为指导，坚守以人民为中心根本立场，强化底线思维，提高金融监管透明度和法治化水平。在此基础上，健全风险预防、预警、处置、问责制度体系，持续完善权责一致、全面覆盖、统筹协调、有力有效的现代金融监管体系。

(1) 全面加强党对金融工作的集中统一领导。由于历史和文化等原因，我国金融事权主要集中于中央，地方金融事权比较有限，这就更加凸显了党中央对于金融监管工作领导的极端重要性。金融监管的大政方针，必须由党中央制定并领导贯彻。国家金融管理部门要更加自觉地增强“四个意识”，坚定“四个自信”，做到“两个维护”，切实担当起监管主体责任。同时，地方党委政府在金融监管中也发挥着非常重要的作用。事实上绝大多数金融机构都是地方法人，地方党委和政府负责加强这些机构党的领导和党的建设，承担国有金融资本管理和风险处置属地责任。特别是对于各种“无照驾驶”的非法金融活动，管理和整治的主体责任都在地方。中央金融管理部门必须与地方党委和政府密切联系，相互支持，协同发力；都要坚持全面从严治党，与金融腐败作坚决斗争，对违法违规行为零容忍。

(2) 促进经济社会发展开创新的局面。金融监管要坚持主动作为，防范和化解各类金融风险，维护金融体系稳健运行，以此保障社会主义现代化国家建设进程。在支持金融创新的同时，严防垄断、严守底线，维护市场秩序，促进公平竞争。要发挥监管引领作用，推动金融业着力抑虚强实，履行社会责任，强化普惠金融、绿色金融，规范发展商业养老金融，更好实现市场价值和社会价值统一。全力保护消费者合法权益，坚决打击非法集资、非法吸储和金融诈骗，对各种违规变相投融资活动保持高度警惕，切实维护人民群众财产安全和社会稳定。

(3) 建立高效的监管决策协调沟通机制。进一步强化国务院金融稳定发展委员会的决策议事、统筹协调和监督问责职能。健全监管协调机制，各金融管理部门既要各司其职、各尽其责，又要充分沟通、强化协同。金融政策要与财政、产业、就业、区域等经济社会政策密切配合，推动形成以国内大循环为主体、国内国际双循环相互促进的新发展格局。对地方金融发展改革与风险防控，加强指导、协调和监督，有效发挥中央和地方两个积极性，形成全国“一盘棋”。

(4) 提高金融监管透明度和法治化水平。监管制度要覆盖所有金融机构、业务和产品，对各类金融活动依法实施全面监管。借鉴金融稳定理事会和巴塞尔委员会改革成果，强化资本充足、监督检查和市场约束等要求，抓紧补齐制度短板。根据不同领域、机构和市场特点，制定差异化、针对性制度，细化监管标准，提升监管精准度。更重要的是，要不断增强制度实施有

效性。要以法律法规为准绳，大幅提高违法成本，将监管工作纳入法治轨道。

(5) 健全宏观审慎、微观审慎、行为监管三支柱。健全宏观审慎管理架构和政策工具，完善逆周期调节和系统重要性金融机构监管，注重防范跨市场、跨区域、跨国境风险传染。提高微观审慎监管能力，健全以资本约束为核心的审慎监管体系，加快完善存款保险制度，努力做到对风险的早发现、早预警、早介入、早处置。强化行为监管，严厉打击侵害金融消费者合法权益的违法违规行为。金融监管作为整体，应当始终具备宏观审慎视野，以微观审慎为基础，以行为监管为支撑，实现三者既独立又协同的有机统一。

(6) 构建权威高效的风险处置制度安排。加快确定系统重要性金融机构名单，科学设定评估标准和程序，提出更高监管要求。抓紧建立恢复与处置计划，引导金融机构设立"生前遗嘱"，确保危机时得到快速有效处置。与此同时，要完善风险处置方式，在防范系统性风险的同时，努力减少道德风险。落实金融机构主体责任，尽量采取"自救"，能自行化解风险或市场出清的，政府不介入。动用公共资金，必须符合严格的条件和标准。尤为关键的是，要健全损失分担制度。全面做实股权吸收损失机制，首先由股东特别是大股东承担损失，其他资本工具和特定债权依法转股、减记。高管层要通过延迟支付抵扣、降薪以及事后追偿等承担相应责任。涉嫌违法犯罪的，要及时依法移送司法机关。

(7) 强化金融基础设施对监管的支持保障。持续推动金融市场和基础设施互联互通，不断提升清算、结算、登记、托管等系统专业化水平。强化监管科技运用，加快金融业综合统计和信息标准化立法。抓紧建设监管大数据平台，全力推动监管工作信息化、智能化转型。稳步推进金融业关键信息基础设施国产化，防范金融网络技术和信息安全风险。强化基础设施监管和中介服务机构管理，对金融科技巨头，在把握包容审慎原则的基础上，采取特殊的创新监管办法，在促发展中防风险、防垄断。

(8) 积极参与国际金融治理框架重塑。深入推动国际金融规则制定和调整，增强国际影响力。立足国情实施国际监管标准，遵循简单、透明、有效原则，避免教条主义、文牍主义和烦琐哲学。加强与国际金融组织的沟通交流，推动多边和双边监管合作，营造有利于"走出去"的良好外部环境，坚决维护国家金融主权、安全和发展利益。

(9) 培育忠诚干净担当的监管干部队伍。加强干部思想政治教育，弘扬清廉文化，锻造政治过硬、作风优良、业务精通的"监管铁军"。树立重实干、重实绩的用人导向，大力培养优秀年轻干部。优化监管资源配置，充实监管部门和基层监管力量。强化教育培训、人才引进、交流轮岗、基层锻炼，全面提升干部能力素质。

第八章　金融发展方式转变与金融业高质量发展

本章导学

内容概述：本章考查在我国金融对外开放、金融创新、金融改革的基础上，实现金融发展方式的转变以及金融业高质量的发展，可以说是一系列章节的延续和阶段性成果的展示。

考情分析：本章会结合时事考查主观题，建议考生在理解的基础上记忆。

学习要求：本章考查主观题时，需要考生们有效结合前序章节的内容，在深化金融改革、完善现代金融体系、防范和化解重大金融风险等问题方面，具备理论分析及整理能力。

考纲再现

包括双循环格局下，深化金融改革开放，提升金融服务实体经济能力，防范化解重大金融风险；优化金融市场结构，更新金融经营理念，加强金融创新能力，提升金融服务水平等。

考点1 金融发展方式转变的时代背景

随着我国金融业的改革发展，金融体系日趋完善，金融产品日益丰富，金融业双向开放加强，金融监管日益严格，金融监管效率大幅度提升。党中央强调：立足我国金融业的实际发展情况，不断加强对金融业发展规律的认知，对不同阶段的金融发展状况作出科学的判断。

党的十八大以来，党中央明确提出：经济发展新常态需要新的思想来引导，经济发展的新实践由新的理论来引导，因此经济发展的新方式也亟待实现变革。与此同时，经济金融业发展面临着周期性、阶段性和突发性的影响，直接导致了金融体系的脆弱性，与经济的高质量发展对金融体系内在要求仍存在较大差距。因此，推动金融发展方式的转变，使金融体系更加完善，更能满足现代经济高质量发展的需要。

考点2 金融发展方式转变——金融改革开放的深化

金融回归本源，服务实体经济，因此实体经济是金融业存在和发展的前提和基础，为实体经济服务就成了金融的天职，也成为防范化解金融风险的根本途径。

从金融体系建设的角度看，在全面深化金融体系市场化改革的过程中，加快完善市场体系，加快构建防范化解重大风险显得尤为重要。

从金融体系完善的角度看，通过深化金融改革、转变金融发展方式，加速对金融市场体系的整体建设；通过资源配置优化和金融服务实体经济的能力提升，降低整个经济体的风险；通过加强有效监管，防范化解重大金融风险得以进一步加强。

深化系列金融体制改革，完善现代化经济体系制度保障。我国通过开展系列金融体制改

革，使金融市场在资源配置中更好地发挥决定性作用，使政府在金融管理中发挥调控作用。

一、改革重大突破之一：利率市场化改革

（1）按照既定的思路，逐步实现存贷款利率的市场化。

①利率市场化的定义：将利率的决策权交给市场，由供求双方根据自身的资金状况和对金融市场动向的判断来自主调节利率水平，最终形成以中央银行基准利率为基础，以市场供求决定各种利率水平的市场利率体系和市场利率管理体系。

②存贷款利率市场化的思路：先外币、后本币；先贷款、后存款；先长期、大额，后短期、小额。

（2）按照既定的思路，大力发展银行间市场，实现货币市场利率市场化和债券市场利率市场化。

2007 年，中国人民银行借鉴国际经验，推出上海银行间拆放利率（Shibor）作为货币市场基准利率之一，货币市场利率市场化为存贷款利率市场化奠定了重要基础。

利率市场化改革的基本思路：先放开货币市场利率和债券市场利率，再逐步推进存贷款利率的市场化。

（3）按照既定的思路，深化利率的市场化改革，推进利率并降低实体经济融资成本，中国人民银行宣布改革完善贷款市场报价利率形成机制。

二、改革重大突破之二：汇率市场化改革

（1）2005 年 7 月 21 日，人民币汇率形成机制改革启动，开始实行以市场供求为基础、参考一篮子货币进行调节、有管理的浮动汇率制度。

（2）2014 年，人民币一改单方面升值的格局，形成升值与贬值双向波动的格局。

（3）2015 年 8 月 11 日，人民币国际化日益显著，同时人民币将加入特别提款权，中国人民银行再次推进汇率改革，完善了人民币兑美元汇率中间价报价机制等内容（简称“811 汇改”）。中间价定价实际上是上一日收盘价＋参考一篮子货币，央行对中间价的干预逐步减少。

（4）中国外汇交易中心在 2015 年 12 月 11 日发布了三种人民币汇率指数，引导市场着眼于人民币汇率指数的趋向。人民币汇率指数（名义有效汇率），即人民币对一篮子货币汇率的加权平均。

三、改革重大突破之三：推进金融业开放是适应开放型经济建设的新要求

这个环节主要考虑两个部分的内容，一个是 11 条金融业对外开放措施；另一个是人民币国际化的进程中我们所做的各种努力。

（一）放宽外资金融机构准入

2018 年 4 月，习近平总书记在博鳌宣布金融业加大开放的力度，我国金融业进入高速发展。

2019 年 7 月 20 日，国务院金融稳定发展委员会办公室发布《关于进一步扩大金融业对外开放有关举措》。国务院金融委推出“十一条”是对前期金融业对外开放大方向、大政策的细化和落实，将对金融业带来一系列深刻的影响和变化。

【点拨】“重量级”举措包括：

（1）允许外资机构在华开展信用评级业务时，可以对银行间债券市场和交易所债券市场的所有种类债券评级。

（2）允许外资机构获得银行间债券市场A类主承销牌照，进一步便利境外机构投资者投资银行间债券市场等。

（二）“十一条”涉及金融业各领域和市场的进一步开放

1. 债券方面

拓宽债券信用评级范围、增发A类主承销牌照及便利境外机构投资者投资共三个方面。对满足境外投资者的多样化需求，促进我国评级质量改善，缓解实体经济“融资难、融资贵”以及解决境外机构投资者通过不同渠道投资的债券过户、资金划转和重复备案等问题，有积极作用。

2. 银行保险方面

（1）允许外资投资设立、参股养老金管理公司。

（2）取消投资比例及缩短过渡期，有利于吸引更多优质外资保险机构进入中国市场，为实体经济提供更好服务。

（3）撤销境内保险公司总计持有保险资产管理公司的不得低于75％股份的规定，允许境外投资者持股比例超过25％。

（4）放宽保险公司准入条件，取消经营年限的要求将为具有经营特色和专长的年轻外资保险公司来我国发展创造积极条件。

3. 理财方面

鼓励参与设立、投资银行理财子公司，允许合资设立由外方控股的理财公司。

4. 货币经纪方面

支持外资全资设立或参股货币经纪公司。货币经纪公司横跨多个市场，能有效帮助中小金融机构扩宽信息获取渠道、提高议价能力、找到交易对手，有利于维护市场的公平、透明。

（三）推动人民币国际化进程

中国人民银行的长期目标：逐步使人民币成为可兑换的货币。将实体经济作为依托，逐渐缩减行政管制措施，不断构建完善人民币跨境使用的相关政策框架。

（四）带动“一带一路”建设取得新进展

（1）倡导：追求高质量发展、可持续发展的目标。

（2）遵循：“一带一路”沿线国家遵循共商、共建、共享原则，遵循市场规律和国际通行规则。

（3）成果：“一带一路”倡议，已成为推动构建人类命运共同体、参与全球开放合作、改善全球经济治理的中国特色方案。

【考点回顾】深化系列金融体制改革，完善现代化经济体系制度保障有哪些？

考点3 金融发展方式转变——金融服务实体经济能力的提升

金融是实体经济的血液，实体经济为金融未来发展奠定基础。因此，应提升金融服务实体经济的能力，避免金融脱实向虚。

一、不断深化金融机构改革

金融机构作为金融市场的重要主体，深化其改革可以大大提高金融服务实体经济的效率。

（1）推动国有大型商业银行股份制改革取得重大成就。

（2）组织开发性、政策性金融机构改革有序进行。

二、不断完善金融市场结构

（一）债券市场

（1）债券市场的高质量发展是经济发展的助推器和金融运行的稳定器，降低社会融资对银行信贷的过分依赖，有利于促进经济和金融的一体化。

（2）债券市场对实体经济发展的三大作用。

①资源优化配置。

②完善宏观调控。我国大多数国债均在银行间债券市场进行发行与交易。政府可以在银行间债券市场通过贴息免税、公开市场操作等手段对宏观经济进行调节。

③促成对外开放与发展。

（二）票据市场

（1）实现票据市场规范化发展。

（2）全国统一的票据交易平台——上海票据交易所于2016年12月8日正式挂牌成立，大大增强了我国票据市场的规范性。

（3）明确标准化票据符合标准化资产的认定，解决了金融机构投资标准化票据的障碍，从而引导更多金融机构参与票据市场，推动我国票据市场进入规范化发展的“快车道”。

（三）黄金市场

（1）形成全功能的黄金市场体系。

（2）上海黄金交易所是以集中统一的一级市场为核心，竞争有序的二级市场为主体，多元的衍生品市场为支撑的多层次、全功能的黄金市场体系。

三、不断强化金融基础设施建设

（1）现代化支付清算体系建立。

支付清算系统效率在不断提升，流程也更通畅。

实现联行体制变革→先后建成大额及小额支付系统→支票影像的交换系统→电子商业汇票系统等→成功运行第二代支付系统→央行会计数据核算集中系统→人民币跨境支付系统等。

（2）金融统计工作取得突破性进展。

为了准确、及时、完整、高效地做好金融统计工作，中国人民银行实施全国集中的金融统计数据。数据集中后，人民银行的数据采集、数据修订、数据处理、信息发布和数据共享等工作方式和工作内容将发生较大变化。

社会融资规模在综合反映实体经济融资总量的同时，还提供了行业结构、地域结构、融资结构（如银行表内、表外和直接融资结构）等信息，能够观察到分行业、分地区、分融资方式的各类型资金支持，在结构上优于 M_2。

（3）金融法治建设也在稳步进行。

【考点回顾】

（1）我国在努力提升金融服务实体经济的能力方面有哪些提升？

（2）我国在金融基础设施建设方面做了哪些有效尝试？

考点4 金融发展方式转变——防范化解重大金融风险

党的十九大提出全面建成小康社会“三大攻坚战”的首要战役是防范化解重大风险攻坚战，若要打好防范化解重大风险攻坚战，首要做好金融风险的防控。金融作为现代经济的核心，金融安全必然是国家安全的重要组成之一。

一、防范化解重大金融风险攻坚战的进展

（一）稳住宏观杠杆率

（1）宏观上，要管好货币总闸门。

（2）中观上，督促企业进一步降杠杆。

（3）合理控制居民部门杠杆过快增长。

（4）协作联合化解地方政府相关隐性债务。

（二）抑制影子银行业务的无序发展

（1）推动金融机构的资产管理业务平稳发展，避免出现监管套利、刚性兑付等问题，资管新规打破了刚性兑付，从而使资产管理业务逐步回归代客理财的本源。

（2）宏观审慎评估同业存单，引导金融机构加强同业负债管理和自我约束。

（3）因具有系统性影响，缓解货币市场基金流动性管理压力非常重要。目前多层嵌套的通道业务明显收缩，影子银行风险逐步收敛。

（三）精准处置重点领域的风险

【示例】包商银行接管托管工作开展顺利，包商银行常规经营，没有出现群体性事件（如客户挤兑等），其大额债权收购和转让、清产核资等工作顺利完成。全局来看，果断实施接管防止包商银行风险恶化，最大程度维护了存款人和客户的利益，又依法依规粉碎刚性兑付，纠偏部分机构相关激进行为，提高市场纪律。

（四）大力整顿金融市场秩序

（1）完成非银行支付服务市场的专项整治工作。

（2）重点化解网络借贷领域风险，持续开展互联网金融风险专项整治活动。

（3）继续严厉打击非法集资活动，稳步推进各类交易场所清理整顿工作。

（五）积极预防金融市场异常波动与外部冲击风险

（1）积极稳步排解股票市场风险，稳步推进股票质押风险。

（2）有序处理民营企业债券违约事件，逐步打破债券市场刚性兑付。

（3）利用货币政策工具（如定向降准、中期借贷便利等）为中小金融机构提供结构性流动性支持，帮助其及时隔断风险传染。

（4）抓准时机，不断完善远期售汇风险准备金政策，保持人民币汇率在合理均衡水平上的基本稳定，使外汇市场平稳运行。

（六）弥补监管制度缺陷

（1）发布《关于完善系统重要性金融机构监管的指导意见》，防范化解金融机构“大而不倒”风险。

（2）推出科创板并且试点注册制，放宽银行、证券、保险业市场准入条件。

（3）发布了《关于加强非金融企业投资金融机构监管的指导意见》，切实阻断实体经济风险和金融业风险的交叉传递。

（4）发布资产管理新规及配套实施细则，治理金融市场乱象，有力控制影子银行风险。

（5）研究拟定金融控股公司相关监督管理试行办法，并开展模拟监管试点。

二、向纵深推进防范化解重大金融风险攻坚战

（1）完善宏观调控的同时，深化金融供给侧结构性改革。

实施积极稳健的货币政策，加强经济逆周期调节力度，保持合理充裕的流动性和保持社会融资规模合理增长。在优化金融体系结构中，进一步提升金融体系的适应性、竞争力和普惠性。

（2）推进对重点领域风险的精准处置。

整顿金融秩序，深化处置重点机构风险，着力化解地方中小金融机构风险。

（3）明确和落实各方责任，形成风险处置合力。

落实金融机构的主体责任，地方政府履行属地风险处置责任及维稳责任，并要妥善处置辖区高风险金融机构。金融监管部门要提升监管责任，有序解决局部性、结构性风险。央行要统筹协调，扮演好最后贷款人的角色，守住不发生系统性金融风险的底线。

（4）强化金融监管，补齐监管短板。

尽快建成金融机构退出机制。加快建成以存款保险为平台的市场化、法治化管理协调机制。

（5）加强监测系统性风险。

提升对大型、有问题企业的风险监测力度。对重大风险事件出现要迅速处置。增强对宏观经济形势、区域金融风险等的分析判断。稳步提升各种金融机构以及具有融资功能的非金融机构的日常监测和报告制度，重点观注跨市场的金融风险监测、评估和防范，稳妥推进中国人民银行金融机构评级和压力测试。

（6）推动金融业改革开放。

深化金融业改革开放，扩大人民币国际化的发展水平，推进资本项目可兑换，提高金融业双向开放水平，鼓励境外资本进入国内金融市场，提高我国在金融领域的竞争力。

【考点回顾】我国在转变金融发展方式，防范化解重大金融风险方面取得了哪些进展？

考点5 促进金融业高质量发展——金融市场结构的优化

一、定义

优化金融市场结构要求完善金融市场、金融机构、金融产品体系，要求坚持质量优先（即追求高质量的发展），引导金融业发展同经济社会彼此协调，促进融资便利化，提高资源配置效率、保障风险可控。

二、健全多层次资本市场体系

（1）提升直接融资比例。

①坚持金融为实体经济服务。

推动金融发展方式转变，同时大力发展资本市场（如股票市场、债券市场等），拓宽企业直接融资渠道，优化社会融资结构。

②尊重市场客观规律。

③坚持规范化、法治化发展。

强化市场约束和风险分担机制，提高市场运行透明度，健全相应的法律框架、金融调控框架、监管框架等。

（2）促进股票发行注册制改革。

充分的信息披露是注册制在股票发行过程中的核心，降低证券监管部门对发行人资质的价值判断与实质性审核，弱化行政审批，进而提高发行制度的灵活性，减少股票发行成本，提升融资效率。

（3）多渠道推进股权融资。

在完善主板、中小企业板及创业板市场时，同步推进三板股权市场建设；加快完善公开转让的、以机构为主的中小企业股权市场，建立健全定向发行、做市商、并购重组等制度安排，丰富交易品种与融资工具。

（4）推动债券市场高质量发展、规范化发展。

（5）保险制度进一步完善，推动巨灾保险的发展；完善保险经济补偿功能，推动建立专业金融机构保障基金。

（6）支持金融创新，丰富金融市场层次，增加金融产品的数量。

考点6 促进金融业高质量发展——金融经营理念的更新

一、国家层面更新金融经营理念

小微企业是国民经济发展的生力军，在稳定增长、扩大就业、促进创新、繁荣市场和满足人民群众需求等方面发挥重要作用。

二、地方层面更新金融经营理念

更新金融经营理念有助于提高地方政府建设区域性的小微企业信用信息共享及综合性金融服务平台的进程。

三、银行金融机构层面更新金融经营理念

各家商业银行分别针对中小企业需求建立了专业的企业金融服务平台，并且相应推出了系列中小企业适用的信贷产品，满足中小企业的融资需求。

考点7 促进金融业高质量发展——金融创新能力的加强

金融创新是指打破资源配置的时空限制，将金融领域内部的各种要素重新排列组合，进而

创造和产生新事物的过程。

（1）完善金融营商环境，创造适宜的制度环境促进金融创新。

（2）摸索区域最优金融结构，因地制宜提升金融创新能力。

（3）增强新技术应用能力，利用金融科技推动金融创新。

（4）重视金融创新引起的风险防控。

【考点回顾】如何提升金融创新能力推动金融高质量发展？

考点8 促进金融业高质量发展——金融服务水平的提升

金融要围绕居民和企业需求，改进风险控制，提供更加便捷的产品和服务。深化金融供给侧结构性改革是适应我国经济高质量发展的重要任务。

一、宏观层面提升金融服务水平

在宏观政策层面，需平衡实体经济对流动性的合理需求与货币政策结构性去杠杆的问题。货币政策需要强化逆周期调节，但不能走向超预期宽松，对实体经济要进行精准“滴灌”而作大水“漫灌”。

二、中观层面提升金融服务水平

加强资本市场体系与银行体系间的相互作用，旨在构建分层有序、功能互补的多层次资本市场，同时健全广覆盖、有差异的银行体系。

三、微观层面提升金融服务水平

（1）回归金融服务实体经济的本源，为实体经济的发展提供更有效率、更高质量的金融服务。

（2）纵向深化促进金融改革开放，完善金融机构公司治理，健全金融监管体系，促进金融双向开放，推动金融业规范化、健康化发展。

（3）更加重视防范化解金融风险尤其是防止发生系统性金融风险。

本章小结

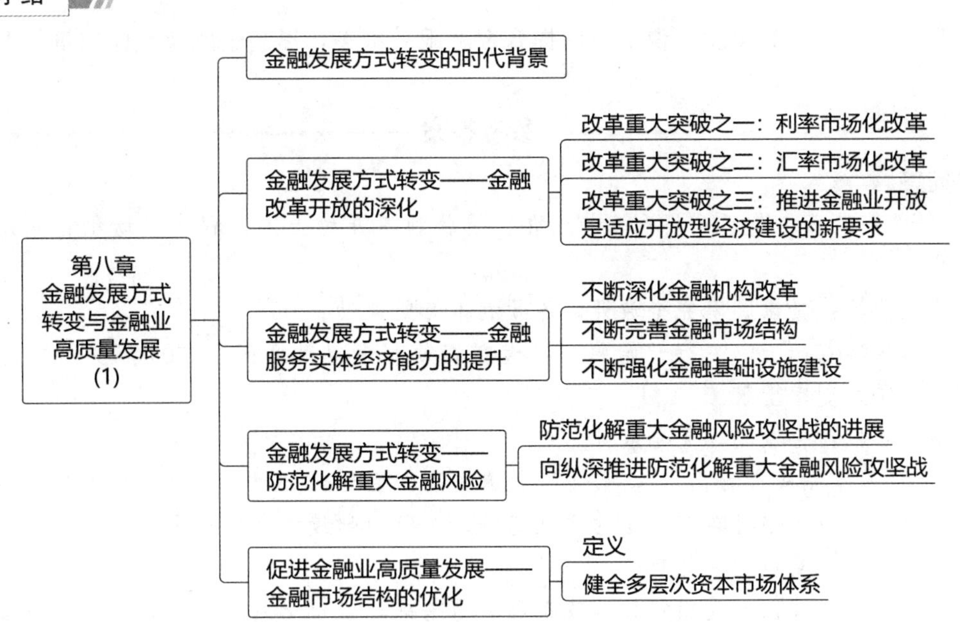

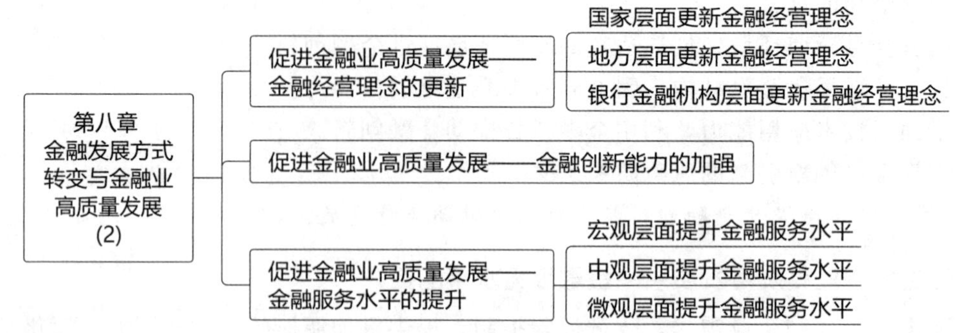

本章练习

一、简答题

1. 我国利率市场化经历的几个阶段。

2. 我国健全多层次资本市场体系，推进资本市场的融资渠道有哪些？

3. 我国金融发展方式改变的几个方面。

二、案例题

为推动科技强省和创新型省份建设，2018 年，湖南省围绕重大科技创新战略、100 个重大科技创新项目、重点科技企业（项目）启动了一系列公益性科技投融资服务，共帮助科创企业（项目）获得贷款授信（或投资）意向金额总计 53.7 亿元。

截至 2019 年 6 月底，湖南省建立了涵盖 106 家企业的首批科创板上市后备企业库，向上交所推荐了 17 家重点科技企业。许多科技创新企业由此实现了加速重大科技成果转化、产业化和资本化。但与此同时，全省创新资金投放效率仍然较低，资金空转和错投现象较为严重。

问题：分析一下该省是如何做到“从提升金融发展为经济助力，推动科技创新企业发展”的。

三、论述题

从宏观、中观、微观角度，说明我国提升金融服务水平，提高金融业整体质量的做法。

参考答案

一、简答题

1. （1）第一阶段：货币市场利率市场化，贷款利率开始上浮，利率市场化首先是从货币市场开始的。

（2）第二阶段：贷款利率完全放开，存款利率开始浮动。

在前一阶段的基础上，央行开始稳步扩大存贷款利率浮动区间。2004 年央行完全放开金融机构人民币贷款利率上限。

（3）第三阶段：存款利率完全放开。

“形式上”基本完成市场化，“实质上”仍有差距，因为部分银行实质上仍未具备存款、贷款的定价能力，为防止银行在存款上的恶性竞争，全行业继续实施存款利率行业自律。

（4）第四阶段，实现利率并轨。

在这一阶段，形成以中央银行关键政策利率为基础，以市场基准利率为中介，由市场供求

关系决定金融机构存贷款利率市场化机制，并开始探索利率走廊机制。

2.（1）提高直接融资比重。

①坚持为实体经济服务的本源，大力发展股票市场、债券市场等资本市场，拓宽企业直接融资渠道，优化社会融资结构。

②尊重市场发展的客观规律，鼓励发展机构投资者。

（2）推进股票发行注册制改革。

与股票发行核准制相比，注册制在股票发行过程中以充分信息披露为核心，减少证券监管部门对发行人资质的实质性审核和价值判断，弱化行政审批，从而增强发行制度的灵活性，降低股票发行成本，提高融资效率。

（3）多渠道推动股权融资。

在完善主板、中小企业板和创业板市场的同时，持续稳步推进三板股权市场建设。

（4）推动债券市场高质量、规范化发展。

（5）完善保险制度，推动巨灾保险发展；完善保险经济补偿机制，推动建立专业中介机构保障基金。

（6）鼓励金融创新，丰富金融市场层次和产品。

3. 金融发展方式的转变侧重以下几个方面内容：

（1）深化金融改革开放。

（2）金融服务实体经济的能力进一步提升。

（3）防范化解重大金融风险。

（4）防范化解重大金融风险攻坚战取得进展。

二、案例题

（1）经济是肌体，金融是血脉。科技创新企业能否实现高效成长，得益于金融体系提供的综合服务能力的提高。

（2）目前"金融发展为经济助力"中普遍存在的问题是：

一方面科创企业融资困难；另一方面很多金融机构在向科创企业进行投资，参与科技创新活动时经常出现盲目扎堆现象，低效投资较多，金融对科技创新支持缺乏对"深度技术革新"的支持。

（3）从理论上说，可以做到：优化金融营商环境，以适宜的制度环境加强金融创新；探索区域最优金融结构，因地制宜加强金融创新能力；提升新技术应用能力，以金融科技驱动金融创新；关注金融创新引发的风险防控；只有拓展金融服务，提升金融综合服务能力，加大金融与科技创新融合，才能实现金融的精准服务，从而推动科技创新企业更好地进步。

（4）可以参考的方法有：

①坚持政府引导与市场化运作相结合的原则，推动金融机构支持科技企业创新发展。

②构建便于为科技企业提供主力支持的贷款评估/发放体系和科技金融创新服务体系。

③加速科技金融基础设施建设，缓解市场信息不对称的问题。

三、论述题

金融需要围绕企业和居民需求，在改进风险控制的同时，提供更加便捷的产品和服务。深化金融供给侧结构性改革。

（1）宏观层面。

在宏观政策层面，需要在货币政策注重结构性去杠杆与实体经济对流动性的合理需求之间谋求一个平衡。货币政策要强化逆周期调节，但不能走向超预期宽松，需要对实体经济进行精准“滴灌”而不是大水“漫灌”。

（2）中观层面。

应当推动资本市场体系与银行体系间的相互促进，即在着力建成分层有序、功能互补的多层次资本市场体系的同时，也谋求广覆盖、有差异的银行体系的健全。

（3）微观层面。

①回归金融服务实体经济的本源，为实体经济发展提供更高质量、更有效率的金融服务。

②纵向深化推进金融改革开放，健全金融机构公司治理，完善金融监管体系，推动金融双向开放，促进金融业规范化、健康化发展。

③把防范化解金融风险特别是防止发生系统性金融风险放在更加重要的位置。

第九章 健全金融企业制度与提升金融治理能力

本章导学

内容概述：本章考查的重点是现代金融企业制度及金融企业公司治理问题。

考情分析：未做过多考查。

学习要求：了解金融企业公司治理结构问题，并掌握我国金融企业治理体系建设。

考纲再现

包括现代金融企业制度的内涵，完善金融企业公司治理结构，强化金融企业内控机制建设；我国金融治理体系与治理能力现代化的内涵与目标，着力构建现代金融治理框架，强化金融治理基础保障体系，加强金融治理能力体系建设等。

基础概念篇

（1）企业制度是指企业作为一个有机组织，为了实现既定目标和实现内部资源与外部环境的协调，在财产关系、组织结构、运行机制和管理规范等方面的一系列制度安排。

（2）金融制度是经济社会发展过程中必不可少的基础性的制度。（扩展：金融治理是经济社会发展中特殊的经济治理）

（3）现代金融企业制度：此制度的重点是规范金融企业在进行金融活动的过程中不符合相关法律规定的行为，目的是为国民经济的快速发展提供优良的金融服务，并最大限度创造最佳效果，这一制度以金融组织为中心，是金融制度体系的基础。

考点1 政策支持

近年来，党中央和政府有关部门非常重视我国现代金融企业制度的建立和完善，并多次召开了有关会议，印发相关指导意见，具体支持见表9-1。

表9-1 政府支持的相关事件

时间	事件	内容
2017年7月	第五次全国金融工作会议的召开	完善现代金融企业制度，完善公司法人治理结构，优化金融企业的股权结构，建立有效的激励约束机制，避免金融企业的短视化行为
2018年7月	中共中央、国务院印发《关于完善国有金融资本管理的指导意见》	当前国有金融资本管理还存在职责分散、权责不明、授权不清、布局不优，以及配置效率有待提高、法治建设不到位等矛盾和问题，需要进一步完善国有金融资本体制机制，优化管理制度

续表

时间	事件	内容
2019年9月9日	中央全面深化改革委员会第十次会议的召开	加强金融机构的国有资本管理与监督，健全责任追究制度，完善现代金融企业制度和国有金融资本管理制度
2019年12月30日	中国银行保险监督管理委员会发布《关于推动银行业和保险业高质量发展的指导意见》	要求建立健全有中国特色现代金融企业制度

考点2 现代金融企业制度的系列要素

从宏观上看，现代金融企业制度包括很多具体的制度，可以说现代金融企业制度是一个制度体系，它包括金融企业产权制度、金融企业经营制度、金融企业管理制度和金融企业组织制度。

一、金融企业产权制度

（一）定义

金融企业产权制度是对金融企业法人所实际控制的、对金融资产的所有权、使用权、收益权、处置权、支配权等多项权利进行确认的法律规定。

（1）补充说明：金融企业产权制度也是对金融企业的法人内部各个行为主体进行的约束和必须遵守的行为规范。

（2）地位：金融企业的一切经营管理活动都是在产权制度之上开展的，可以说金融企业制度体系的核心与基础就是产权制度。

（二）产权的确认（界定）

（1）产权是指财产所有权、使用权、收益权、处置权等多项权利在不同时期的不同表现和组合，它需要满足一定条件才能行使，产权可以分解和合并。

（2）产权与所有权的异同：

①所有权是核心和基础，可以独立存在。

②商品经济不发达时期：产权和所有权相等。

商品经济发达时期，独立财产权利是所有权的派生形式。独立的商品生产者主体行使财产权，形成了商品生产者当中的产权关系。所有权主体原来拥有的占有和支配权利，变成了商品生产主体之间等价交换的产权关系。

（3）产权界定遵循的五个原则：

①经营原则。

产权界定最基本的意义：产权界定为企业从事各种经营活动提供必要条件。

②市场原则。

产权界定在现有市场环境下进行，产权界定需要有助于企业参与市场竞争。

③激励原则。

产权关系有利于调动各产权主体的积极性，使产权主体能自觉投入经营并自觉约束自身。

④效益原则。

产权关系能够促进各产权主体间的协调发展，提升资源配置效率。

⑤监督原则。

产权界定有助于监督各行为主体，规范其行为，最大限度地降低经营风险。

（三）产权配置或产权安排

（1）定义：产权配置是指以产权界定为基础，选择资源配置或交易方式，提升资源配置效率。

（2）产权配置的三种基本方式：

①政府配置。

政府配置是指政府通过发布政策、制定法律及采用行政手段等方式实现优化配置产权，解决由于信息不对称、“机会主义”和“搭便车”等因素可能导致的市场配置和企业配置低效的问题。

②市场配置。

市场配置是指以市场机制为基础，以市场价格为各产权主体的指导，以自身利益为目标，自主自愿进行产权支配和处置，以实现产权的优化配置。

③企业配置。

企业配置是指各产权主体以企业组织的方式进行资源配置，避免市场配置提高配置成本，从而降低交易费用。

（四）产权结构

（1）定义：产权结构是指产权所有者的组合形式，包括私人独资企业、合伙制企业、有限责任公司、股份制公司和政府独资公司等形式。

（2）注意事项：

①由于每家金融企业的具体情况不同（如业务范围、经营特点、风险程度、产权性质、职能作用等），则金融企业的产权结构也不同。制定出针对企业股东性质（法人/自然人）、股东出资比例、最低资本金数额等的约束条件，是金融企业产权结构制度要解决的问题。

②在产权结构形式既定的前提下，完善金融企业内部各生产要素行为主体的自主约束机制，才能实现资源优化配置和效率最大化的目标。

二、金融企业经营制度

（一）定义

金融企业经营制度是通过对大量理论研究与实践经验的总结，找出系统的、合理的金融企业经营活动的规律，并以法律的形式将其确立，从而约束和规范金融企业的经营活动，促使金融企业发挥自身调节功能，降低经营成本，减少经营风险，提高经营水平和效益的制度。

（二）基本内容（对经营范围/风险的约束）

（1）金融企业经营范围是指法律规定的金融企业从事经营活动区域的边界。

经营范围内：企业自主经营，其范围内经营行为还会受到法律保护。

经营范围外：超出经营范围的经营行为会受到相关制裁。

（2）金融企业经营范围的三个原则：

①范围清晰准确，便于企业把握和监管评价。

②经营范围的设计：留给企业一定创新空间，调动企业金融创新的积极性，促进金融企业发展。

③金融企业性质不同，经营范围也有差异，保证企业公平竞争，保证金融秩序稳定。

（3）金融企业经营范围确定的意义：

①金融企业经营和行为活动有界限：使金融企业经营活动规范化、经营行为理性化。

②保护了金融企业既定的市场资源，也避免了经营范围以外的其他风险。

③充分挖掘金融企业在有限经营范围内的内部潜力，充分利用占用的各种生产要素资源。

④有利于监管机构对金融企业经营行为进行监督和评价，提升其监管效率。

（4）金融企业存在的经营风险。

金融企业经营制度的核心内容：金融企业经营风险的控制。

（5）控制金融企业经营风险的内容。

①程序控制。

在开展金融业务的过程中，各经办人员必须把操作流程奉为圭臬，标准、详尽的操作流程可以降低参与人员在经办过程中的主观认知偏差，这在一定程度上可以起到规避金融风险的作用，同时各参与人员必须按照相关流程开展金融业务。

②岗位控制。

每个业务岗位都有具体的工作内容和职责，每个工作人员都要遵守工作职责，并且在违反了相应职责时必须承担相应的责任。

③行为控制。

行为控制是指企业员工有维护公司的利益的义务和行为准则，不仅包括对特定岗位行为的约束，还包括一切对公司利益不利的行为的约束。

④信息控制。

信息控制是指企业内部的信息传递、反馈和处理的义务，以及传递程序、传递方式、传递时效等的规定，以此保证企业内部信息通畅，为经营决策提供依据并及时纠正决策偏差。

⑤技术控制。

技术控制是指以制度形式设立一系列技术参数和比例来预测、检查风险。

技术参数和比例是通过经营实践，总结出现风险前资产负债比例关系发生变化的情况，并用科学的方法加以整理形成。

三、金融企业管理制度

（一）定义

金融企业管理制度是指在约束企业内部各生产要素主体行为的同时，协调内部各种经济关系，从而调动各行为主体的积极性，提高工作效率的制度规范。

（二）财务分配制度和奖励监督制度

金融企业管理制度主要包括财务分配制度和奖励监督制度。

（1）财务分配制度。

①目标：用制度约束解决各要素主体的利益分配的矛盾，期望实现分配效益最大化。

②制度约束的基本方式包括量化约束、原则约束。

量化约束（刚性约束）是指以制度形式规定准确的数量比例予以约束。

原则约束（弹性约束）是以制度形式规定要素主体的行为原则和边界。

③各金融企业的利益分配存在着某些不稳定因素，在这一背景下，原则约束是化解利益分配矛盾更好的方法。

（2）奖励监督制度。

①奖励：保证每个要素所有者的合理权益受到保障，并充分地鼓励这些要素所有者，使其自觉地按预期的方式促成全体成员的净财富最大化。

②监督：借助经济手段，对每个要素所有者的行为实施控制，使其按照效率原则实行行为偏差最小化。

③金融企业实施奖励与监督制度的核心原因：解决委托—代理问题。

导致委托—代理问题的关键原因：信息的不对称。

【注】逆向选择和道德风险很可能导致代理人在开展业务过程中偏离委托人的利益诉求，这种情况的出现也对企业内部奖励与监督制度提出了挑战。

四、金融企业组织制度

（一）定义

金融企业组织制度是指对金融企业设置内部机构以及相关人员配置、职能分工、利益分配等的规定。

财产主体只有通过授权、委托代理等关系，将财产的使用、支配等各项权利，分配给不同层次的权能主体，即分支机构，才能完成金融企业全部的经营活动。

分支机构的权能相互分离、相对独立，这要求金融企业内部各机构权能的界定、职能的划分、行为目标的设定和协调、收益的分配、风险的分担都要相互制衡，即建立完善的金融企业组织制度。

（二）金融企业组织制度建立需遵循的基本原则

（1）市场配置原则：金融企业必须按照企业发展和市场的要求建立自身组织制度。

（2）主体效益原则：以机构主体效益最大化为金融企业组织制度建设的核心，要明确总部与分部的产权关系，即分支机构在什么范围内获得总部授予的财产占有、使用、处置和收益的权能，以便建立有效的激励兼容机制。

（3）协调均衡原则：分支机构的市场环境、所在区域人员素质等经营条件均有差异，实施经营目标的差异化，以保证每个分支机构在相同程度努力下所获得的边际收益趋于相等，促进分支机构公平竞争。

（4）战略统一原则：各种各样的激励和监督手段是金融企业发展的重要措施，确保总部与分部之间、各分部之间信息交换的渠道畅通。企业整体发展战略目标的要求是各企业员工的共同服务要点，要最大化的完成企业效益。

【考点回顾】产权界定的五大原则都有哪些？

考点3 现代金融企业制度的目标

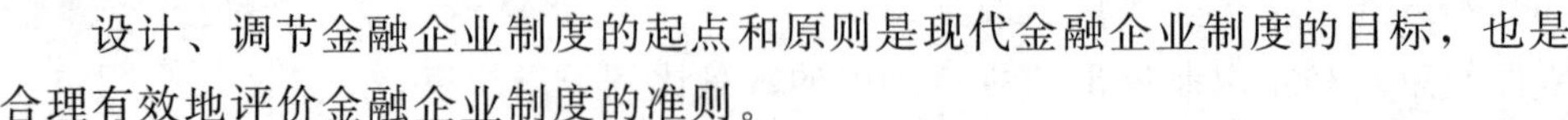

设计、调节金融企业制度的起点和原则是现代金融企业制度的目标，也是合理有效地评价金融企业制度的准则。

现代金融企业制度的目标包括金融企业最优化内部资源配置、最大化股东财富或净资产、金融资产合理化流动、最小化金融资产风险四个方面。

一、最优化内部资源配置

最优化内部资源配置以金融企业制度的约束，最有效利用企业资本，使企业内部各生产要素达到最佳组合状态，提高内部资源的整体利用效率，从而降低生产与经营成本。

此外，金融企业制度还抑制了一些外部非市场的干扰因素，如政府以及相关监管部门对企业业务经营的行政干涉。

金融企业制度的实质是允许企业对自身资源进行配置，并对企业根据市场变化适当调整配置方式进行管理，动态优化配置。

二、最大化股东财富或净资产

目标内容：在一定时期内资本增值最大化，或使资本所形成的净资产最大化。

指标优势：①同时反映企业资产与负债状况；②同时对企业短期获利与长期创利情况进行了考察；③同时反映出企业盈利与风险情况。

三、金融资产合理化流动

金融资产合理化流动是指金融企业保持周转性资金流量要坚持合理性和适当性的原则。

金融企业货币经营，高度信用化、负债率较高的属性比较明显。

【注意】防范金融资产流动性不足而引发债务危机、信用危机；同时也要留意，过多的周转性资金流量会减少用于创造利润的资金，导致企业成本进一步抬高，从而降低公司效益。

四、最小化金融资产风险

最小化金融资产风险是指通过设立和调整金融企业制度，从制度上化解已形成的资产风险，消除潜在风险的隐患，约束金融企业行为，把金融企业风险降到最低，实现金融资产的良性运营。

例如，商业银行的贷款人到期不能履约引发信用风险，利率变化带来的利率风险，国际汇率变化引起的汇率风险等。

【点拨】

总结：现代金融企业制度的目标之间的关系。

核心：股东财富或净资产最大化目标，集中表现企业经营成果和制度目标实现程度。

前提：最优化资源配置目标，是最具理论意义和普遍性的目标。

基础：资产合理化流动目标，直接表现为金融资产情况和制度效用。

保障：最小化资产风险目标，风险控制保障了金融企业经营效益和制度约束不会失效。

考点4 现代金融企业制度的功能

一、协调关系

现代金融企业制度在各行为主体及生产要素的职能分工、职权范围、权利义务及责任等方面具有明确规定。

（1）外部场景。

现代金融企业制度可协调金融企业与政府、投资者、各监管部门、借款人及和金融企业活动有关的其他的社会经济主体间的关系。

（2）内部场景。

现代金融企业制度可协调出资者、经营管理者、内部各机构、各岗位间关系，且同时协调生产要素配置、财务分配关系。

二、规范行为

规范行为是指现代金融企业制度的实质是在与金融企业生产经营活动相关的各个行为主体间签订的合法契约，可以对契约双方的利益进行约束与保护。

【考点回顾】现代金融企业制度的功能有哪些？

考点5 完善金融企业公司治理结构

建立健全有中国特色现代金融企业制度，完善金融企业公司治理结构，应当加强党的绝对领导，严格规范股权管理，加强“三会一层”建设，优化激励约束机制，强化金融消费者合法权益保护，加强信息披露制度建设，强化公司治理监督评估。

一、加强党的绝对领导

（1）把党的领导融入公司治理全过程，把党组织内嵌到公司治理结构中，将中国特色现代国有企业制度的精髓发扬光大。

（2）国有及国有控股金融机构要坚持“两个一以贯之”的基本原则，将党的领导融入公司治理各环节。

①坚持党对国有企业的领导是重大政治原则，必须一以贯之。

②建立现代企业制度是国有企业改革的方向，必须一以贯之。

二、严格规范股权管理

（1）动态优化股权结构、严格审查股东资质，加强对股东和公司实际控制人的穿透式管理。

（2）依法对非法获取银行股权、股权代持、隐形股东进行整治，对违规开展关联交易套取、占用银行资金等现象加强治理。

问题股东的处置方法：依法严惩，包括限制股东权利、责令转让股权、没收违法所得等。

处理股权质押问题：确定合理的质押比例，相关情况向董事会、监事会和机构内部披露通报。金融机构对股东股权的监督和管理要进一步落实到位，要加快推进集中登记、托管，规范股权质押、变更和增资等行为的规范进程。

三、“三会一层”建设进一步加强

（1）股东（大）会：发挥最高权力机构作用，持续推动完善公司治理机制。

（2）董事会：完善规模和架构，优化对董事的选择和聘用机制，股东既有提名股权董事，又有提名独立董事的权利，要对此权利进行约束，保障独立董事“独立”的实质性，依照法律履行董事的相关职责权限。

（3）监事会：提高专职监事占比，提升外部监事效能，改进监督方式，充分借助内外审计力量开展监督检查。

（4）高级管理层：规范遴选，增加选聘手段和选聘通道，完善机构内部相互制衡机制，强化市场约束，严防内部人控制。

四、激励约束机制得以优化

金融机构要加快中长期激励约束机制的建设步伐，完善机构内部的薪酬结构，改善薪酬延期支付、追索扣回等管理制度，优化问责体系，依据相关的法律法规开展员工持股试点工作。切实、详尽、及时地披露“三会一层”应该履行的职责和行为以及公司的重大经营情况，保障财务数据在法定范围内的公开性和透明性。

建立健全利益相关者申诉回应机制，接受投资者等各个利益相关主体的监督约束。

五、金融消费者的合法权益得到必要的保护

（1）金融机构应尽的保护责任：主动履行社会责任，保护消费者权益，承担主体责任。

（2）银行保险机构应尽的保护责任：

①消费者权益的保护：推动董事会下设消费者权益保护专业委员会，明确履行消费者权益保护职责的具体部门，建立和完善消费者权益保护有关工作机制、考核机制和监督机制。

②投诉的处理：优化消费者投诉的处理流程，多元化解金融纠纷。

③销售行为回溯制度：对金融产品和服务信息要实行透明化管理。如果某些重要信息影响消费者决策的可能性很大，对这些信息应坚持易得性的原则，遵照规范、标准的格式简明扼要地进行披露。

④金融消费者的宣传教育：对金融消费者的宣传教育工作要加强，培育消费者的金融素养和风险意识。

⑤第三方合作机构的管控：准入、监督和评价机制均需要加强。

六、完善信息披露机制

信息披露机制，也称公示制度、公开披露制度。

进一步加强金融机构的信息披露制度建设，可以促使其向投资者提供更多更有价值的信息，信息进一步公开透明，缓解信息不对称的问题，从而有效降低代理成本。

七、加强公司治理监管评价体系建设

公司治理监管评价体系不仅是金融企业进行公司治理的政策指导，而且明确了金融机构自身应该怎样开展公司治理的问题；同时对效果评价也做出了规范，在衡量金融机构自身公司治理的有效性方面成效显著，起到了激励金融机构深入完善相关治理机制的作用。

【考点回顾】我国完善金融企业公司治理结构从哪几个方面入手？

考点6 强化金融企业内控机制建设

一、金融企业内控机制建设的主要内容

金融企业内控机制建设主要包括内部组织结构、部门与人员的分工机制、授权与审批制度、独立的会计及核算制度、内部稽核制度、高效的管理信息系统等的建设。

（1）健全内部控制的组织结构。

①金融企业完善的组织架构由董事会、监事会、高级管理层、内控管理职能部门、内部审计部门、业务部门等组成。

②内部控制治理和组织架构特点：职能部门分工合理、职责明确、报告关系清晰。分工如下：

董事会：负有保障金融企业的建立以及实施行之有效的内部控制体系的责任，监控和评估高级管理层对内部控制体系的充分性与有效性。

监事会：对董事会和高级管理层完善内控体系进行监督，负责对董事会、高级管理层及成员履行内部控制职责的监督。

高级管理层：执行董事会决策，负责按董事会确定的可接受的风险水平设计系统化的制度、流程和具体方法，负责建立和完善内部组织机构。

金融企业中的内控管理部门需要专门的职能部门担任。内部控制体系的统筹规划、组织落实和检查评估都由内控管理部门负责。

内部审计部门（内审）：负责审计金融机构内控的充分性和有效性，及时汇报审计发现的问题，并监督整改。

业务部门：负责与自身工作职责相关联的业务制度和操作程序的制定，对严格执行相关制度规定负责，遵守相关规定明确的时限和路径要求，报告内部控制存在的漏洞并组织整顿。

（2）明确部门、人员分工。

①不相容的业务岗位相分离制：对核心岗位或重要岗位的职责实行严格分离。

【示例】企业的财务管理人员和现金出纳、前台（进行交易）与后台（负责结算）、业务活动的授权方与业务的具体经办方，这些岗位不能兼任。

②辖属和报告关系清晰明确：在管理人员和具体操作人员间，建立起清晰明确的辖属和报告关系，以保证各项业务指令能够传达准确，高效完成并得到及时反馈。

③规范各种业务操作手册、行为规则和纪律守则，对各部门和人员履职发挥监督作用。

（3）严格实行授权、审批制度。

①所有金融业务活动必须经过严格的授权程序。

②重要金融业务活动的审批生效程序必须更加严格（落实审批权力行使主体责任）。

③越权行为必须严厉处罚，且需要按被授权人的实际状况区别授权或及时调整授权范围。

（4）健全独立会计、核算制度。

①金融企业会计人员及时、准确、完整、独立地对所有业务活动进行记录。

②严格按照会计制度反映公司经营情况，建立独立、完善的对账制度。

③会计人员要提高保管公司账目、凭证及合同、契约等资料的意识，妥善管理公司的重要财务资料。

（5）完善内部稽核制度。

①内部稽核部门直接向董事会或法人代表负责。

②分支机构的内部稽核部门在业务上由总公司内部稽核部门统一垂直领导，从而保证内部稽核的独立性。

③金融企业需培养精通业务且思想素质较高的内部稽核人员。

（6）建设科学高效管理信息系统。

①有利于企业第一时间了解掌握国家相关方针、政策和管理规章、行业发展现状和趋势以及企业内各种会计、统计数据和其他经营管理信息。

②有利于企业及时调整经营决策，增强决策的科学性，进一步降低决策风险。

科学高效的管理信息系统实现了对企业内各部门、各人员业务经营行为的动态跟踪与监测，加强案件风险监测和排查，实现对重点领域、机构、岗位和人员的重点排查，及时发现重大操作风险和业务风险。

二、金融企业内控机制建设的措施

（1）加强落实金融机构的主体责任。

①《保险公司内部控制基本准则》。

《保险公司内部控制基本准则》从销售、运营、基础管理、资金运用等方面作出详细规定。

保险公司各层级的机构和人员，按各自岗位职责，适当采取措施，合理防范和有效控制经营管理中的各类风险，防止发生目标偏离。

保险公司内部控制的目标是保证保险公司的经营管理行为遵守法律法规、监管规定、行业规范、公司内部管理制度和诚信准则，保证保险公司的经营管理；保险公司要保障公司资产的安全性高，依赖性强，同时预防非法使用、侵占和处置公司资产的行为；保险公司要保障本公司的财务报告、偿付能力报告的完整性和真实性，其中的财务信息和管理信息也要保证真实、准确和完整；保险公司要增强公司的内部决策力和执行力，对管理效率要进一步提升，提高公司经营能力，改善公司经济效益；保险公司要保障发展战略的贯彻落实，深入推进公司稳健经营和可持续发展，股东、被保险人及其他利益相关者的合法权益不得被侵犯。

②《商业银行内部控制指引》。

《商业银行内部控制指引》在内部控制职责、内部控制措施、内部控制评价和监督方面做出明确指示。

明确商业银行内部控制是商业银行董事会、监事会、高级管理层和全体员工参与的，通过制定和实施系统化的制度、流程和方法，实现控制目标的动态过程和机制。

商业银行内部控制的目标：

a. 保证国家有关法律法规及规章的贯彻执行。

b. 保证商业银行发展战略和经营目标的实现。

c. 保证商业银行风险管理的有效性。

d. 保证商业银行业务记录、会计信息、财务信息和其他管理信息的真实、准确、完整和及时。

（2）规范从业人员的相关行为。

规范金融机构相关工作人员的行为，进一步推进金融行业内部的自律建设和廉政建设，提升内控机制在实际工作中的功用性，要求各机构员工在履行工作职责过程中做到公平性和公正性。

建立“落实机构主体责任、建立行业协作机制、强化外部监管”的工作体系，这三个要素共同发挥作用，防范违法犯罪行为。强化机构内控和行业自律机制建设，提出具体的措施：

①强化公司整体治理水平：完善公司治理，强化考核，将有效预防从业人员金融违法与高

管绩效考核挂钩。

②强化制度全流程控制：对经营管理、风险控制等岗位的高管加强监督、有效制衡。

③加强内控，及时对案件进行风险监测和排查：对从业人员做背调，加强重点领域、关键岗位的人员风险排查。

④严肃责任追究机制：对违法违规行为零容忍，如有涉嫌违法犯罪，移送司法、监察机关处理。

⑤完善教育培训体系建设：由行业协会和金融机构加强普法宣传，至少每年一次对从业人员进行警示教育。同时，为增强社会公众金融安全意识，协会等要积极开展宣传教育。

⑥强化行业性约束惩戒：监管机构和自律组织，加强信息采集及诚信档案管理，加强对会员的职业道德约束，如遇违规行为记入信用档案。

考点7 我国加强金融治理体系建设与实现治理能力现代化的内涵与目标

一、总述

金融回归本源为实体经济服务，加强金融治理体系建设和实现治理能力现代化是为了更好地提升金融服务实体经济的能力，达到既支撑经济高质量发展，也为国家治理体系建设和治理能力现代化作出贡献的目标。

二、金融治理的概述

（一）金融治理的定义

金融治理是一个综合的，涵盖了金融机构、金融市场、金融监管以及相关金融制度建设等多方面内容的，相互衔接、相互支撑的系统。

（二）金融治理的特征

金融治理是集重要性和特殊性为一体的经济治理。

(1) 重要性体现在：一国金融业的发展程度，代表一国经济发展的程度，所以，金融行业是国家的重要领域。

(2) 特殊性体现在：金融治理不是一个举措、一个制度，而是一个综合的体系、一个系统。

（三）我国在金融治理体系和治理能力方面存在的缺陷

(1) 不适应性：金融业的市场结构、金融业现有的经营理念、金融业的综合服务水平等与高质量发展的经济要求不匹配。

(2) 融资贵、融资难的问题亟待解决。

（四）我国在金融治理体系和治理能力方面存在缺陷的社会根源

(1) 金融供给侧结构性问题长期未得到解决，金融服务供给难以满足实体经济发展的需求。

(2) 金融治理体系发展不完善，金融治理能力不但未起到治理的功效，甚至还制约了金融发展，阻碍了金融体系结构优化。

（五）我国金融治理体系与治理能力现代化的目标

(1) 加速金融供给侧结构性改革，使金融更好地服务实体经济发展，满足人民群众对金融的多样化需求。

（2）把握金融治理永恒的目标：有效防范化解金融风险，守住不发生系统性金融风险的底线。

①处理好防范金融风险与稳定经济增长的关系：防范金融风险与稳定经济增长相辅相成、相互促进；打好风险防范攻坚战，同时，积极推动经济高质量增长。

②处理好防范金融风险与促进经济开放的关系：加强同业协作，严防金融风险交叉传染；同时，树立全球合规理念，不断提升行业合规经营水平，不断提升双向开放下的金融治理水平和治理能力现代化，持续加强反洗钱和制裁合规工作。

（3）提升我国金融机构参与金融市场的竞争力。

通过金融创新，推动金融产品、金融服务实现“质”的飞跃；同时加强金融供给侧改革，使金融机构更好地满足市场需要，提升市场竞争力。

（4）更好地发挥市场在资源配置中的决定性作用。

大力发展资本市场，促进多层次资本市场体系的形成，形成多结构全方位的市场结构体系，支持符合条件的中小企业在主板、科创板、中小板、创业板上市融资，加快推进创业板改革并试点注册制。科创板是我国多层次资本市场布局的重要补充见图 9-1。

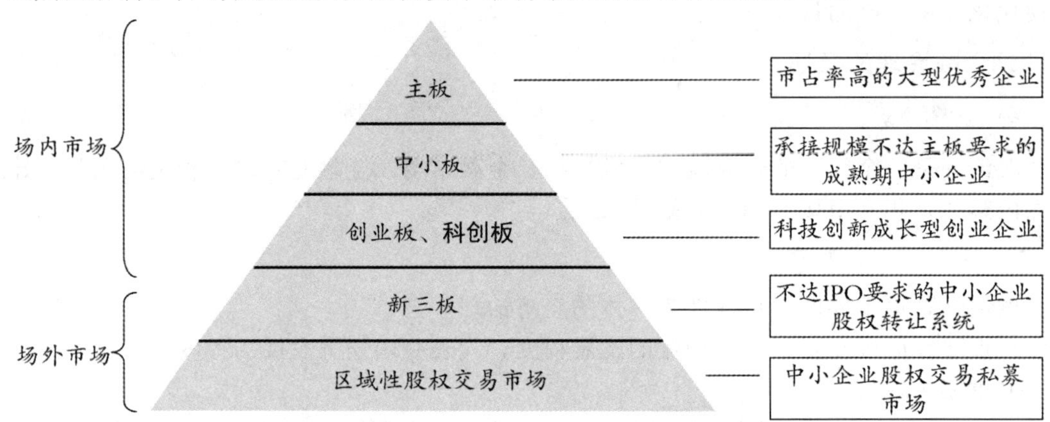

图 9-1　科创板是我国多层次资本市场布局的重要补充

（5）更好地发挥政府的宏观调控职能。

①完善宏观调控体系建设。

统筹协调重大政策实施，避免政策实施各自为政引发的效力相互抵消或过度叠加。

②建立现代中央银行制度。

现代中央银行制度是我国整个宏观调控体系的枢纽，也是我国现代金融体系的核心，所以建设现代中央银行制度是我国金融治理体系和治理能力现代化的重要目标。

【考点回顾】我国金融治理体系与治理能力现代化的目标有哪些？

考点 8　着力构建现代金融治理框架

一、总述

现代金融治理框架构建的核心在于加强金融监管与深化金融调控。完善三个层次的金融治理体系建设，并将外部监督与行业自律的辅助治理制度结合，形成三层次两辅助的局面。

二、“三个层次”的建设

（一）宏观层次：加快构建宏观金融治理框架

进一步完善货币政策与宏观审慎管理政策的“双支柱”金融调控体系，加快构建宏观金融治理框架。

（1）建立现代中央银行制度、完善基础货币投放机制：经济发展新形势下，做好基础货币投放的流动性管理，使货币政策传导机制得以优化，基准利率和利率市场化体系得以健全。

（2）加强宏观审慎管理：通过运用多种宏观审慎政策工具，使金融调控更有针对性、有效性；同时，加强逆周期调节和跨市场、前瞻性调节，审慎管理。

（二）中观层次：加强审慎监管和行为监管相结合

（1）从严监管，要将审慎监管和行为监管二者相结合。

（2）补齐短板，注重对持牌机构的严格监管，加强对无牌照开展金融活动的机构的监管，避免监管真空与监管套利问题。

（三）微观层次：加强金融机构治理

加强金融机构、金融市场组织和中介机构的公司治理。

三、加强金融业外部监督

外部监督是金融调控、金融监管、金融机构治理的有效补充，是完善现代金融治理体系的重要组成部分。

四、加强金融业自律管理

行业自律是行业协会等自律组织对会员展开的自律管理，是金融监管的有益补充。

过去，金融行业组织用传统的准行政管理进行自律管理，效果甚微；行业自律管理转变后，大大提升了自律管理的有效性。

扫码听课

考点 9 强化金融治理基础保障体系建设

金融治理基础保障体系的强化需要金融的法律法规制度、金融基础设施、专业人才、金融科技、社会信用体系等的共同支持。

（1）法律法规是金融运行和金融治理的基本规范。

强化金融治理基础保障体系建设就要进一步要求金融机构守法合规，加强行政监管及行业自律。对于金融行业的新业态如互联网金融、网贷平台等，要加快补齐监管短板。

（2）金融基础设施是深入开展金融治理的载体。

统筹规划：加强金融基础设施统筹规划，形成布局合理的金融基础设施体系。

统筹建设：加强对重要金融基础设施的统筹建设，推动重要基础设施实现互联互通。

系统搭建：加快高效科学的金融信息管理系统建设，推动金融数据共享。

稳健运行：强化关键金融信息设施安全保障管理，进而促进金融体系安全稳定运行。

（3）加强金融专业复合型人才培养。

金融治理能力现代化需要综合型人才，即兼具专业技术，又有金融实践的复合型人才。

（4）推动金融科技发展赋能金融服务。

金融科技为现代金融发展赋能，当金融科技与金融发展进一步融合时，创新金融产品和金融服务，探索新的金融发展业态，并使金融监管优化升级，实现动态监管，避免监管空白。

（5）完善社会信用体系建设。

①社会信用体系是现代金融体系得以完善的根本保障和深化金融治理的重要基础。

②健全覆盖全社会的征信体系，要使每个金融市场的参与主体都遵守诚信准则，加强信用体系建设，共同打造良好的金融生态环境。

考点⑩ 加强金融治理能力体系建设

完善金融治理能力体系建设，需要以下几个方面共同发展。

（1）提高金融服务实体经济的能力。

金融产生于实体经济，在实体经济的发展中获得进一步发展，介于二者的相互作用，服务实体经济是金融业的本源。我国宏观调控部门、监管部门、金融机构都要共同提升服务实体经济的能力，尤其是商业银行，其风险识别能力和信贷投放能力都需要得到更好的提升。

（2）提高防范和化解金融风险的能力。

①提高金融风险防范、监测预警、应急处置能力。

②模拟场景，完善压力测试制度。

③加强金融风险防范化解的协同调节能力。

④金融机构的主体责任、各级政府部门的属地监督和风险治理责任、宏观管理部门的协作和兼顾责任、监管部门的监管责任都要有明确性。

（3）提高金融改革和创新的能力。

改革创新是为了使金融更好地服务实体经济；防范、化解金融风险是为了更好地构建金融安全体系；金融发展的深度和广度，很大程度取决于金融改革创新能力。

（4）增强金融对外开放水平与能力。

扩大金融业双向开放，“引进来，走出去”是满足更高水平开放型经济新体制的体现。

不断积极学习国际先进经验、不断提高开放条件下的金融管理能力、风险防控能力和国际竞争能力，是我国提高金融对外开放水平和对外开放能力的必由之路。

（5）加强参与金融全球治理的能力。

①在高水平对外开放的条件下，积极参与全球金融治理是我国实现金融治理能力现代化的必然要求，也是我国作为负责任大国的应有担当。

②建立健全货币政策的国际协调机制，提升我国在国际货币体系中的话语权和国际影响力，我国要积极参与国际金融治理，同时对内也要进一步提升我国的金融治理能力。

③发出中国声音，提出中国方案。

④不但金融要走出去，监管也要走出去，积极推动金融监管合作和规则互认。

【考点回顾】我国加强金融治理能力体系建设的要求有哪些？

本章小结

第九章 健全金融企业制度与提升金融治理能力

- 政策支持
- 现代金融企业制度的系列要素
  - 金融企业产权制度
  - 金融企业经营制度
  - 金融企业管理制度
  - 金融企业组织制度
- 现代金融企业制度的目标
  - 最优化内部资源配置
  - 最大化股东财富或净资产
  - 金融资产合理化流动
  - 最小化金融资产风险
- 现代金融企业制度的功能
  - 协调关系
  - 规范行为
- 完善金融企业公司治理结构
  - 加强党的绝对领导
  - 严格规范股权管理
  - “三会一层”建设进一步加强
  - 激励约束机制得以优化
  - 金融消费者的合法权益得到必要的保护
  - 完善信息披露机制
  - 加强公司治理监管评价体系建设
- 强化金融企业内控机制建设
  - 金融企业内控机制建设的主要内容
  - 金融企业内控机制建设的措施
- 我国加强金融治理体系建设与实现治理能力现代化的内涵与目标
  - 总述
  - 金融治理的概述
- 着力构建现代金融治理框架
  - 总述
  - “三个层次”的建设
  - 加强金融业外部监督
  - 加强金融业自律管理
- 强化金融治理基础保障体系建设
- 加强金融治理能力体系建设

本章练习

一、简答题

1. 现代金融企业制度的要素都包括什么？

2. 在完善金融企业公司治理结构方面，如何强化金融消费者合法权益保护？

3. 中央全面深化改革委员会十次会议提出“加强国有金融资本管理、建立统一的出资人制度，要坚持以管资本为主、市场化、审慎性原则，明确出资人与受托人职责，加强金融机构国有资本管理与监督，健全责任追究制度，完善现代金融企业制度和国有金融资本管理制度”。简述在全面建立现代金融企业产权制度方面，现代产权界定应遵循的五个基本原则。

二、案例题

（一）

全国金融工作会议强调：完善现代金融企业制度，完善公司法人治理结构，优化股权结构。建立有效的激励约束机制，避免短视化行为。完善风险管理框架，强化风险内控机制建设，推动金融机构真实披露和及时处置风险资产。

问题：

1. 试叙述我国完善现代金融企业制度的目标。

2. 试叙述我国完善现代金融企业制度的功能。

（二）

党的十八大以来，金融系统坚持以习近平新时代中国特色社会主义思想为指导，持续推进全面从严治党，把加强党的领导与建设现代企业制度紧密结合起来，将强化公司治理作为转变体制机制的重要着力点，取得了长足进步。

材料一：我国国有大型银行较早开始探索海内外上市，改变了单一型股权结构。股份制银行、城商行、农商行的股权结构也逐步多元化。境外商业银行在我国设立 41 家外资法人银行和 115 家外国银行分行。保险公司民营资本占比达到 49%，外资保险公司数量占行业总数约 27%。

材料二：国有控股银行保险机构在公司章程中明确了党组织在公司治理中的地位，并通过“双向进入、交叉任职”、党内监督与企业内控结合等机制安排，确保党组织真正发挥把方向、管大局、保落实的作用。

问题：

1. 境内的商业银行，可以通过什么方式来完善股权结构？

2. 境内商业银行可以通过什么方式，完善金融企业内部治理？

3. 我国现有金融机构公司治理与高质量发展的过程中，还存在哪些问题，可以有哪些改进措施。

（三）

我国金融机构跨业投资形成金融集团，非金融机构形成事实金融机构。2004 年经济合作与发展组织（OECD）修订《公司治理准则》；2013 年 7 月，中国银监会印发《商业银行公司治理指引》，以完善商业银行治理，促进商业银行稳健经营和健康发展；2014 年巴塞尔银行监督委员会修订《健全银行的公司治理》；2021 年 1 月，中国银保监会就《银行保险机构公司治理准则（征求意见稿）》，公开征求意见。

近年来，我国的一些大盘金融机构通过跨国公司投资形成金融集团。一些非金融机构通过控股不同的金融公司，形成事实上的金融控股公司；2020 年 9 月，银保监会推出关于金融控股公司的准入文件，对准入作了一些限制；2020 年 12 月，国家再次出台关于金融控股公司的监管文件。

2020 年 12 月，政府约谈了某网络平台，要求其设立金融控股公司，规范行为治理，并加强公司治理。

问题：

1. 近年来，我国金融控股公司的良好公司治理通常包括哪些方面？

2. 近年来，我国金融控股公司出现的问题主要体现在哪些方面？

3. 对金融控股公司的监管应遵循哪些原则，如何规范金融控股公司的股东和资本管理？

4. 关于如何完善中国特色的现代金融控股公司治理机制，从健全股权管理、提升治理能力等角度谈谈你的建议。

参考答案

一、简答题

1. 现代金融企业制度的要素包括金融企业产权制度、金融企业经营制度、金融企业管理制度和金融企业组织制度。

（1）金融企业产权制度是对金融企业法人实际控制的金融资产的所有权、使用权、收益权、处置权、支配权等多项权利确认的法律规定，是对金融企业法人内部各行为主体的约束和必须遵守的行为规范。它是金融企业制度的核心与基础。

（2）金融企业经营制度是通过对大量理论研究与实践经验的总结，找出系统的、合理的金融企业经营活动的规律，并以法律的形式将其确立下来，以此来约束和规范金融企业的经营活动，从而促使金融企业发挥自身调节功能，降低经营成本，减少经营风险，提高经营水平和效益的制度。

（3）金融企业管理制度是指在约束企业内部各生产要素主体行为的同时，协调内部各种经济关系，以此调动各行为主体的积极性，提高工作效率的制度规范。

（4）金融企业组织制度是指对金融企业内部机构的设置以及相关的人员配置、职能分工、利益分配等的规定。

财产主体只有通过授权、委托代理等关系，将财产的使用权、支配权、处置权、收益权等权利，分配给不同层次的权能主体——分支机构，才能完成金融企业全部的经营活动。

2. （1）金融机构应尽的保护责任：主动履行社会责任，夯实消费者权益保护主体责任。

（2）银行保险机构应尽的保护责任：

①推动董事会下设消费者权益保护专业委员会，明确履行消费者权益保护职责的具体部门，建立和完善消费者权益保护有关工作机制、考核机制和监督机制。

②优化消费者投诉处理流程，积极参与金融纠纷多元化解工作。健全销售行为可回溯制度，充分披露金融产品和服务信息，对影响消费者决策的关键信息，应遵循简明性和易得性，用规范、标准化的格式进行披露。

③加强对金融消费者的宣传教育，提升消费者金融素养和风险意识，完善对第三方合作机构的准入、监督和评价机制。

3.（1）经营原则。

产权界定最基本的意义：产权界定必须保证为企业从事各种经营活动提供必要条件。

（2）市场原则。

产权界定要充分考虑既定市场环境下开展竞争的需求，产权界定需要有助于企业参与市场竞争。

（3）激励原则。

产权界定所明确的产权关系应当有利于调动各产权主体的积极性，使其能自觉投入经营活动并自觉约束自身行为。

（4）效益原则。

产权界定所明确的产权关系应当能够促进各产权主体间的协调发展，提升资源配置效率。

（5）监督原则。

产权界定应当有助于对各行为主体展开监督，保证主体行为规范，最大限度降低经营风险。

二、案例题

（一）

1. 现代金融企业制度的目标是设计、调整金融企业制度的出发点和准则，也是金融企业制度合理性、有效性的评价标准。

现代金融企业制度的目标包括金融企业最优化内部资源配置、最大化股东财富或净资产、金融资产合理化流动、最小化金融资产风险四个方面。

（1）金融企业最优化内部资源配置。

金融企业最优化内部资源配置是指以金融企业制度的约束，实现企业资本的最有效利用，使企业内部各生产要素达到最佳组合状态，提高内部资源的整体利用效率，从而降低生产与经营成本。

此外，金融企业制度还抑制了外部非市场的干扰因素，如政府以及相关监管部门对企业经营活动的行政干预。

金融企业制度的实质：赋予企业进行自身资源配置的权利，并约束企业根据市场变化适时调整配置方式，在动态中达到优化配置。

（2）最大化股东财富或净资产。

该目标是指在一定时期内资本增值最大化或由资本所形成的净资产的最大化。

以股东财富或净资产状况作为指标，具有以下优势：

①同时反映企业资产和负债状况。

②同时考察企业短期获利和长期创利情况。

③同时揭示企业盈利和风险情况。

（3）金融资产合理化流动。

该目标是指促使金融企业保持合理、适度的周转性资金流量。

与非金融企业相比，金融企业的货币经营、高度信用化、较高负债率属性较为突出。应防范金融资产流动性不足而引发债务危机、信用危机。但也要注意，周转性资金流量过多会导致用于创造利润的资金减少，使成本提高，效益下降。

(4) 最小化金融资产风险。

最小化金融资产风险是指通过设立和调整金融企业制度，约束金融企业行为，从制度上化解已经形成的风险，消除潜在风险的隐患，把金融企业风险降到最低点，实现金融资产的良性运营。

例如，商业银行的贷款人到期不能履约引发信用风险，国家信用下降引起的国家信用风险，利率变化引起的利率风险，国际汇率变化引起的汇率风险等。

2. 现代金融企业制度的两个功能：协调关系和规范行为。

(1) 协调关系。

①定义：通过现代金融企业制度明确各行为主体及生产要素的职能分工、职权范围、权利义务及责任。

②在金融企业外部，现代金融企业制度可以协调金融企业与政府、投资者、监管部门、借款人及与金融企业活动相关的其他社会经济主体的关系。

③在金融企业内部，现代金融企业制度可以协调出资者、经营管理者、内部各机构、各岗位之间的关系，并且协调生产要素配置、财务分配关系。

(2) 规范行为。

规范行为是指现代金融企业制度的实质是在与金融企业生产经营活动相关的各行为主体间签订的合法契约，可以对契约双方的利益进行约束和保护。

(二)

1. 商业银行的股权结构可以通过多元化实现。如银行保险机构通过股份制改造和境内外上市等多种途径，引入社会资本，推动形成由国有股东、机构投资者和社会公众共同持股的多元化股权结构。

2. 公司治理组织架构可以通过完善“三会一层”形成。建立了以股东大会、董事会、监事会和高级管理层为主体的公司治理组织架构，形成“三会一层”各司其职、有效制衡、协调运作的公司治理结构。

3. (1) 存在的发展不平衡：机构发展不能完全适应金融业快速发展、金融体系更加复杂和不断开放的趋势，现代金融企业权利责任不对等。

(2) 发展不平衡的具体表现为：一些机构党的领导和党的建设薄弱；股权关系不透明、不规范；股东行为不合规、不审慎；董事会履职有效性不足；高级管理层职责定位存在偏差；监事会监督不到位；战略规划和绩效考核不科学。就中小银行和保险、信托公司而言，最突出的不良案例是大股东操控、内部控制，还有比较普遍的行政干预现象。

(3) 具体措施：

①全面加强党的领导。

把党的领导融入公司治理环节中，把企业党组织内嵌到公司治理结构中，是中国特色现代国有企业制度的精髓。

国有及国有控股金融机构要坚持“两个一以贯之”的基本原则，将党的领导融入公司治理各环节。坚持党对国有企业的领导是重大政治原则，必须一以贯之；建立现代企业制度是国有企业改革的方向，也必须一以贯之。

②严格规范股权管理。

③加强“三会一层”建设。

④优化激励约束机制。

⑤强化金融消费者合法权益保护。

⑥加强信息披露制度建设。

⑦强化公司治理监督评估。

（三）

1. 良好的金融控股集团公司治理大多由以下要素构成：

（1）股权结构是公司治理的前提基础。

（2）利益相关者治理是公司治理的关键问题。

公司的核心竞争力及其经营的成功是投资者、员工、债权人、客户、供应商以及其他利益相关者共建共治、联合贡献的结果。应正确处理好股东与债权人、投资者等金融消费者的关系，股东与监管者、长期社会责任之间的关系。

（3）董事会等治理主体的履职质效是良好的公司治理结构的集中体现。

应完善公司治理制度规则，明确控股股东、实际控制人、董事、监事和高级管理人员的职责界限和法律责任。

（4）风险管理和内控体系在公司治理中的地位日益突出。

金融行业以及金融控股公司的特殊性，要求金融控股集团公司治理从组织架构、功能设置到监督执行等不同层面，都应围绕风险管理的内容重心建立完善。

2. 我国金融控股公司出现的问题主要体现在：

（1）关联交易常见于金融企业内部。

关联交易的诸多操作手法使金融控股公司各成员的财务报表的真实性存在疑问。在一旦“防火墙”失效或者在根本没有“防火墙”的情况下，内部关联交易极易积聚风险，最后可能引发整个金融控股公司的支付危机。

（2）控股公司内部的风险传播。

风险传播是指某一集团成员发生的经营事故可能引发另一个成员的流动性困难，或大幅度地影响后者的业务量，风险传播的基础是集团的内部交易。如果后者是一家被监管金融子公司，就必然引起监管机构的关注。当一个集团成员陷入财务困难时，可能由于已有的资金往来而使其他集团成员被迫救助，从而发生新的资金往来。风险传播使金融控股公司的风险和风险处理复杂化，并产生风险传递。

（3）监管有盲点，风险管理有待加强。

金融控股公司下属各子公司的业务涉及多个行业，不同行业的监管标准、监管方法及监管重点各有不同。因此，监管部门很难以点带面掌握全局风险。

（4）内部治理结构不够完善，在风险意识和管理制度等方面存在缺陷。

（5）现代企业制度不够健全，在经营行为上忽视金融业发展的规律及潜在风险。

3. 规范金融控股公司的股东和资本管理的措施：

（1）在核心主业、公司治理、财务状况、股权结构、风险管理等方面，对股东资质提出要

求，并对主要股东、控股股东和实际控制人连续盈利等提出差异化要求。

（2）投资资金来源应依法合规，监管部门对其实施穿透管理。

（3）设定负面清单，明确禁止金融控股公司控股股东从事的行为。

（4）建立资本充足性监管制度，金融控股集团的资本应当与其资产规模和风险水平相适应。

4. 金融是国家重要的核心竞争力，金融制度是经济社会发展中重要的基础性制度，金融治理是重要而特殊的经济治理，涵盖金融机构、金融市场、金融监管及金融制度建设等多方面内容，是一个相互衔接、相互支撑的系统。

（1）从健全股权管理角度。

①金融控股公司的股权结构应当简明、清晰、可穿透，法人层级合理，与自身资本规模、经营管理能力和风险管控水平相适应，其所控股机构不得反向持股、交叉持股。

②金融控股公司所控股金融机构不得再成为其他类型金融机构的主要股东，但金融机构控股与自身同类型的或者属于业务延伸的金融机构并经金融管理部门认可的除外。

③在《金融控股公司监督管理试行办法》实施前已存在的、但股权结构不符合要求的企业集团，经金融管理部门认可后，在过渡期内降低组织架构复杂程度，简化法人层级。

（2）从提升治理能力角度。

①金融控股公司应当完善公司治理结构，依法参与所控股机构的法人治理，不得干预所控股机构的独立自主经营。对金融控股公司的董事、监事和高级管理人员任职实施备案管理。

②金融控股公司应当在并表基础上建立健全全面风险管理体系，覆盖所控股机构和各类风险。

③建立健全集团风险隔离机制，规范发挥协同效应，注重客户信息保护。

④加强关联交易管理，集团相关关联交易应依法合规、遵循市场原则。

【名师点拨】中国人民银行印发《金融控股公司监督管理试行办法》（中国人民银行令〔2020〕第4号，以下简称《金控办法》）

金融控股公司监督管理试行办法（节选）

第一章　总则

第一条　为规范金融控股公司行为，加强对非金融企业等设立金融控股公司的监督管理，防范系统性金融风险，根据《中华人民共和国中国人民银行法》《中华人民共和国公司法》《中华人民共和国商业银行法》《中华人民共和国证券法》《中华人民共和国证券投资基金法》《中华人民共和国保险法》《中华人民共和国银行业监督管理法》《中华人民共和国信托法》等法律、行政法规以及《国务院关于实施金融控股公司准入管理的决定》（国发〔2020〕12号），制定本办法。

第二条　本办法所称金融控股公司是指依法设立，控股或实际控制两个或两个以上不同类型金融机构，自身仅开展股权投资管理、不直接从事商业性经营活动的有限责任公司或股份有限公司。

本办法适用于控股股东或实际控制人为境内非金融企业、自然人以及经认可的法人的金融控股公司。金融机构跨业投资控股形成的金融集团参照本办法确定监管政策标准，具体规则另行制定。

本办法所称金融机构包括以下类型：

（一）商业银行（不含村镇银行）、金融租赁公司。

（二）信托公司。

（三）金融资产管理公司。

（四）证券公司、公募基金管理公司、期货公司。

（五）人身保险公司、财产保险公司、再保险公司、保险资产管理公司。

（六）国务院金融管理部门认定的其他机构。

本办法所称金融控股公司所控股金融机构是指金融控股公司控股或实际控制的境内外金融机构。本办法将控股或实际控制统称为实质控制。金融控股集团是指金融控股公司及其所控股机构共同构成的企业法人联合体。

第三条 投资方直接或间接取得被投资方过半数有表决权股份的，即对被投资方形成实质控制。计算表决权时应当综合考虑投资方直接或间接持有的可转换工具、可执行认股权证、可执行期权等潜在表决权。

投资方未直接或间接取得被投资方过半数有表决权的股份，有以下情形之一的，视同投资方对被投资方形成实质控制：

（一）投资方通过与其他投资方签订协议或其他安排，实质拥有被投资方过半数表决权。

（二）按照法律规定或协议约定，投资方具有实际支配被投资方公司行为的权力。

（三）投资方有权任免被投资方董事会或其他类似权力机构的过半数成员。

（四）投资方在被投资方董事会或其他类似权力机构具有过半数表决权。

（五）其他属于实质控制的情形，包括按照《企业会计准则第 33 号——合并财务报表》构成控制的情形。

两个或两个以上投资方均有资格单独主导被投资方不同方面的决策、经营和管理等活动时，能够主导对被投资方回报产生最重大影响的活动的一方，视为对被投资方形成实质控制。

投资方在申请设立金融控股公司时，应当书面逐层说明其股权结构，直至最终的实际控制人、受益所有人，以及与其他股东的关联关系或一致行动人关系。

第四条 中国人民银行依法对金融控股公司实施监管，审查批准金融控股公司的设立、变更、终止以及业务范围。

国务院金融管理部门依法按照金融监管职责分工对金融控股公司所控股金融机构实施监管。

财政部负责制定金融控股公司财务制度并组织实施。

建立金融控股公司监管跨部门联合机制。中国人民银行与国务院银行保险监督管理机构、国务院证券监督管理机构、国家外汇管理部门加强对金融控股公司及其所控股金融机构的监管合作和信息共享。中国人民银行、国务院银行保险监督管理机构、国务院证券监督管理机构、国家外汇管理部门与发展改革部门、财政部门、国有资产管理部门等加强金融控股公司的信息数据共享。

第五条 中国人民银行会同相关部门按照实质重于形式原则，对金融控股集团的资本、行为及风险进行全面、持续、穿透监管，防范金融风险跨行业、跨市场传递。

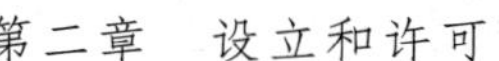

第二章　设立和许可

第六条　非金融企业、自然人及经认可的法人实质控制两个或两个以上不同类型金融机构，并具有以下情形之一的，应当设立金融控股公司：

（一）实质控制的金融机构中含商业银行，金融机构的总资产规模不少于 5 000 亿元的，或金融机构总资产规模少于 5 000 亿元，但商业银行以外其他类型的金融机构总资产规模不少于 1 000 亿元或受托管理资产的总规模不少于 5 000 亿元。

（二）实质控制的金融机构不含商业银行，金融机构的总资产规模不少于 1 000 亿元或受托管理资产的总规模不少于 5 000 亿元。

（三）实质控制的金融机构总资产规模或受托管理资产的总规模未达到第一项、第二项规定的标准，但中国人民银行按照宏观审慎监管要求，认为需要设立金融控股公司的。

符合前款规定条件的企业集团，如果企业集团内的金融资产占集团并表总资产的比重达到或超过 85%的，可申请专门设立金融控股公司，由金融控股公司及其所控股机构共同构成金融控股集团；也可按照本办法规定的设立金融控股公司的同等条件，由企业集团母公司直接申请成为金融控股公司，企业集团整体被认定为金融控股集团，金融资产占集团并表总资产的比重应当持续达到或超过 85%。

第七条　申请设立金融控股公司的，除应当具备《中华人民共和国公司法》规定的条件外，还应当具备以下条件：

（一）实缴注册资本额不低于 50 亿元人民币，且不低于直接所控股金融机构注册资本总和的 50%。

（二）拟设金融控股公司的股东、实际控制人符合相关法律、行政法规、国务院决定和本办法规定。

（三）有符合任职条件的董事、监事和高级管理人员。

（四）有健全的组织机构和有效的风险管理、内部控制制度。

（五）有能力为所控股金融机构持续补充资本。

设立金融控股公司，还应当符合其他审慎性条件。

第八条　非金融企业、自然人持有金融控股公司股权不足 5%且对金融控股公司经营管理无重大影响的，应当符合以下条件：

（一）非金融企业应当依法设立，股权结构清晰，公司治理完善。

（二）非金融企业和自然人最近三年无重大违法违规记录或重大不良信用记录；没有因涉嫌重大违法违规正在被调查或处于整改期间；不存在对所投资企业经营失败负有重大责任未逾三年的情形；不存在因故意犯罪被判处刑罚、刑罚执行完毕未逾五年的情形。

（三）非金融企业不存在长期未实际开展业务、停业、破产清算、治理结构缺失、内部控制失效等影响履行股东权利和义务的情形；不存在可能严重影响持续经营的担保、诉讼、仲裁或其他重大事项。

通过证券交易所、全国中小企业股份转让系统交易取得金融控股公司 5%以下股份的股东，不适用本条前述规定。

金融产品可以持有上市金融控股公司股份，但单一投资人、发行人或管理人及其实际控制人、关联方、一致行动人控制的金融产品持有同一金融控股公司股份合计不得超过该金融控股公司股份总额的5%。

第九条　非金融企业、自然人申请设立或投资入股成为金融控股公司主要股东、控股股东或实际控制人的，应当在符合本办法第八条规定的同时，还符合以下条件：

（一）非金融企业和自然人应当具有良好的信用记录和社会声誉。

（二）非金融企业应当核心主业突出，资本实力雄厚，投资金融机构动机纯正，已制定合理的投资金融业的商业计划，不盲目向金融业扩张，不影响主营业务发展。

（三）非金融企业应当公司治理规范，股权结构和组织架构清晰，股东、受益所有人结构透明，管理能力达标，具有有效的风险管理和内部控制机制。

（四）非金融企业应当财务状况良好。成为主要股东的，应当最近两个会计年度连续盈利。成为控股股东或实际控制人的，应当最近三个会计年度连续盈利，年终分配后净资产达到总资产的40%（母公司财务报表口径），权益性投资余额不超过净资产的40%（合并财务报表口径）。

（五）持有金融控股公司5%以上股份的自然人，应当具有履行金融机构股东权利和义务所需的知识、经验和能力。

金融控股公司主要股东、控股股东和实际控制人不得以发行、管理或通过其他手段控制的金融产品持有该金融控股公司股份。

金融控股公司股东或实际控制人为经认可的法人的，应具备的条件另行规定。

第十条　非金融企业、自然人及经认可的法人存在下列情形之一的，不得成为金融控股公司的主要股东、控股股东或实际控制人：

（一）股权存在权属纠纷。

（二）曾经委托他人或接受他人委托持有金融控股公司或金融机构股权。

（三）曾经虚假投资、循环注资金融机构，或在投资金融控股公司或金融机构时，有提供虚假承诺或虚假材料行为。

（四）曾经投资金融控股公司或金融机构，对金融控股公司或金融机构经营失败或重大违规行为负有重大责任。

（五）曾经投资金融控股公司或金融机构，拒不配合中国人民银行或国务院银行保险监督管理机构、国务院证券监督管理机构、国家外汇管理部门监管。

第十一条　金融控股公司的控股股东或实际控制人不得存在以下情形：

（一）通过特定目的载体或委托他人持股等方式规避金融控股公司监管。

（二）关联方众多，股权关系复杂、不透明或存在权属纠纷，恶意开展关联交易，恶意使用关联关系。

（三）滥用市场垄断地位或技术优势开展不正当竞争。

（四）操纵市场、扰乱金融秩序。

（五）五年内转让所持有的金融控股公司股份。

（六）其他可能对金融控股公司经营管理产生重大不利影响的情形。

第十二条　金融控股公司股东应当以合法自有资金投资金融控股公司，确保投资控股金融控股公司资金来源真实、可靠。

金融控股公司股东不得以委托资金、债务资金等非自有资金以及投资基金等方式投资金融控股公司，不得委托他人或接受他人委托持有金融控股公司的股权，法律、行政法规另有规定的除外。

金融控股公司应当以合法自有资金投资控股金融机构，不得对金融机构进行虚假注资、循环注资，不得抽逃金融机构资金。

中国人民银行对金融控股公司的资本合规性实施穿透管理，向上核查投资控股金融控股公司的资金来源，向下会同其他国务院金融管理部门核查金融控股公司投资控股金融机构的资金来源。

第十四条　申请设立金融控股公司或企业集团母公司申请作为金融控股公司时，发起人或控股股东应当就以下内容出具说明或承诺函：

（一）投资设立金融控股公司的目的。

（二）金融控股公司的真实资本来源，金融控股公司投资控股金融机构的真实资金来源。

（三）金融控股公司的组织架构和管理模式。

（四）金融控股公司的控股股东、实际控制人、受益所有人、一致行动人以及关联方。

（五）在金融控股公司设立之时，金融控股公司的股东之间无关联关系。

（六）金融控股公司与关联方之间、关联方相互之间不进行不当关联交易。

（七）必要时向金融控股公司补充资本。

（八）必要时金融控股公司向所控股金融机构及时补充资本金。

（九）承诺遵守本办法规定。

以上事项发生变化的，应当重新出具说明或承诺函。

第十五条　金融控股公司有下列事项之一的，应当经中国人民银行批准：

（一）变更名称、住所、注册资本。

（二）修改公司章程。

（三）变更持有5%以上股权的主要股东、实际控制人。

（四）投资控股其他金融机构。

（五）增加或减少对所控股金融机构持股或出资比例，导致金融控股公司实际控制权益变更或丧失的。

（六）金融控股公司分立、合并、终止或解散。

中国人民银行自受理上述事项申请之日起三个月内作出批准或不予批准的决定。

金融控股公司依法终止其业务活动，应当注销其金融控股公司许可证。

第十六条　金融控股公司除对所控股的金融机构进行股权管理外，还可以经中国人民银行批准，对所控股的金融机构进行流动性支持。金融控股公司应当严格规范该资金使用，并不得为其主要股东、控股股东和实际控制人提供融资支持。

金融控股公司开展跨境投融资活动，应当遵守国家有关跨境投融资及外汇管理规定。

第十七条　金融控股公司可以投资经国务院金融管理部门认定与金融业务相关的机构，但投资总额账面价值原则上不得超过金融控股公司净资产的15%。国家另有规定的除外。

第三章　公司治理与协同效应

第二十条　金融控股公司应当完善公司治理结构，依法参与所控股机构的法人治理，促进所控股机构安全稳健运行。

金融控股公司不得滥用实质控制权，干预所控股机构的正常独立自主经营，损害所控股机构以及其相关利益人的合法权益。金融控股公司滥用实质控制权或采取不正当干预行为导致所控股机构发生损失的，应当对该损失承担责任。

第二十三条　金融控股公司及其所控股机构在集团内部共享客户信息时，应当确保依法合规、风险可控并经客户书面授权或同意，防止客户信息被不当使用。

金融控股公司所控股机构在提供综合化金融服务时，应当尊重客户知情权和选择权。

第四章　并表管理与风险管理

第三十六条　金融控股公司及其所控股机构不得进行以下关联交易：

（一）利用其实质控制权损害其他股东和客户的合法权益。

（二）通过内部交易进行监管套利。

（三）通过第三方间接进行内部交易，损害金融控股公司稳健性。

（四）金融控股公司所控股金融机构（财务公司除外）向金融控股公司提供融资，或向金融控股公司的股东、其他非金融机构关联方提供无担保融资等。

（五）金融控股公司所控股金融机构（财务公司除外）向金融控股公司其他关联方提供的融资或担保，超过提供融资或担保的所控股金融机构资本净额的10%，或超过接受融资或担保的金融控股公司关联方资本净额的20%，国务院银行保险监督管理机构、国务院证券监督管理机构另有规定的除外。

（六）金融控股公司所控股金融机构（财务公司除外）和所控股非金融机构接受金融控股公司的股权作为质押标的。

（七）金融控股公司对金融控股集团外的担保余额超过金融控股公司净资产的10%。

（八）中国人民银行禁止的其他行为。

第三十七条　金融控股公司应当按照法律、行政法规和中国人民银行要求，遵循真实、准确、完整的原则，及时进行信息披露。对信息披露中的虚假记载、误导性陈述及重大遗漏等依法承担责任。

第七章　附则

第五十三条　本办法所称金融控股公司主要股东是指持有或控制金融控股公司股份总额5%以上股份或表决权，或持有股份总额不足5%但对金融控股公司经营管理有重大影响的股东。

本办法所称金融控股公司控股股东是指其出资额占金融控股公司资本总额50%以上或其持有的股份占金融控股公司股本总额50%以上的股东；出资额或持有股份的比例虽不足50%，但依其出资额或持有的股份所享有的表决权已足以对股东会、股东大会的决议产生重大影响或能够实际支配公司行为的股东。

本办法所称实际控制人是指通过投资关系、协议或其他安排，能够实际支配公司行为的人。

第五十四条　本办法实施前已经存在的、具备金融控股公司设立情形的机构，如果未达到本办法规定的监管要求，经国务院金融管理部门同意，可以在一定期限内进行整改，并由国务院金融管理部门进行验收。

第五十五条　本办法由中国人民银行负责解释。

第五十六条　本办法自2020年11月1日起施行。

第十章　金融科技与监管科技

本章导学

本章的重要性与第七章金融监管体制改革一样，符合现代金融发展的趋势，适合结合实际进行相关考查。

考情分析：本章在统考元年，考查了主观题，在备考中，考生应重视本章。

结合金融创新谈金融科技；结合金融科技的发展，谈金融科技的水平提升；结合监管科技的发展总结金融科技发展过程中带来的新问题与解决问题的新方法。

考纲再现

包括我国金融科技发展的基本状况与主要特点，当前我国发展金融科技的主要目标和重点任务，提升金融科技水平的措施建设；全球金融科技发展现状和最新进展，金融科技发展带来的挑战；监管科技发展现状，监管科技对监管机构、金融机构的影响等。

基础概念篇

（1）A＋B＝C 模式的金融科技释义：指技术为金融带来的创新，创造出了新的业务模式、新的应用、新的流程或新的产品，从而为金融服务、金融市场、金融机构的业务模式带来新的转变。

最常见的解释：金融科技主要是指由大数据、区块链、云计算、人工智能等新兴技术带动，对金融市场及金融服务业务供给产生重大影响的新兴业务模式、新技术应用、新产品服务等。

（2）A＋B＝Aplus 模式的金融科技释义：指传统金融企业利用现代科技手段，带来创新变革，提高了效率以及提升了用户体验。

扫码听课

考点1　金融科技发展的重要意义

一、金融科技成为推动金融转型升级的新引擎

金融科技的核心是利用现代科技成果优化或创新金融产品、经营模式和业务流程。借助机器学习、数据挖掘、智能合约等技术，金融科技能简化供需双方交易环节，降低资金融通边际成本，开辟获取客户资源的全新途径，推动金融机构在盈利模式、业务形态、资产负债、信贷关系、渠道拓展等方面持续优化，不断增强核心竞争力，为金融业转型升级持续赋能。

二、金融科技成为金融服务实体经济的新途径

发展金融科技能够快速捕捉数字经济时代市场需求变化，有效增加和完善金融产品供给，

助力供给侧结构性改革。

运用先进科技手段对企业经营运行数据进行建模分析，实时监测资金流、信息流和物流，为资源合理配置提供科学依据，引导资金从高污染、高能耗的产能过剩产业流向高科技、高附加值的新兴产业，推动实体经济健康可持续发展。

三、金融科技成为促进普惠金融发展的新机遇

通过金融科技不断缩小数字鸿沟，解决普惠金融发展面临的成本较高、收益不足、效率和安全难以兼顾等问题，助力金融机构降低服务门槛和成本，将金融服务融入民生应用场景。运用金融科技手段实现“滴灌式”精准扶持，缓解小微企业融资难融资贵、金融支农力度需要加大等问题，为打赢精准脱贫攻坚战、实施乡村振兴战略和区域协调发展战略提供金融支持。

四、金融科技成为防范化解金融风险的新利器

运用大数据、人工智能等技术建立金融风控模型，有效甄别高风险交易、智能感知异常交易，实现风险早识别、早预警、早处置，提升金融风险技防能力。运用数字化监管协议、智能风控平台等监管科技手段，推动金融监管模式由事后监管向事前、事中监管转变，有效解决信息不对称问题，消除信息壁垒，缓解监管时滞，提升金融监管效率。

【考点回顾】我国发展金融科技的重要意义有哪些？

考点2 我国金融科技的发展基础

我国信息技术在金融领域应用起步于20世纪80年代，先后经历了金融业务电子化阶段、金融渠道网络化阶段，目前正迎来金融科技发展浪潮，信息技术逐步由支撑业务向引领业务方向发展，金融与科技深度融合已成为新趋势。

近年来，我国陆续发布声纹识别、云计算等新技术金融运用标准，并颁布了《新一代人工智能发展规划》《促进大数据发展行动纲要》等政策文件，为金融科技发展营造了良好的政策环境。

经过多年持续积累，金融科技产业发展取得显著成就，部分领域重要核心技术的创新应用实现显著突破，关键细分领域市场规模成倍提升，用户渗透率高速增长。

金融机构运用大数据、云计算、人工智能、物联网等科技方式改变经营方式、创新金融产品、优化业务流程，金融数据价值越为凸显，金融产品服务朝着精细化、多元化、智能化、场景化方向快速前进，金融科技变为践行普惠金融、发展数字经济的新动力。

虽然我国在金融科技方面已具备一定基础，但也要清醒地看到，金融科技的快速发展促使金融业务边界逐渐模糊，金融风险传导突破时空限制，给货币政策、金融市场、金融稳定、金融监管等方面带来新挑战。

我国金融科技发展不平衡、不充分的问题依然存在，顶层设计和统筹规划有所缺乏，各类市场主体在科技能力、创新动力、人才队伍、体制机制等方面相对失衡；产业基础比较薄弱，尚未形成具有国际影响力的生态体系，缺乏系统的超前研发布局；适应金融科技发展的基础设施、政策法规、标准体系等亟待健全。

考点3 我国发展金融科技的指导思想

全面贯彻党的十九大精神，以习近平新时代中国特色社会主义思想为指导，按照全国金融工作会议要求，保持新发展理念，坚守稳中求进工作总基调，按照金融发展规律，深入金融供给侧结构性改革，权衡好发展和安全的关系，协调好金融和科技的关系，协同好创新和继承的关系，兼顾好包容和审慎的关系，协同好监管和服务的关系，充分发挥科技赋能作用，趋利避害，强化金融服务实体经济能力，坚守不发生系统性金融风险底线，为防范金融风险、服务实体经济、深入金融改革提供支持，推进我国金融业高质量发展。

考点4 金融科技发展遵循的基本原则

扫码听课

我国发展金融科技需要遵循以下基本原则：

一、守正创新

忠实履行金融的天职和使命，准确把握金融科技的本质与核心，以服务实体经济为目标，在遵循法律法规和监管政策前提下，依靠现代科技手段提高金融服务效能与管理水平，将科技运用能力内化为金融竞争力，保证金融科技运用不偏离正确方向，使创新成果生命力更强。

二、安全可控

把安全作为金融科技创新不可逾越的底线，稳固树立安全发展理念，以安全保发展，以创新促发展，依靠现代科技成果提高金融监管效能与金融风险防控，完善金融安全防线与风险应急处置机制，提升金融体系抵御风险能力，坚守不发生系统性金融风险的底线。

三、普惠民生

立足广大人民群众美好生活需要，关注优化金融服务模式与丰富金融产品的供应，逐步发挥科技成果在拓展服务渠道、扩大服务覆盖面等方面的功能，推动金融服务“无处不在、无微不至”，将更便捷、更普惠、更优质的金融产品与服务提供给市场主体与人民群众。

四、开放共赢

以推动金融开放为基调，加强金融科技对外合作，深化跨地区、跨部门、跨层级数据资源融合运用，促进金融与民生服务系统互联互通，将金融服务无缝融入实体经济各领域，打破服务门槛与壁垒，开拓生态边界，形成布局合理、包容开放、特色鲜明、互利共赢的发展格局。

【考点回顾】我国发展金融科技需要遵循哪些基本原则？

考点5 未来我国发展金融科技的目标

一、总述

到2021年，逐步完善我国金融科技繁荣的“四梁八柱”，不断强化金融业科技运用能力，达到金融与科技协调发展、深度融合，进一步加强人民群众对网络化、数字化、智能化金融产品和服务的满意度，使我国金融科技发展处于国际领先水平。

二、主要目标

（一）金融科技运用领先可控

金融与行业数据规范融合运用水平广泛提高，金融创新活力增进，可控、先进、安全、高效的金融科技应用体系逐步完善。

（二）金融服务能力稳步增强

金融服务覆盖面陆续扩张，高品质金融产品供给逐渐丰富，金融业务质效明显提高，金融服务小微企业、民营企业等实体经济水平取得新进展。

（三）金融风控水平明显提高

金融安全管理制度初步形成，金融风险技防能力显著提高，金融风险防范长效机制逐步健全，金融风险管控水平不断突破。

（四）金融监管效能稳步提升

金融科技监管基本规则体系逐渐完善，金融科技创新产品全生命周期管理机制初步完成，金融监管效能和金融机构合规水平不断提高。

（五）金融科技支撑不断完善

金融科技法律和标准体系逐步完善，消费者金融素养明显提高，与金融科技发展相适应的基础设施日益健全。

（六）金融科技产业繁荣发展

培养一批具有国际影响力和知名度的金融科技市场主体，社会组织和专业服务机构对金融科技发展支撑效用不断强化，开放、合作、共赢的金融科技产业生态体系基本形成。

【考点回顾】 未来我国发展金融科技的主要目标有哪些?

考点6 当前我国在发展金融科技时的重点任务

一、增强金融科技战略部署

从长远视角强化顶层设计，加强统筹规划、体制机制、人才队伍建设等方面的战略部署，把握金融科技发展态势，为金融科技发展做保障。

（一）加强统筹规划

深刻认识发展金融科技的紧迫性、必要性和重要性，深入贯彻新发展理念，明确发展方向、转变发展方式、制定发展战略，结合市场需求及自身禀赋谋求差异化、特色化发展。

从战略全局高度谋划，加强顶层设计与总体规划，加快在运营模式、产品服务、风险管控等方面的改革步伐，制定金融科技应用的时间表和路线图，加大科技投入力度，重塑业务价值链，补齐传统金融短板，巩固和扩大竞争优势，打造新的增长点。金融机构要在年报及其他正式渠道中真实、准确、完整地披露用于创新性研究与应用的信息。

（二）优化体制机制

着力解决利用金融科技实现转型升级过程中的体制机制问题，积极稳妥推进治理结构、管理模式、组织方式的调整优化，理顺职责关系，打破部门间壁垒，突破部门利益固化的藩篱，提高跨条线、跨部门协同协作能力，加快制订组织架构重塑计划，依法合规探索设立金融科技子公司等创新模式，切实发挥科技引领驱动作用，构建系统完备、科学规范、运行有效的制度体系。

加强管理制度创新，推动内部孵化与外部合作并举，增强组织与管理的灵活性、适应性，

提升对市场需求的反应速度和能力，探索优化有利于科技成果应用、产品服务创新的轻型化、敏捷化组织架构，加强金融与科技产业对接，集中内外部优势资源，提升新技术自主掌控能力，更好地促进金融科技向现实生产力的转化。

（三）加强人才队伍建设

围绕金融科技发展战略规划与实际需要，研究制定人才需求目录、团队建设规划、人才激励保障政策等，合理增加金融科技人员占比。

金融机构要在年报及其他正式渠道中真实、准确、完整地披露科技人员的数量与占比。建立健全与金融市场相适应、有利于吸引和留住人才、激励和发展人才的薪酬和考核制度，激发人才创新创造活力。拓宽人才引进渠道，通过社会招聘吸纳成熟人才，通过校园招聘积蓄后备力量，通过顾问、特聘等形式引进行业尖端智慧。制订金融科技人才培养计划，深化校企合作，注重从业人员科技创新意识与创新能力培养，造就既懂金融又懂科技的专业人才，优化金融业人员结构，为金融科技发展提供智力支持。

二、加强金融科技合理利用

以重点突破关联全局，规范关键共性技术的选型、应用场景、能力建设与安全管控，探求新兴技术在金融领域安全运用，加速改变关键核心技术和产品被约束的局面，全面提高金融科技应用水平，将金融科技塑造成金融高质量发展的“新引擎”。

（一）科学规划运用大数据

加强大数据战略规划和统筹部署，加快完善数据治理机制，推广数据管理能力的国家标准，明确内部数据管理职责，突破部门障碍，促进跨部门信息规范共享，形成统一数据字典，再造数据使用流程，建立健全企业级大数据平台，进一步提升数据洞察能力和基于场景的数据挖掘能力，充分释放大数据作为基础性战略资源的核心价值。

打通金融业数据融合应用通道，破除不同金融业态的数据壁垒，化解信息孤岛，制定数据融合应用标准规范，发挥金融大数据的集聚和增值作用，推动形成金融业数据融合应用新格局，助推全国一体化大数据中心体系建设。在切实保障个人隐私、商业秘密与敏感数据前提下，强化金融与新法、社保、工商、税务、海关、电力、电信等行业的数据静源融合应用，加快推进服务系统互联互通，建立健全跨地区、跨部门、跨层级的数据融合应用机制，实现数据资源有机整合与深度利用。

（二）合理布局利用云计算

统筹规划云计算在金融领域的应用，引导金融机构探索与互联网交易特征相适应、与金融信息安全要求相匹配的云计算解决方案，搭建安全可控的金融行业云服务平台，构建集中式与分布式协调发展的信息基础设施架构，力争云计算服务能力达到国际先进水平。

加快云计算金融应用规范落地实施，充分发挥云计算在资源整合、弹性伸缩等方面的优势，探索利用分布式计算、分布式存储等技术实现根据业务需求自动配置资源、快速部署应用的目标，更好地适应互联网渠道交易瞬时高并发、多频次、大流量的新型金融业务特征，提升金融服务质量。强化云计算安全技术研究与应用，加强服务外包风险管控，防范云计算环境下的金融风险，确保金融领域云服务安全可控。

（三）稳步应用人工智能

深入把握新一代人工智能发展的特点，统筹优化数据资源、算法模型、算力支持等人工智能核心资产，稳妥推动人工智能技术与金融业务深度融合。根据不同场景的业务特征创新智能金融产品与服务，探索相对成熟的人工智能技术在资产管理、授信融资、客户服务、精准营销、身份识别、风险防控等领域的应用路径和方法，构建全流程智能金融服务模式，推动金融服务向主动化、个性化、智慧化发展，助力构建数据驱动、人机协同、跨界融合、共创分享的智能经济形态。加强金融领域人工智能应用潜在风险研判和防范，完善人工智能金融应用的政策评估、风险防控、应急处置等配套措施，健全人工智能金融应用安全监测预警机制，研究制定人工智能金融应用监管规则，强化智能化金融工具安全认证，确保把人工智能金融应用规制在安全可控范围内。

围绕运用人工智能开展金融业务的复杂性、风险性、不确定性等特点，研究提出基础性、前瞻性管理要求，整合多学科力量加强人工智能金融应用相关法律、伦理、社会问题研究，推动建立人工智能金融应用法律法规、伦理规范和政策体系。

（四）加强分布式数据库研发应用

做好分布式数据库金融应用的长期规划，加大研发与应用投入力度，妥善解决分布式数据库产品在数据一致性、实际场景验证、迁移保障规范、新型运维体系等方面的问题。探索产用联合新模式，发挥科技公司的技术与创新能力，共同研发新产品、发展新产业、凝聚新动能。有计划、分步骤地稳妥推动分布式数据库产品先行先试，形成可借鉴、能推广的典型案例和解决方案，为分布式数据库在金融领域的全面应用探明路径。建立健全产学结合、校企协同的人才培养机制，持续加强分布式数据库领域底层和前沿技术研究，制定分布式数据库金融应用标准规范，从技术架构、安全防护、灾难恢复等方面明确管理要求，确保分布式数据库在金融领域稳妥应用。

（五）健全网络身份认证体系

构建适应互联网时代的移动终端可信环境，充分利用可信计算、安全多方计算、密码算法、生物识别等信息技术，建立健全兼顾安全与便捷的多元化身份认证体系，不断丰富金融交易验证手段，保障移动互联网环境下金融交易安全，提升金融服务的可得性、满意度与安全水平。综合运用数字签名技术、共识机制等手段，强化金融交易报文规范管理，保障金融交易过程的可追溯和不可抵赖，提升金融交易信息的真实性、保密性和完整性。积极探索新兴技术在优化金融交易可信环境方面的应用，稳妥推进分布式账本等技术验证试点和研发运用。

三、赋能金融服务提质增效

充分利用金融科技手段丰富服务渠道、降低服务成本、完善产品供给、优化融资服务，提高金融服务质量和效率，让金融科技创新成果更优质地惠及百姓民生，推进实体经济健康持久发展。

（一）拓宽金融服务渠道

充分运用信息技术与互联网资源做强线上服务，丰富完善金融产品和业务模式，为客户提供全方位、多层次的线上金融服务。进一步发挥线下资源优势，构筑线上线下一体化的经营发

展模式，加快制定线上线下渠道布局规划和全渠道服务实施方案，实现电子渠道与实体网点、自助设备等的信息共享和服务整合，增强交叉营销、跨渠道服务水平，解决线上线下发展不平衡、不充分的问题。借助应用程序编程接口（API）、软件开发工具包（SDK）等手段深化跨界合作，在依法合规的前提下将金融业务整合解构和模块封装，支持合作方在不同应用场景中自行组合与应用，借助各行业优质渠道资源打造新型商业范式，实现资源最大化利用，构建开放、合作、共赢的金融服务生态体系。

（二）完善金融产品供给

强化需求引领作用，主动适应数字经济环境下市场需求的快速变化，在保障客户信息安全的前提下，利用大数据、物联网等技术分析客户金融需求，借助机器学习、生物识别、自然语言处理等新一代人工智能技术，提升金融多媒体数据处理与理解能力，打造“看懂文字”“听懂语言”的智能金融产品与服务。结合客户个性化需求和差异化风险偏好，构建以产品为中心的金融科技设计研发体系，探索运用敏捷开发、灰度发布、开发运维一体化等方法提升创新研发质量与效率，打造差异化、场景化、智能化的金融服务产品。加强客户服务持续跟踪，借助互联网等渠道改进营销策略、改善用户体验、提升营销效果、提高产品易用性与获客留客能力。

（三）提升金融服务效率

积极利用移动互联网、人工智能、大数据、影像识别等技术推动传统实体网点向营销型、体验型智慧网点转变，优化改进网点布局和服务流程，缩减业务办理时间，提升网点营业效率。探索基于跨行业数据资源开展多渠道身份核验，提升金融服务客户识别效率。探索轻型化金融服务模式，打造对内聚合产品与服务、对外连接合作机构与客户的综合性金融与民生服务平台，发挥客户集聚效应，降低金融服务边际成本，提升金融服务与社会公共服务效率。利用云计算等技术实现资源高度复用、灵活调度和有效供给，探索构建跨层级、跨区域的自动化、智能化业务处理中心，提升金融服务运营效率。

（四）增强金融惠民服务能力

强化金融服务意识，下沉经营重心，加大对零售客户的服务力度，使金融科技发展成果更多地惠及民生。依托电信基础设施，发挥移动互联网泛在优势，面向“三农”和偏远地区尤其是深度贫困地区提供安全、便捷、高效的特色化金融科技服务，延伸金融服务半径，突破金融服务“最后一公里”制约，推动数字普惠金融发展。积极探索金融惠民创新服务模式，借助移动金融、情景感知等手段将金融服务深度融入民生领域，进一步拓展金融服务在衣食住行、医疗教育、电子商务等方面的应用场景，实现主要民生领域的金融便捷服务广覆盖，提升社会保障、诊疗、公用事业缴费等公共服务便利化水平。

（五）优化企业信贷融资服务

加大金融科技产品服务创新力度，加强人工智能、移动互联网、大数据、云计算等科技成果运用，加快完善小微企业、民营企业、科创企业等重点领域的信贷流程和信用评价模型，引导企业征信机构利用替代数据评估企业信用状况，降低运营管理成本，提高贷款发放效率和服务便利度，缓解企业融资难融资贵的困局，促进经济转型升级和新旧动能转换。基于海量数据处理和智能审计等技术，综合分析企业类型、财务状况、偿债能力等，减少信息不对称，加强风险侦测和预警，及时调整融资主体信用评级，防止资金流向经营状况差、清偿难度大的高风险企业，为解决脱实向虚、资金空转等问题提供决策支持。加强供应链大数据分析应用，确保借贷资金基于真实交易，通过跨界融合、搭建供应链金融服务平台、建立产业链生态等，为供应链上下游企业提供高效便捷的融资渠道，解决供应链资金配置失衡等问题，合理引导金融资源配置到经济社会发展的关键领域和薄弱环节。

（六）加大科技赋能支付服务力度

利用人工智能、支付标记化、云计算、大数据等技术优化移动支付技术架构体系，实现账户统一标记、手机客户端软件（APP）规范接口、交易集中路由。推动条码支付互联互通，研究制定条码支付互联互通技术标准，统一条码支付编码规则、构建条码支付互联互通技术体系，打通条码支付服务壁垒，实现不同 APP 和商户条码标识互认互扫。探索人脸识别线下支付安全应用，借助密码识别、隐私计算、数据标签、模式识别等技术，利用专用口令、“无感”活体检测等实现交易验证，突破 1∶N 人脸辨识支付应用性能瓶颈，由持牌金融机构构建以人脸特征为路由标识的转接清算模式，实现支付工具安全与便捷的统一。

四、强化金融风险技防能力

正确管理安全与发展的关系，利用金融科技提升跨业态、跨市场、跨区域金融风险的预警、识别与处置能力，做好新技术应用风险防备，强化网络安全风险管控和金融信息保护，坚守不发生系统性金融风险的底线。

（一）提升金融业务风险防范能力

完善金融业务风险防控体系，运用数据挖掘、机器学习等技术优化风险防控数据指标、分析模型，精准刻画客户风险特征，有效甄别高风险交易，提高金融业务风险识别和处置的准确性。健全风险监测预警和早期干预机制，合理构建动态风险计量评分体系、制定分级分类风控规则，将智能风控嵌入业务流程，实现可疑交易自动化拦截与风险应急处置，提升风险防控的及时性。组织建设统一的金融风险监控平台，引导金融机构加强金融领域 APP 与门户网站实名制和安全管理，增强网上银行、手机银行、直销银行等银行业务系统的安全监测防护水平，提升对仿冒 APP、钓鱼网站的识别处置能力。构建跨行业、跨部门的风险联防联控机制，加强风险信息披露和共享，加大联合惩戒力度，防止风险交叉传染，实现风险早识别、早预警、早处置，提升金融风险整体防控水平。

（二）加强金融网络安全风险管控

严格落实《网络安全法》等国家网络安全法律法规及相关制度标准，持续加大网络安全管理力度，健全全流程、全链条的网络安全技术防护体系，加快制定并组织实施金融业关键软硬信息基础设施的安全规划，增强与网信、公安、工信等部门的协调联动，切实提高金融业关键软硬信息基础设施安全保障能力。完善网络安全技术体系建设，健全金融网络安全应急管理体系，优化金融业灾难备份系统布局，提升金融业信息系统业务连续性。加强网络安全态势感知，动态监测分析网络流量和网络实体行为，绘制金融网络安全整体态势图，准确把握网络威胁的规律和趋势，实现风险全局感知和预判预警，提升重大网络威胁、重大灾害和突发事件的应对能力。加强顶层设计和统筹协调，建设跨业态、统一的金融网络安全态势感知平台，支撑金融业网络攻击溯源和精确应对，提升重大网络攻击的全面掌控和联合处置能力。

（三）加大金融信息保护力度

建立金融信息安全风险防控长效机制，研究制定金融信息全生命周期管理制度和标准规范，定期组织对易发生金融信息泄露的环节进行排查，保障身份、财产、账户、信用、交易等数据资产安全。加强金融信息安全防护，遵循合法、合理原则，选择符合国家及金融行业标准的安全控件、终端设备、APP 等产品进行金融信息采集和处理，利用通道加密、双向认证等技术保障金融信息传输的安全性，运用加密存储、信息摘要等手段保证重要金融信息机密性与完整性，通过身份认证、日志完整性保护等措施确保金融信息使用过程有授权、有记录，防范金融信息集中泄露风险。强化金融信息保护内部控制管理，健全金融信息安全管理制度，明确相关岗位和人员的管理责任，定期开展金融信息安全内部审计与外部安全评估，防止金融信息泄露和滥用。

（四）做好新技术金融应用风险防范

正确把握金融科技创新与安全的关系，加强新技术基础性、前瞻性研究，在安全合规的前提下，合理应用新技术赋能金融产品与服务创新。综合实际业务场景、交易规模等深入研判新技术的适用性、安全性和供应链稳定性，科学选择应用相对成熟可控、稳定高效的技术。充分评估新技术与业务融合的潜在风险，建立健全试错容错机制，完善风险拨备资金、保险计划、应急处置等风险补偿措施，在风险可控范围内开展新技术试点验证，做好用户反馈与舆情信息收集，不断提升金融产品安全与质量水平。强化新技术应用保障机制，明确新技术应用的运行监控和风险应急处置策略，防范新技术自身风险与应用风险。

五、强化金融审慎监管力度

强化金融科技审慎监管，加大监管基本规则拟订、监测分析与评估工作力度，建立完善监管基本准则体系，利用现代科技手段适时动态监管线上线下、国际国内的资金流向和流量，探求金融科技创新管理机制，服务金融业综合统计，强化金融监管的统一性、专业性与穿透性。

（一）建立金融科技监管基本规则体系

充分借鉴国际先进经验，系统梳理现行监管规则，结合我国金融科技发展趋势，加强金融科技监管顶层设计，围绕基础通用、技术应用、安全风控等方面，逐步建成纲目并举、完整严密、互为支撑的金融科技监管基本规则体系。针对不同业务、不同技术、不同机构的共性特点，明确金融科技创新应用应遵循的基础性、通用性、普适性监管要求，划定金融科技产品和服务的门槛和底线。针对专项技术的本质特征和风险特性，提出专业性、针对性的监管要求，制定差异化的金融监管措施，提升监管精细度和匹配度。针对金融科技创新应用在信息保护、交易安全、业务连续性等方面的共性风险，从敏感信息全生命周期管理、安全可控身份认证、金融交易智能风控等通用安全要求入手，明确不可逾越的安全红线。

（二）加强监管协调性

建立健全金融协调性监管框架，充分发挥金融业综合统计对货币政策和宏观审慎政策双支柱调控框架的支撑作用，在国家金融基础数据库框架内搭建金融机构资产管理产品报告平台，将金融科技新产品纳入金融业综合统计体系，通过统计信息标准化、数据挖掘算法嵌入、数据多维提取、核心指标可视化呈现等手段，助力“统一、全面、共享”的金融业综合统计体系建设，覆盖所有金融机构、金融基础设施和金融活动，确保统计信息的完整性和权威性。

（三）提升穿透式监管能力

加强监管科技应用，建立健全数字化监管规则库，研究制定风险管理模型，完善监管数据采集机制，通过系统嵌入、API 等手段，实时获取风险信息、自动抓取业务特征数据，保证监管信息的真实性和时效性。综合全流程监管信息建立监测分析模型，把资金来源、中间环节与最终投向穿透连接起来，透过金融创新表象全方位、自动化分析金融业务本质和法律关系，精准识别、防范和化解金融风险，强化监管渗透的深度和广度。引导金融机构积极配合实施穿透式监管，通过系统接口准确上送经营数据，合理应用信息技术加强合规风险监测，提升智能化、自动化合规能力和水平，持续有效满足金融监管要求。

（四）建立健全创新管理机制

加强金融科技创新产品规范管理，出台基础性、通用性监管要求，明确不可逾越的监管红线和底线，运用信息公开、产品公示、公众参与、共同监督的柔性监管方式，划定金融科技守正创新边界，使金融科技创新有章可循、有规可依，确保金融科技产品业务合规、技术安全、风险可控。事前抓好源头管控，落实主体责任，强化内部管控和外部评估，严把金融科技创新产品入口关；事中加强协同共治，以金融科技创新产品声明管理为抓手，充分调动社会各方积极性，扩大参与度，构建行业监管、社会监督、协会自律、机构自治的多位一体治理体系，防止患病产品“带病上线”，筑牢金融科技创新安全防火墙；事后强化监督惩戒，畅通投诉举报渠道，建立联合惩戒机制，加强违规惩戒，确保创新产品不突破监管要求和法律法规，不引发系统性金融风险。

六、巩固金融科技基础支持

不断推进金融科技产业生态，完善产业治理体系，从技术攻关、信用服务、标准规范、法规建设、消费者保护等方面有力支持金融科技健康良性发展。

（一）加强金融科技联合攻关

合理布局金融科技产业生态，促进产学研用协同联动、形成合力。聚焦重大科学前沿问题和基础理论瓶颈，开展前瞻性、基础性研究，支持高校和科研院所研究建立金融科技相关学科体系，推动经济金融、计算机科学、数理科学等多学科交叉融合，把握金融科技发展深层规律，夯实金融科技应用理论基础。

针对金融科技发展面临的共性技术难题，推动产业部门加大支持力度，鼓励科技企业加强研究攻关，为金融科技发展与应用提供技术支撑。通过孵化平台、专项合作、试点推广等手段，促进技术成果及时转化和共享，提升我国金融科技产业链整体竞争力。

（二）推动强化法律法规建设

针对现代科技成果金融应用新特点，推动健全符合我国国情的金融法治体系，研究调整和完善不适应金融科技发展要求的现行法律法规及政策规定，推动出台金融业新技术应用的相关法律法规，在条件成熟时将原有立法层次较低的部门规章等及时上升为法律法规。厘清法律边界，明确金融监管部门的职能和金融机构的权利、义务，破除信息共享等方面的政策壁垒，营造公平规范的市场环境，为金融与科技融合发展提供法治保障。

（三）增强信用服务支撑作用

完善金融信用信息基础数据库，引导市场化征信机构依法合规开展征信业务，扩大征信覆盖范围，打造具有较高公信力和较大影响力的信用评级机构，满足社会多层次、全方位和专业化的征信需求，促进信用信息共享与应用。加强信用信息主体权益保护，防范信用信息泄露风险，完善信用信息主体的异议、投诉及责任处理机制，切实保障个人信用信息安全，提升征信市场有效供给和征信服务水平。

（四）推进标准化工作

针对金融科技发展新情况、新趋势，完善金融科技标准体系，培育满足市场和创新需要的国家级金融行业标准，加强标准间协调，从基础通用、产品服务、运营管理、信息技术和行业管理等方面规范引导金融创新。加快制定完善人工智能、大数据、云计算等在金融业应用的技术与安全规范。针对金融业信息技术应用建立健全国家统一推行的认证机制，进一步加强金融科技创新产品的安全管理，促进金融标准的实施落地，有效提升金融服务质量与安全水平。持续推进金融业信息技术创新应用标准的国际化，积极参与国际标准制定，推动国内优秀标准转换为国际标准，促进我国金融科技创新全球化发展。

（五）强化金融消费者权益保护

建立健全适应金融科技发展的消费者权益保护机制，规范和引导金融机构提供金融科技产品与服务，依法加强监督检查，及时查处侵害金融消费者合法权益的行为，维护金融科技市场有序运行。

惩治侵犯金融消费者合法权益的行为，维护金融科技市场有序运行。引导金融机构将保护金融消费者合法权益纳入公司治理、企业文化建设和经营发展战略中，建立完善重大突发事件应急处置机制，认真落实投资者适当性制度，制定先行赔付、保险补偿等保护金融消费者合法权益的具体措施。督促和指导金融机构切实履行金融消费者投诉处理主体责任，完善投诉处理程序，提升投诉处理质量与效率，接受社会监督，切实保护金融消费者合法权益。

【考点回顾】当前我国在发展金融科技时的重点任务有哪些？

考点7　我国提升金融科技水平的措施

（1）推动大数据、人工智能、区块链、5G等新兴技术深入研发攻关，推动技术创新与金融创新的融合发展。深化芯片、算法、云计算等基础技术攻关，提升金融创新的基础技术支撑能力。统筹布局安全、稳定、高效的信息基础设施，积极争取国家级金融科技重大项目和平台在沪落地。

（2）提升金融科技服务实体经济能力，增强民生领域金融服务的获得感和满意度。

（3）持续深化金融市场科技应用，不断优化各类支付结算服务，着力推动智慧银行建设，大力发展智能投资管理服务，深入推进保险产品服务创新，利用科技创新进一步丰富金融供给，提升金融资源配置效率。

（4）全力推进金融科技监管创新试点。

积极探索金融科技、监管创新，支持中国人民银行在上海组织开展提高支付结算监管能力的试点工作。进一步完善长三角监管协同，推动长三角地区金融科技监管信息共享。建立金融科技风险防范机制，在上海设立中国金融市场交易报告库。强化金融消费者权益保护，建立健全适应金融科技发展的消费者权益保护机制。

（5）全方位营造一流金融科技发展环境。

积极打造金融科技国际化品牌，每年在沪举办全球金融科技峰会和展会，在陆家嘴金融城设立金融科技展示平台。在“上海金融创新奖”中增设“金融科技类”项目评选。推进跨部门数据共享，依法有序丰富金融科技数据资源。打造多层次融资服务体系，探索设立长三角金融科技指数 ETF 产品。

考点8 金融科技发展的现状和进展

人工智能技术在风险控制、投资顾问和客户服务等金融业务场景已得到较多应用，计算机视觉、智能语音、自然语言处理等技术的应用发展相对较为成熟。同时，人工智能技术在金融领域应用可能产生技术安全风险、责任主体难以认定、放大市场顺周期性等风险，面临数据共享交流整合不够、技术成熟度不足、人才储备有待加强等挑战。

区块链技术在金融领域的应用尚处于初步阶段，离大规模商用还有一定距离，但在供应链金融、跨境支付、资产证券化等部分业务场景已开始从概念验证逐步迈向生产实践。区块链技术在金融领域的应用潜力可期，但仍存在安全稳定性问题、隐私泄露风险、合规风险等风险，面临底层技术有待发展成熟、处理速度尚难以完全满足金融业务需求、缺乏统一的金融领域应用标准等挑战。

云计算技术在金融领域的应用正稳步推进，我国传统金融机构积极应用私有云、行业云，金融科技公司主要使用公有云支持业务发展，典型应用场景包括 IT 运营管理、底层平台开放、交易量峰值分配、网络安全管理等。同时，云计算技术在金融领域应用也可能产生过度技术依赖风险、服务中断风险、服务滥用风险等风险，面临稳定性和可靠性有待进一步验证、IT 系统升级改造及云服务选型困难等挑战。

大数据技术在金融领域的应用场景广泛，主要包括反欺诈、风险管理、投研投顾、评分定价、金融监管等，大数据处理和分析技术的应用发展较快；同时，大数据技术在金融领域应用也可能产生数据垄断风险、数据安全风险等风险，面临顶层设计和统筹协调有待进一步加强、数据管理制度有待进一步健全、数据孤岛现象有待进一步缓解、沉淀数据仍需开发等挑战。

【总结】为促进金融科技的健康持续发展，在金融科技发展方面：一是加强国际监管合作，共同维护国际金融系统安全；二是坚持技术中性原则，实施“穿透”式监管；三是坚持因地制宜，灵活运用监管沙盒模型；四是善用监管科技，优化金融监管效能与风险监测水平。

考点9 金融科技发展带来的挑战

一、总述

近年来，金融和科技深度融合，金融科技的广泛应用对促进全球金融业转型升级、普惠金融发展、经济可持续发展发挥了重要作用。同时，金融科技的发展也带来一些潜在风险和监管挑战，包括监管套利、不平等竞争、数据隐私保护、金融稳定等问题。

二、具体表现

（一）对传统金融机构产生巨大冲击

因管理结构复杂、技术更新费用昂贵、应对市场竞争适应力不够等众多问题，传统金融机

构正在谋求转型。

（二）放大原有金融风险，也增加了新型金融风险

（1）对系统性风险的放大。

（2）对信用风险的放大。

①表现：过度的金融创新，加剧了资金脱实向虚、资金内部循环等带来的虹吸效应使金融收益与实体业绩错配，出现系列兑付困难的金融产品，产生信用风险。

②杠杆率过高的情况下，贷款成本提高，增加信用风险。

（3）监管套利风险在增加。

金融业务形态多样化、跨区域化，这些都加大了传统金融监管的难度（受地域限制）。

（三）对货币政策实施有效性的影响

（1）金融科技的快速发展改变了货币政策的实施环境。

①货币政策的最终目标可能引起变化。

传统货币政策的最终目标主要包括经济增长、物价稳定、充分就业以及国际收支平衡。

②金融科技加剧了金融系统的脆弱性。

经济发展提出新的目标，即预防系统性风险。

③货币政策最终目标具有多样性。

货币政策的中间目标是货币供应量。

（2）金融科技发展，呈现出要素间的关联程度减弱。表现为：

①货币供需之间的联系不再稳定的原因是金融科技的发展。一方面，大数据和深度学习算法下的商品和服务的价格越来越精准；另一方面，电子货币变革了支付交易方式。

②金融科技的发展模糊了货币层次的界限，削弱了中央银行对货币供给管控的效力。

③金融科技有利于缓解信息不对称，从而降低交易成本并提高市场对利率的敏感程度。

考点10　监管科技及创新发展

一、定义

监管科技是在金融与科技更加紧密结合的背景下，以数据为核心驱动，以云计算、人工智能、区块链等新技术为依托，以更高效的合规和更有效的监管为价值导向的解决方案。

监管科技的内涵是金融监管与科技技术的结合，其应用范围涵盖了传统金融领域和新金融领域。

二、监管科技的变革

（一）从“合规科技”到“监管科技”

（1）2015年“监管科技”的概念，即“采用新型技术手段，以满足多样化的监管要求，简化监管与合规流程的技术及其应用，主要应用对象为金融机构”。

【释义】监管科技类机构主要指利用云计算、大数据、人工智能等新兴数字技术，帮助金融机构核查其业务等是否符合新旧监管政策和制度，避免不满足监管合规要求的机构。

（2）随着金融科技的不断发展，特别是大数据、云计算、区块链及人工智能等技术在金融领域的落地及应用，泛化了监管科技的范围，深化了监管科技的内涵，在狭义范畴的监管科技概念的基础上，进一步生成了与金融科技平行的广义范畴。

相较狭义范畴来说，广义范畴的监管科技内容增加了监管机构的角度，即监管机构可以主动应用适当的新技术开展有效监管工作，包括对金融科技企业甚至全部金融机构进行有效监管。

【释义】广义的监管科技概念可以理解为“科技执行监管”，是当前被普遍接受和使用的概念。

（二）从“被动应对”到“主动实施”

（1）监管科技之所以被广泛关注并快速发展，得益于两个维度的推动：一是来自监管机构的被动应对；二是来自金融机构的主动实施。

（2）面对金融科技给传统监管体系带来的冲击和挑战，迫切需要监管机构改变现有的监管方式、方法，甚至进行流程再造。

（三）监管科技发展的七个趋势

（1）趋势一：现阶段监管科技的运用主要集中于事中监管阶段，但各监管主体正在努力探索其在事前、事后监督中的应用。在金融监管中，自动化采集监管数据、智能化分析风险态势等监管科技的应用正日益成熟。

（2）趋势二：监管端与合规端合作发展监管科技成为主要路径。

（3）趋势三：区块链技术成为监管科技的重要组成部分。

（4）趋势四：监管科技运用中的数据治理不断强化。

（5）趋势五：监管科技在监管决策中的作用有待明确。

（6）趋势六：监管科技制度化进程正在加快。

（7）趋势七：从“技术辅助”走向“智能监管”。

考点11 监管科技对监管机构和金融机构的影响

一、监管科技对监管机构的影响

如果监管机构不及时更新监管技术手段，将面临如下问题：

（1）信息不对称问题会加剧。

该问题促使监管机构自我升级学习，积极应对风险。

（2）监管套利问题越来越不易被察觉。

金融机构能够通过金融科技来规避监管合规要求、寻求监管体系漏洞等，从而谋取监管套利，原有的人工监管模式有效性下降幅度提升。

（3）系统性风险可能愈演愈烈。

金融科技的应用可以提高金融机构的数据分析处理能力，能够进一步强化其行为的顺周期性，使金融机构决策的数据灵敏度更强。

二、监管科技对金融机构的影响

从积极的角度来看，会有助于金融机构规范日常行为，有助于金融机构满足监管合规需求；同时在提升风险管理能力方面也有突破。

（1）信用风险降低。

例如，通过监管科技大数据进行事前预警监测、事中实时监控等。

（2）操作风险得以控制。

（3）流动性风险降低。

金融机构利用监管科技的新技术，尽量降低流动风险。

（4）声誉风险降低。

借助监管科技随时关注舆情动态，优化自身声誉管理。

【总结】

①要建立适应我国金融监管体制实际需求的监管科技发展协调机制，统筹管理监管科技的各项建设和协调工作。

②防控金融风险，保障金融安全已成为我国健全金融监管体系的核心目标。随着金融与科技融合程度日益加深、集聚，金融行业脆弱性明显上升，给我国金融风险防范工作带来了严峻的挑战。

【考点回顾】 监管科技对金融机构和监管机构有什么影响？

本章小结

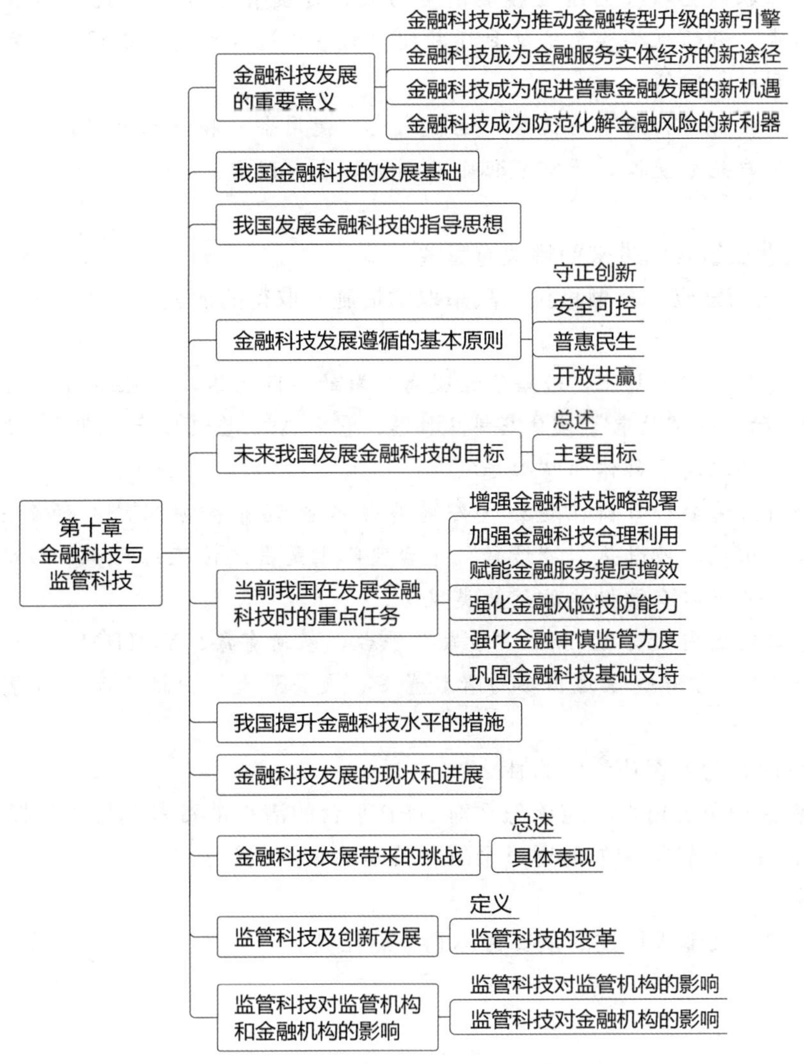

本章练习

一、简答题

1. 我国大力发展金融科技的重要意义有哪些？

2. 当前我国发展金融科技的指导思想和基本原则是什么？

二、案例题

（一）

中国人民银行党委书记、中国银保监会主席郭树清在金融节的讲话中指出：

第一，据统计，过去14年里先后有1万多家P2P上线，高峰时同时有5 000多家运营，年交易规模约3万亿元，坏账损失率很高。

第二，过去一段时间，一些第三方支付公司对客户网络购物备付金附加投资理财功能。网络信贷投资收益远高于同期银行存款利率，而且可以随时赎回，对银行存款和正常资管市场带来很大冲击。

第三，一些互联网金融机构通过各类消费场景，过度营销贷款或类信用卡透支等金融产品，诱导过度消费。有的机构甚至给缺乏还款能力的学生过度放贷，出现违约之后进行强制性催收，引发一系列社会问题。

第四，一些科技公司利用市场优势，过度采集、使用企业和个人数据，甚至盗卖数据。这些行为没有得到用户充分授权，严重侵犯企业利益和个人隐私。

问题：

1. 金融科技发展给我们带来的挑战有哪些？

2. 试论述我国探索应对金融科技挑战采取的措施及取得的成就。

（二）

材料一： 在2019年的市场上，炒鞋已经脱离了鞋的实际用途，并且逐渐衍生出和股市一样，具有理财投资功能的——“鞋市”。实体店排队抽签、官方APP登记摇号、海外代购……一股“炒鞋风”已迅速占领年轻消费群体的“心扉”。

材料二： 央行上海分行日前在题为《警惕炒鞋热潮 防范金融风险》的金融简报中提示，目前国内球鞋转卖出现“炒鞋热”，“炒鞋”平台实际上是击鼓传花式的资本游戏，各业务机构应提起高度关注，并采取有效措施防范此类风险。

简报指出，目前国内已有10余个“炒鞋”平台，包括有毒、YOHO！有货、斗牛、Nice、切克、当课（get）、识货等，呈现出参与者数量多、交易量大、价格波动剧烈等特征。

问题：

1. 炒鞋平台的行为是否违法？为什么？

2. 从消费者保护角度出发，应该怎么对APP平台的潜在消费者进行风险提示？

3. 互联网金融，监管机构如何通过金融科技赋能金融监管？

三、论述题

论述当前我国发展金融科技的主要目标和重点任务。

参考答案

一、简答题

1.（1）金融科技成为推动金融转型升级的新引擎。

金融科技的核心是利用现代科技成果优化或创新金融产品、经营模式和业务流程。借助机器学习、数据挖掘、智能合约等技术，金融科技能简化供需双方交易环节，降低资金融通边际成本，开辟获取客户资源的全新途径，推动金融机构在盈利模式、业务形态、资产负债、信贷关系、渠道拓展等方面持续优化，不断增强核心竞争力，为金融业转型升级持续赋能。

（2）金融科技成为金融服务实体经济的新途径。

发展金融科技能够快速捕捉数字经济时代市场需求变化，有效增加和完善金融产品供给，助力供给侧结构性改革。

运用先进科技手段对企业经营运行数据进行建模分析，实时监测资金流、信息流和物流，为资源合理配置提供科学依据，引导资金从高污染、高能耗的产能过剩产业流向高科技、高附加值的新兴产业，推动实体经济健康可持续发展。

（3）金融科技成为促进普惠金融发展的新机遇。

通过金融科技不断缩小数字鸿沟，解决普惠金融发展面临的成本较高、收益不足、效率和安全难以兼顾等问题，助力金融机构降低服务门槛和成本，将金融服务融入民生应用场景。运用金融科技手段实现“滴灌式”精准扶持，缓解小微企业融资难融资贵、金融支农力度需要加大等问题，为打赢精准脱贫攻坚战、实施乡村振兴战略和区域协调发展战略提供金融支持。

（4）金融科技成为防范化解金融风险的新利器。

运用大数据、人工智能等技术建立金融风控模型，有效甄别高风险交易、智能感知异常交易，实现风险早识别、早预警、早处置，提升金融风险技防能力。运用数字化监管协议、智能风控平台等监管科技手段，推动金融监管模式由事后监管向事前、事中监管转变，有效解决信息不对称问题，消除信息壁垒，缓解监管时滞，提升金融监管效率。

2. 我国发展金融科技的指导思想：

全面贯彻党的十九大精神，以习近平新时代中国特色社会主义思想为指导，按照全国金融工作会议要求，保持新发展理念，坚守稳中求进工作总基调，按照金融发展规律，深入金融供给侧结构性改革，权衡好发展和安全的关系，协调好金融和科技的关系，协同好创新和继承的关系，兼顾好包容和审慎的关系，协同好监管和服务的关系，充分发挥科技赋能作用，趋利避害，强化金融服务实体经济能力，坚守不发生系统性金融风险底线，为防范金融风险、服务实体经济、深入金融改革提供支持，推进我国金融业高质量发展。

我国发展金融科技需要遵循以下基本原则：

（1）守正创新。

忠实履行金融的天职和使命，准确把握金融科技的本质与核心，以服务实体经济为目标，在遵循法律法规和监管政策前提下，依靠现代科技手段提高金融服务效能与管理水平，将科技运用能力内化为金融竞争力，保证金融科技运用不偏离正确方向，使创新成果生命力更强。

（2）安全可控。

把安全作为金融科技创新不可逾越的底线，稳固树立安全发展理念，以安全保发展，以创新促发展，依靠现代科技成果提高金融监管效能与金融风险防控，完善金融安全防线与风险应急处置机制，提升金融体系抵御风险能力，坚守不发生系统性金融风险的底线。

(3) 普惠民生。

立足广大人民群众美好生活需要，关注优化金融服务模式与丰富金融产品的供应，逐步发挥科技成果在拓展服务渠道、扩大服务覆盖面等方面的功能，推动金融服务“无处不在、无微不至”，将更便捷、更普惠、更优质的金融产品与服务提供给市场主体与人民群众。

(4) 开放共赢。

以推动金融开放为基调，加强金融科技对外合作，深化跨地区、跨部门、跨层级数据资源融合运用，促进金融与民生服务系统互联互通，将金融服务无缝融入实体经济各领域，打破服务门槛与壁垒，开拓生态边界，形成布局合理、包容开放、特色鲜明、互利共赢的发展格局。

二、案例题

(一)

1. 金融科技发展给我们带来的挑战包括：

(1) 对传统金融机构产生巨大冲击。

(2) 放大与增加金融风险。

①金融科技放大与增加系统性风险。

②金融科技放大与增加信用风险。

③金融科技放大与增加监管套利风险。

(3) 影响货币政策实施的有效性。

2. 我国探索应对金融科技挑战采取的措施及取得的成就。

中国金融科技应用整体上在法律规范和风险监管等方面是“摸着石头过河”，遇到过不少问题，也积累了一些经验教训。

第一，全面整治 P2P 网贷机构。P2P 网贷机构本来定位为金融信息中介，但在实践中，绝大多数机构事实上开展了信贷和理财业务。我们持续清理整顿，到 2020 年 11 月中旬实际运营的 P2P 网贷机构已经全部归零。

第二，规范第三方支付平台投资功能。现在，第三方支付公司已将备付金统一缴存至央行，附加的投资理财产品回归货币基金本源。

第三，推动互联网金融机构审慎经营。我们坚持对同类业务统一监管标准，坚决制止监管套利。

第四，弥补数据隐私保护制度漏洞。为此，《民法典》明确了个人信息受法律保护，国家层面制定《个人信息保护法（草案）》，监管部门正在研究制定金融数据安全保护条例，构建更加有效的保护机制，防止数据泄露和滥用。

(二)

1. 炒鞋行为是违法行为。分析如下：

“炒鞋”行业背后，可能存在严重的非法集资、非法吸收社会公众存款、甚至金融诈骗等欺骗更多消费者参与的经济金融违法问题。

另外，有几点问题值得关注：一是“炒鞋”呈现“证券化”趋势，涉及交易量巨大；二是网络上部分第三方支付机构悄悄为“炒鞋”平台提供分期付款，这无疑为炒作行为加大杠杆服务，助长了金融风险；三是暗箱操作，没有任何投资依据可言，如果平台一旦“跑路”，容易

引发暴雷问题，很多“投资者”遭受损失。

2. 各个职能部门要联合起来行动，引导理性消费和投资。

就提示而言，首先要加强监管，早发现才能早处置。提高对“炒鞋”的关注和研究，防止“炒鞋”乱象事态蔓延，防范群体性金融事件，引导理性消费和投资。

同时，重点加强对涉及“炒鞋”平台的资金交易监测，强化对“炒鞋”平台风险特征的识别，发现或有合理理由怀疑平台参与洗钱等犯罪活动的，应及时提交可疑交易报告。

所以，此时应教育先行，监督同时进行，并将科技与监督手段有效结合，发现并解决问题。

3. 加强监管科技的赋能。通过提升监管科技，为金融市场的问题做预警，并有效监控。

例如，通过舆情监测、逻辑分析、交易监测等技术手段，这个案例当中就存在监管科技的应用，“炒鞋”风险得以发现，得益于使用各种技术手段发现风险，对消费者的资金做安全防护。

从市场角色分析，监管机构为保护市场安全有监管责任，金融机构为提供更好的服务要做到合规经营，这些都是为了满足消费者的需求，保证市场健康发展，因此监管和合规的目标是一致的。

三、论述题

1. 当前我国金融科技发展的主要目标

(1) 实现金融科技运用领先可控。

希望金融能与科技相结合，很好的为经济服务。

(2) 实现金融服务能力稳步增强。

金融服务覆盖面逐步扩大，高品质金融产品供给不断丰富，金融业务质效明显提升，金融服务小微企业、民营企业等实体经济水平取得新进展。

(3) 实现金融风控水平明显提高。

金融安全管理制度初步形成，金融风险技防能力显著提高，金融风险防范长效机制逐步健全，金融风险管控水平不断突破。

(4) 实现金融监管效能稳步提升。

金融科技监管基本规则体系逐步完善，金融科技创新产品全生命周期管理机制初步完成；金融监管效能和金融机构合规水平不断提高。

(5) 实现金融科技支撑不断完善。

金融科技法律和标准体系逐步完善，消费者金融素养明显提高，与金融科技发展相适应的基础设施日益健全。

(6) 实现金融科技产业繁荣发展。

培育一批具有国际影响力和知名度的金融科技市场主体，社会组织和专业服务机构对金融科技发展支撑效用不断强化，开放、合作、共赢的金融科技产业生态体系基本形成。

2. 我国发展金融科技的重点任务

当前我国提升金融科技水平，从国家层面加强金融科技建设，其重点任务包括加强金融科技战略部署、强化金融科技合理应用（加强大数据、云计算、人工智能、区块链和移动互联网等新技术的研究）、赋能金融服务提质增效、增强金融风险技防能力、加大金融审慎监管力度、夯实金融科技基础支撑六项内容。

建设国家数据统一共享开放平台，在统一的规则下有序开放共享数据资源，加快政府和公共部门的数据开放，推动互联网企业数据资源的交易与共享，避免形成“数据孤岛”。

（1）加强金融科技战略部署。加强金融科技战略部署是指从长远视角加强顶层设计，为金融科技发展提供保障。

（2）强化金融科技合理应用，将金融科技打造成为金融高质量发展的“新引擎”，包括科学规划运用大数据、合理布局云计算、稳步应用人工智能、加强分布式数据库研发应用、健全网络身份认证体系等。

（3）赋能金融服务提质增效。丰富服务渠道、完善产品供给、降低服务成本、优化融资服务，提升金融服务质量与效率；拓宽金融服务渠道、完善金融产品供给、提升金融服务效率、增强金融惠民服务能力、优化企业信贷融资服务、加大科技赋能支付服务力度等。

（4）增强金融风险技防能力。正确处理安全与发展的关系，加强网络安全风险管控和金融信息保护，做好新技术应用风险防范，坚决守住不发生系统性金融风险的底线。

（5）加大金融审慎监管力度。加强金融科技审慎监管，建立健全监管基本规则体系，增强金融监管的专业性、统一性和穿透性。

（6）夯实金融科技基础支撑。持续完善金融科技产业，优化产业治理体系，从技术攻关、法规建设、信用服务、标准规范、消费者保护等方面有力支撑金融科技健康有序发展。

【名师点拨】

金融科技发展、挑战与监管

——郭树清在2020年新加坡金融科技节上的演讲

人民银行党委书记、银保监会主席　郭树清

（2020年12月8日）

女士们，先生们，朋友们！

很荣幸受邀参加本届新加坡金融科技节。借此机会，很高兴与大家分享中国金融科技实践和我们的一些思考。

一、中国的金融科技应用取得很大成绩

近年来，金融科技在中国迅猛发展。金融机构数字化转型持续推进，产品和工具应用日益丰富，金融服务的效率和包容性大幅提高。

随着电子支付特别是移动支付的普及，中国已实现基本金融服务城乡全覆盖。即使在最偏远的农村地区，每个成年人也都有自己的银行账户。中国的移动支付普及率和规模位居全球首位，存款、取款和汇款几乎都实现了实时到账。网上消费蓬勃发展，城乡居民生活更加方便。

数字信贷从根本上改善了对小微企业、个体工商户和农户的贷款服务。银行等机构利用大数据开展智能风控，减少对抵押物的依赖，大大提高了融资的可得性。截至今年10月末，中国银行业服务的小微企业信贷客户已达到2 700万，普惠型小微企业和个体工商户贷款同比增速超过30%，农户贷款同比增速达14.3%。

数字保险显著拓宽了保险覆盖范围。中国基本养老保险已覆盖近10亿人，基本医疗保险覆盖超过13亿人，并已实现跨省结算。保险机构运用视频连线和远程认证等科技手段，实现业务关键环节线上化。今年上半年，互联网人身险保费收入同比增长12.2%，互联网财产保

险公司保费收入同比增长44.2%。

金融数字化为脱贫攻坚作出了巨大贡献。由于有多种数字化工具的支持，金融机构可以精准帮扶贫困户发展适宜产业。截至今年9月末，全国扶贫小额信贷累计发放5 038亿元，支持贫困户1 204万户次。同时，银行搭建网络供应链平台，建立产销对接机制，通过线上营销、征信、担保、支付，帮助贫困户将农副产品销往各地。

金融科技有力地支持了中国的防疫抗疫。金融机构加速优化手机APP等“非接触式”服务，提供安全便捷的“在家”金融产品，保障了基本金融业务不中断。不少金融机构通过互联网开辟绿色通道，大幅提高金融服务时效，支持各类企业迅速复工达产。

二、应对金融科技挑战的经验教训

中国金融科技应用整体上在法律规范和风险监管等方面是“摸着石头过河”，遇到过不少问题，也积累了一些经验教训。这里列举几个案例。

第一，全面整治P2P网贷机构。P2P网贷机构本来定位为金融信息中介，但在实践中，绝大多数机构事实上开展了信贷和理财业务。据统计，过去14年里先后有1万多家P2P上线，高峰时同时有5 000多家运营，年交易规模约3万亿元，坏账损失率很高。近年来，我们持续清理整顿，到11月中旬实际运营的P2P网贷机构已经全部归零。

第二，规范第三方支付平台投资功能。过去一个时期里，一些第三方支付公司对客户网络购物备付金附加投资理财功能。投资收益远高于同期银行存款利率，而且可以随时赎回，对银行存款和正常资管市场带来很大冲击。这种投资方式类似于货币市场共同基金（MMMF），但没有受到同等性质的监管，存在违法违规，包括洗钱等隐患。现在，第三方支付公司已将备付金统一缴存至央行，附加的投资理财产品回归货币基金本源。

第三，推动互联网金融机构审慎经营。一些互联网金融机构通过各类消费场景，过度营销贷款或类信用卡透支等金融产品，诱导过度消费。有的机构甚至给缺乏还款能力的学生过度放贷，出现违约之后进行强制性催收，引发一系列社会问题。对此，我们坚持对同类业务统一监管标准，坚决制止监管套利。

第四，弥补数据隐私保护制度漏洞。一些科技公司利用市场优势，过度采集、使用企业和个人数据，甚至盗卖数据。这些行为没有得到用户充分授权，严重侵犯企业利益和个人隐私。为此，《民法典》明确了个人信息受法律保护，国家层面制定《个人信息保护法（草案）》，监管部门正在研究制定金融数据安全保护条例，构建更加有效的保护机制，防止数据泄露和滥用。

三、有待深入研究和解决的问题

面对金融科技的持续快速发展，我们将坚持既鼓励创新又守牢底线的积极审慎态度，切实解决好面临的新问题、新挑战。

第一，重视网络安全问题。目前，中国银行业务离柜交易率已达到90%以上，金融服务对网络高度依赖。相对传统风险，网络风险扩散速度更快、范围更广、影响更大。突发性网络安全事件也对金融机构的应急管理提出了更高要求。

第二，促进更公平的市场竞争。金融科技行业具有“赢者通吃”的特征。大型科技公司往往利用数据垄断优势，阻碍公平竞争，获取超额收益。传统反垄断立法聚焦垄断协议、滥用市场、经营者集中等问题，金融科技行业产生了许多新的现象和新的问题。我们可能需要更多关注大公司是否妨碍新机构进入，是否以非正常的方式收集数据，是否拒绝开放应当公开的信息，是否存在误导用户和消费者的行为，等等。

第三，关注新型“大而不能倒”风险。少数科技公司在小额支付市场占据主导地位，涉及广大公众利益，具备重要金融基础设施的特征。一些大型科技公司涉足各类金融和科技领域，跨界混业经营。必须关注这些机构风险的复杂性和外溢性，及时精准拆弹，消除新的系统性风险隐患。

第四，明确数据权益归属。中国政府已明确将数据列为与劳动、资本、技术并列的生产要素，数据确权是数据市场化配置及报酬定价的基础性问题。目前，各国法律似乎还没有准确界定数据财产权益的归属，大型科技公司实际上拥有数据的控制权。需要尽快明确各方数据权益，推动完善数据流转和价格形成机制，充分并公平合理地利用数据价值，依法保护各交易主体利益。

第五，加强数据跨境流动国际协调。中国近期提出《全球数据安全倡议》，呼吁各国尊重他国主权、司法管辖权和对数据的安全管理权。我们将坚持发展和安全并重原则，与各国加强协调合作，构建更加开放、公正、非歧视性的营商环境。

女士们，先生们！

数字经济蓬勃发展，各国利益更加紧密相连。我们愿与各国携手，共同促进金融科技健康有序发展。

祝本届金融科技节圆满成功！

祝各位同事和朋友身体健康！

谢谢大家！

第三篇

高级经济师评审流程指导

世界上最快乐的事

莫过于为理想而奋斗

一、高级经济师评审流程说明

从广义上来讲，高级经济师评审申报的流程包括从参评人开始申报到相关公示机构最终公布评审结果，绝大部分地区评审流程按照以下五个环节进行：①个人申报→②单位审核→③逐级主管部门审核→④评审机构审核及评审→⑤评审结果公示。

【注意】以上评审流程不代表所有地区，各地流程和内容整体而言大同小异。

（一）个人申报

个人申报分为个人网上申报和个人单位申报。

绝大多数地区采用网上申报的方式，如北京、河南、云南、内蒙古等地，参评人根据当地评审申报通告中给出的网址进行注册、登录和信息填录、资料上传。

采用个人单位申报的地区较少，如辽宁、黑龙江等地需要通过所在单位或相关机构进行线下信息和材料的整理及上报。

（二）单位审核

一般情况下，企事业单位在组织本单位的工作人员参加高级职称评审时，会根据本单位现有的专业技术岗位空缺、现有高级职称人员数量、现有专业技术岗位数量与单位岗位数量比例等因素，确定本年度参加职称评审的人数。

按照人力资源和社会保障部的相关规定，本单位需要组成民主评议小组，通过民主评议的方式确定本单位参评人员名单，评议小组成员一般包括单位领导、人事部门代表、员工代表、专业技术人员代表等，普遍按照无记名投票的形式举行，初步确认参评人员名单之后，相关部门需要在本单位官网的显著位置或单位工作场所的显著位置进行公示，少数地区还会要求单位公示参评人员的不涉密、不涉隐私的参评材料。

当事单位公示期不少于5个工作日，在此期间如对公示内容有异议，单位需要重新审核涉异议参评人员的相关资格，如无异议，则按照名单执行。

民主评议中，主要评议参评人员的工作业绩、考核情况、学历资历、理论水平、学术研究等内容，形式上主要体现在参评人所提交材料是否完整、真实、准确等方面。

单位审核通过以后，当事单位一般需要提供诸如《参评人员情况简表》、参评人员名单、《参评人员公示情况表》、推荐书等一项或多项资料。

（三）逐级主管部门审核

各地区资格审核的主管部门主要指本地区人事部门。多数地区的主管部门审核程序因当事单位的辖属性质而定。

省直单位参评人员的部门审核一般由市人力资源和社会保障局负责审核，之后报送负责评审的机构。

地市及以下、区县及以下单位、事业单位编外人员等参评人员的部门审核一般由逐级人力资源和社会保障局依次审核，之后报送负责评审的机构。

个体、自由从业的经济专业技术人员的部门评审可能还会有当地人才服务中心（服务局）参与其中。

（四）评审机构审核及评审

经济系列职称高级评委会及相关机构会对参评人员所提交的材料进行复核，其复核方向从确保材料的真实、完整、准确转向材料内容的质量上，例如参评人业绩的含金量高低，学术成果内容的原创性、深度、广度和现实价值，资历能力的强弱等。

同时，部分地区的评审还存在面试答辩环节，如北京、辽宁等地，一般以评委会专家与考生之间问答的形式展开，并以此来确认考生的工作能力、专业水平、管理经验等各板块能力，归纳评分，概括综合实力。

（五）评审结果公示

评审机构审核和评审结束以后，一般会在当地人力资源和社会保障部门的网站上公示本次评审的结果，但在此之前，人力资源和社会保障部门会对评审通过名单的具体情况进行最终的核查，主要核查名单人员的具体情况、评审委员会组织评审的程序合规情况等。

若对公示结果无异议，自公示之日起，名单上的参评人员将具有经济系列副高级职称。

各地区一般只公布通过人员名单，未通过人员情况不做公示。

二、高级经济师评审材料的准备

评审材料总体可以分为两类，一类由参评人员提供，另一类由单位出具。

（一）需要参评人员提供

包括个人信息、个人简介，各类聘书、证件和证书的原件及复印件，业绩成果、学术成果原件及复印件，《专业技术职称申报评审表》，继续教育证书等材料。相关材料需由参评人员个人提供。

另外，多数地区会要求当事单位在参评人所提供的材料原件及复印件上签字盖章，并要求单位对材料的真实性负责。

（二）需要单位提供

诸如《参评人员信息公示情况表》《单位推荐书》《荐评人员信息真实承诺书》《参评人员年度考核情况表》《参评人员花名册》等材料，则需要当事单位相关部门出具。

三、高经经济师论文撰写及发表

由于准备论文需要一定周期，建议在符合资格前优先准备论文，评审的要求一般是要在公开发表的刊物上刊登，在知网/万方/维普论文检索网站上可以检测到，所以准备周期建议至少提前2～3年。

以本科学历为例：

取得中级相关职称年限	您的现状	可以做的准备
1～3年	如果您没有发表过论文，也没有5万字以上的学术专著	准备1～3篇国家级或省级刊物，加强学习技术环节硬本领
4～5年	如果您没有发表过论文，也没有5万字以上的学术专著，并且您离备考仅有1年时间，此时您需要尽快准备论文，否则会影响评审	学术论文方面需要提前准备，建议您准备至少2篇国家级或省级刊物

续表

取得中级相关职称年限	您的现状	可以做的准备
5年以上	恭喜您，您已经可以准备报名评审，如果您没有发表过论文，也没有5万字以上的学术专著，此时您需要尽快准备论文，否则会影响评审	机考课程需要提前半年准备，拿高分有助于通过评审环节；学术论文方面需要提前准备，否则会影响当年参加评审，建议您尽快准备至少2篇国家级或省级刊物

除此之外，还要密切关注本省人力资源和社会保障厅或工业和信息化厅关于高级经济师职称评审的政策文件，提前准备需要提交的相关材料。

（一）论文的重要性

论文作为重要的学术成果之一，不论是主题还是内容，都全方位展示了个人的研究能力及写作能力。评委通过论文主题和内容，可以直观评判出考生的能力。作为职称评审通过与否的重要参考条件之一，一篇真实、完整、能够体现个人能力的论文，是通过评审的一个关键因素。

其次，论文还是评审答辩的重要依托，而答辩又是评审通过与否的重要参考，论文质量跟不上，答辩就成为了无根之萍，高分通过答辩则更加不现实了。

（二）论文的撰写

评职称论文的撰写是一个相对有难度的工作，结合目前国家“将论文书写在祖国大地上”的号召，评职称论文需要具备一个特点，即“论文成果能够用来书写祖国大地”，要满足这个特点，就要满足以下要求。

（1）**专业性**。一方面，强调参评人所提交论文的专业方向，符合参评人工作本身的专业方向；另一方面，参评人所提交论文的内容能够体现出参评人对于该专业从深度、广度等方面的认真严谨的思考和研究。

（2）**实用性**。能够用来指导当下具体工作，是职称评审论文和学院派论文非常大的一个区别，也是评判该论文是否具备“书写祖国大地”的重要依据。因此，作者需要在撰写论文的过程中，紧密联系个人的工作实际，从工作中来，到工作中去，而非假、大、空，不具备参考和指导价值。

（3）**创新性**。一些参评人会将一些自己读过的专业书籍的相关结论拿为己用，这只能体现出参评人对于别人成果的运用能力，而非自己对于专业工作的见解和认知，如果只是将此成果用另一种表述方式呈现在个人的论文中，无异于新酒瓶子装旧酒，换汤不换药。同时需要参评人引起警示的是，高经经济师评委会的专家一般都来自同一经济专业，其对于本专业、行业、领域的认知是深入和广泛的，这种伎俩极易被识破，造成“李鬼碰见李逵”的尴尬场面。

论文中较强的创新性能够轻易的体现出参评人对工作的态度、重视程度和专业性，为了体现这一点，就需要参评人在平常的工作中多用心思考，多做笔记，以免“文到写时方恨墨少”。

（4）**针对性**。主要是指论文能够“针砭时弊”“对症下药”。发现问题和解决问题都是非常重要的，对于当下的具体工作内容，能够找出不足，才是解决问题的开始。一般情况下，论文的结论是需要去解决具体的问题的，能够根据不同问题，提出不同的对策，条理清晰，逻辑严谨。

对于这一点，给参评人的建议是，论文的选题尽量具体、明确，尽量缩小范围，主要针对某一时空下某一具体行业、领域、专业、工作、岗位中的某一个或几个具体问题提出具体的、可操作的对策。

（5）**真实性**。多数地区高级经济师评委会及相关机构会对论文内容采用抽查法进行论文重复性检测，如果论文内容查重率超过 30%，则可能涉嫌抄袭。部分地区如福建、辽宁等则对每位参评人有强制要求。

真实的论文更能结合参评人的工作实际，也更能反映出参评人的工作态度、能力等方面，因此参评人不可将参考文献、其他相关文章的论据和结论作为自己的论据和结论。

（6）**及时性**。多数地区对于论文写就和发表的时限要求是近几年、从事经济工作以来、任现职以来等，这种表述所代表的具体时间因每个人的履历不同而有所差异。

首先，参评人要严格按照当地政策的要求；其次，在符合政策要求的基础上，尽量选择近 1～5 年内的论文，这个时间段能够反映出参评人当下的工作状态、能力水平；最后，多数地区对于论文的数量要求不止一篇，建议参评人分时间段写就和发表。

（三）论文的发表

目前除北京以外的绝大多数地区对于论文都有发表的要求，论文的发表本质上来说是对论文质量的初审核，因为只有格式、内容上没有较大漏洞的论文才能发表成功。

论文的发表是一个烦琐且漫长的过程，一般要经历选刊、投稿、审核、修改、定稿、发表、收录、见刊的过程，见下图。

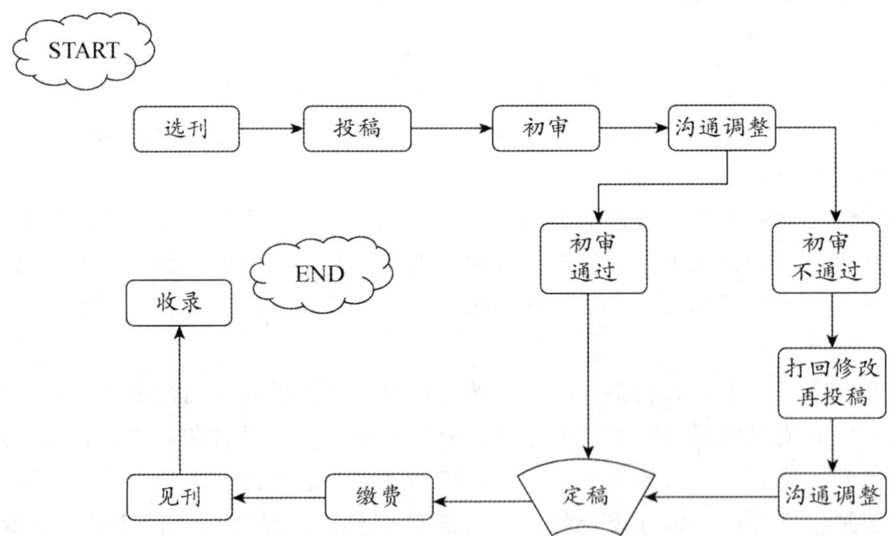

选刊：要严格按照当地政策的要求，例如政策中可能要求论文需要发表在××级别、××类别、××版面、××网站收录等的刊物上面，那么在选刊时就要锚定这类的刊物再做选择。

投稿：是一个双向选择的过程，即投稿人和刊物方都有选择权，这就要求作为参评人投稿之前一定要对论文的写作方向和质量严格把关，只有这样，参评人所看重的刊物才更有可能审核通过并接稿。

然而论文被接稿也仅仅是发表的开始阶段，还需要投稿人和刊物方之间不断的沟通、修改、调整之后，一篇高质量的论文才有诞生的可能。

定稿之后到发表成功之间的这段时间一般指排期，刊物方所需要发表的论文数量较大，这段时间虽然不需要投稿人做什么，但时间成本需要投稿人买单，如果发表时间拖的较晚，可能会错过本年度的评审。

四、成为“面霸”

（一）评审答辩的重要性

评审答辩环节是决定能否顺利取得高级经济师职称证书的最后一个环节，将成为重要的评审依据，所以答辩质量的高低至关重要，参评人一定要做好答辩前的训练。

（二）答辩的形式和内容

面试室中参评人和评委会专家面对面，专家数量一般为奇数，其中主评委坐于最中间，非常正式的答辩还会存在记分员、计时员、记录员和面试室秩序管理员，答辩一般以一问一答的形式展开，一般情况下每位参评人的答辩时间维持在10～20分钟，各地略有差异，以实际情况为准。

评委会专家一般会从参评人的工作经历、业绩、主审论文方面发问，专家也可能会基于参评人的回答进行追问。所以就要求参评人在答辩之前必须对自己的评审材料烂熟于心，能够对答自如。

（三）如何成为“面霸”

（1）**留心**。日常多留心工作中的一些细节，多思考和研究，做好理论联系实际，关注当下的新闻、现象和行业动态。

（2）**牢记**。要对个人提交的评审材料内容非常熟悉，避免出现面试过程中观点偏离评审材料的情况，此外还要对材料内容做好“押题”，尤其是对个人的成果展示、个人述职、履历分析和业绩考察四个方面的内容提前进行分析，将其中的一些观点或者重要经历自行联系专业、行业动态，从业绩出发倒推其中遇到的困难和解决之策、创新之处，展现自己的专业能力和综合素质。

（3）**训练**。对于专业技术人员，尤其是基层和一线岗位的参评人，在面对较为严肃和压抑的环境时，紧张在所难免，参评人可以在平时工作中有这种机会的情况下，踊跃参与，积极准备，同时也要锻炼自己在演讲、正式沟通过程中的语言表达能力，控制自己的语速（普通人正常沟通的语速在250～300字/分钟），甚至对着长条镜来观察自己在作答过程中的言谈举止、仪表形态、语速语气、所表达内容的逻辑性等。

充分的准备、有逻辑的表达、从容自信的仪态是答辩中非常重要的外在加持项，所以一定要给自己预留充足的时间，切忌临时抱佛脚。

第四篇

高级经济实务（金融）练习卷及仿真模拟卷

烈火试真金
逆境试强者

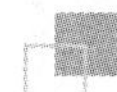

高级经济实务（金融）练习卷

一、案例题（共 3 道大题，每道大题 25 分，共计 75 分）

（一）

材料一：关于接管包商银行的背景，中央银行有关负责人表示，包商银行的大股东是明天集团，该集团合计持有包商银行 89%的股权，由于包商银行的大量资金被大股东违法违规占用，形成逾期，长期难以归还，导致包商银行出现严重的信用危机，触发了法定的接管条件被依法接管。

材料二：《商业银行法》第六十四条规定，商业银行已经或者可能发生信用危机，严重影响存款人的利益时，国务院银行业监督管理机构可以对该银行实行监管。《银行业监督管理法》第三十八条规定，可能发生信用危机，严重影响存款人和其他客户合法权益情形，再不接管将严重损害广大客户合法权益特别是存款人存款安全时，会采用接管的方式处置。

问题：

1. 依据案例，请说明金融监管的职能有哪些？

2. 在市场退出监管方面，我国经常采用的方式有哪些？

3. 结合案例与实际，分析包商银行大股东违规占用资金问题，对商业银行应如何完善公司治理结构提出建议。

（二）

《关于全面推进乡村振兴加快农业农村现代化的意见》强调：举全党、全社会之力加快农业、农村现代化，让广大农民过上更美好的生活。各地区、各类农村金融机构根据本地区的实际情况，积极探索并实践农村金融产品和服务的创新，各种新型金融业态快速涌现出来，都在支持乡村振兴方面发挥重要作用。在乡村振兴过程中，农村金融的供给，覆盖到广大农村地区的各个角落，包括偏远的山区、农村贫困地区，实现金融服务到达农村的“最后一公里”，这也成为了解决农村金融供给结构区域不平衡的有效措施。

问题：

1. 现阶段，我国金融支持乡村振兴的总体要求是什么？

2. 我国金融业支持乡村振兴的过程中存在哪些问题？

3. 结合当前我国金融支持乡村振兴的政策举措，谈谈有哪些创新？

4. “脱贫攻坚完成，金融支持精准扶贫力度可以适当调整”，此说法有何不妥，请说明理由。

（三）

材料一：2019 年 7 月 20 日，国务院金融稳定发展委员会办公室宣布了一个举措，名为“对外开放十一条”，这一举措提出将取消证券公司、基金管理公司和期货公司外资股比限制的时间提前到 2020 年；另外，稳步推进金融市场开放，全面取消合格境外机构投资者（QFII）和人民币合格境外机构投资者（RQFII）投资额度限制。放宽境外机构投资者本外币汇出比例限制，在粤港澳大湾区开展“跨境理财通”业务试点。

材料二：为稳步推进我国金融市场双向开放，国家外汇管理局批复同意在广东省（不含深圳）开展合格境内有限合伙人（QDLP）对外投资试点，新增试点额度50亿美元。

此前，广东省内仅有深圳地区可开展QDLP试点，其他地区的投资主体需通过合格境内机构投资者（QDII）、沪港通、深港通等渠道投资于境外证券市场。

所谓QDLP试点，是指经认定的境外私募投资基金管理企业在境内设立试点基金，向境内合格的自然人或机构投资者募集资金，用于开展境外投资。

问题：

1. 分析上述材料，阐述我国扩大金融业双向开放的重大意义有哪些？

2. 扩大金融业的双向开放、增强金融服务实体经济的能力，注重防范化解金融风险，应注意哪些问题？

3. 我国金融业对外开放所面临的风险挑战有哪些？

二、论述题（共1题，总计25分）

一段时间以来，金融科技的概念备受瞩目，既强调了金融和科技的结合，也为金融机构的精准服务提供了重要的依据。请论述我国金融科技发展的社会背景、遵循的基本原则以及金融科技发展的重要意义。

高级经济实务（金融）练习卷参考答案

一、案例题

（一）

1. 金融监管的职能包括：

(1) 维护信用活动的良性运转。银行信用可以促进社会资源的合理配置，推动国民经济全面发展；可以汇聚闲散资金，实现社会化大生产。银行信用的盲目扩张会使社会生产在一定时期内脱离实际需要，掩盖商品供求矛盾，刺激国民经济个别部门过度发展，造成经济总体结构失衡等。为了维护信用活动的良性运转，需要通过金融监管有效发挥银行信用的积极影响，预防和抑制其消极影响。

(2) 维持货币制度和经济秩序的稳定。

(3) 协助中央银行贯彻执行货币政策。

(4) 防止金融风险的传播。

2. 退出监管的原理：监管机构对问题严重的金融机构采取的救助性或惩罚性强制措施。金融机构退出市场，表明该金融机构已停止经营金融业务，应依法处理其债权债务、分配剩余财产，最终取消其法人资格。

常见的退出监管的方式：①主动退出，指金融机构因分立、合并或者出现公司章程规定的事由需要解散而退出市场，其主要特点是自行要求解散；②被动退出，指金融机构由于法定的理由被迫退出市场，例如，金融机构由法院宣布破产或因严重违规、资不抵债等原因，监管机构依法将该金融机构关闭，取消其经营金融业务的资格；③我国金融机构市场退出方式主要包括接管、解散、撤销和破产四种。

3. (1) 鉴于包商银行出现严重信用风险，为保护存款人和其他客户合法权益，对包商银行实行接管。包商银行的大股东是明天集团，该集团合计持有包商银行89%的股权，由于包商银行的大量资金被大股东违法违规占用，形成逾期，长期难以归还，导致包商银行出现严重的信用危机，触发了法定的接管条件被依法接管。

(2) 目前我国银行业公司治理还有明显不足，普遍面临的困难是股权相对分散、股东权责不清晰、股权管理压力比较大，特别是中小银行表现得更为突出。一些机构的股权关系不透明不规范、股东行为不合规不审慎。

(3) 完善银行的治理结构应做到：

①全面加强党的领导。

②严格规范股权管理。注意动态优化股权结构；严格审查股东资质，强化对股东和实际控制人的穿透式管理。另外，依法整治非法获取银行股权、股权代持、隐形股东以及违规开展关联交易套取、占用银行资金等现象。

③加强“三会一层”建设。

④优化激励约束机制。

⑤强化金融消费者合法权益保护。

⑥加强信息披露制度建设。

⑦强化公司治理监督评估。

（二）

1. 总体要求：

建立完善金融服务乡村振兴的市场体系、组织体系、产品体系，完善农村金融资源回流机制，把更多金融资源配置到农村重点领域和薄弱环节，更好满足乡村振兴多样化、多层次的金融需求，推动城乡融合发展。

2. 存在的问题：

（1）农村金融供给结构存在区域不平衡。

（2）农业科技贷款增长缓慢。

（3）新型农村金融机构的基础服务功能和支农作用有待加强。

（4）对新型农村金融机构的监管制度有待进一步完善。

（5）担保机制建设严重滞后。

（6）农村地区金融消费者权益保护机制有待进一步健全。

3. 创新举措体现在：

（1）基础金融服务覆盖面扩大。

①金融机构在各农村地区设立诸多网点，为有资金需求的人提供帮助。

②金融机构设置了助农服务点、便民服务点、流动服务站等，开展相应的金融代理业务。

（2）支持农业产业化有成效。

①农业产业化经营，特别是龙头企业，是金融支持乡村振兴产业兴旺的着力点。

②我国的金融机构和各级地方政府联手，由国家财政部门出资共同创立基金，专门给各省市的家庭农户、专业大户以及农村合作社等诸多新型经营主体提供资金，结合相应的比例为这些经营主体设置授信额度，以财政资金的杠杆作用减少贷款的风险隐患。

（3）开发特色贷款产品，扩大可抵押物范围。

在乡村振兴过程中，对于新产业、新业态，比如农产品加工、休闲农业等诸多产业，每个地区的金融机构都结合当地的改革发展进度，对各个产业的资源进行了整合与协调，引导农村产业发展，规划农业产业发展，并推出诸多具有特色的贷款产品与服务。

（4）发展农业保险、融资租赁业务。

①我国农业保险业务规模、农业保险额度大幅度增长，农业保险实现了跨越式发展。

②全国农险承保270余种的农作物品种，几乎将全部的领域都覆盖了，甚至有产品质量风险保险、市场风险保险。

③根据当地的具体情况创新抵押担保方式等。

（5）拓宽直接融资渠道，互联网金融正在发力。

4. 理由：

（1）金融支持精准扶贫，脱贫后金融支持力度不会减弱，脱贫不脱帮扶，金融会更大力气支持乡村振兴，巩固脱贫的成果。

（2）未来在金融科技创新有数字化工具的支持下，更精准地帮扶贫困户进一步发展适宜产业，扶上马走一程。

（3）通过不断的金融创新，创新推动乡村振兴，结合各地实际，因地制宜，通过金融工具创新、政策创新，夯实脱贫成果，杜绝返贫现象出现。

（三）

1. 新时代背景下，我国扩大金融业的双向开放，对于增强金融服务实体经济的能力和推动经济高质量发展具有重要意义。

（1）提升了我国金融业的国际影响力和国际金融治理能力。扩大金融业的双向开放，合理引导资金双向流动，加大融入国际金融市场的深度和广度，有利于提升我国金融业的国际影响力和国际金融治理能力。

（2）有利于国内金融体制的改革、金融资源配置的优化。金融业的双向开放会促成优秀的跨境资本的流入，跨境资本通过竞争机制对改革国内金融制度、改进金融监管能力、提高金融发展水平、增强货币政策的有效性有极其重要的意义。

（3）提升国内金融业的竞争力。

（4）有利于实施国际经济合作。基于金融业的双向开放而带来的跨境资本流出，有利于"一带一路"倡议等国际经济合作的深入实施。

（5）扩大金融业的双向开放，有利于提高国际金融治理能力。

2. 扩大金融业的双向开放、增强金融服务实体经济的能力，注重防范化解金融风险，应注意以下问题：

（1）合理安排金融业开放顺序与开放程度。

（2）注重发挥金融科技在金融业双向开放中的作用。

（3）完善金融风险防控体系，确保国家金融安全。

（4）提升支撑金融业双向开放的"软件"和"硬件"建设。软件建设包括培养高层次金融人才、完善金融体系和外资法律体系等；硬件建设主要包括关键金融产业基础设施国产化、优化金融产业布局和规划以及加快国际金融中心建设等。

3. 我国金融业对外开放所面临的风险和挑战：

（1）资本账户开放。

①对资本账户进行开放会引发国际金融资本的自由流动，资本流动方向与数量都具有不确定性，最终极可能引发不同程度的财政赤字、通货膨胀和内外经济失衡等相关经济问题。

②便利的资本流通可以帮助金融资产转移，本国经济也影响外国资本的流入，稳定增长的经济对吸收引进外国资本是有利的。

（2）证券市场开放。

①国外金融机构进入我国，有助于改善证券市场环境，还能推动国内二级市场与相关企业的发展。另外，外资金融机构的进入不仅使我国同国际之间的金融关系有了进一步的增强，而且使我国金融业的资金来源有了更深入的扩展。

②证券市场开放后，应加强防范金融风险的发生。

二、论述题

金融科技有两个维度的定义，一个是指技术为金融带来的创新，创造出了新的业务模式、新的应用、新的流程或新的产品，从而对金融服务、金融市场、金融机构的业务模式带来新的转变。另一个是指传统金融企业利用现代科技手段，带来了创新变革，提高了效率以及提升了用户体验。

（1）金融科技发展的时代背景。

经过多年持续积累，金融科技产业发展取得显著成就，部分领域重要核心技术的创新应用实现显著突破，关键细分领域市场规模成倍提升，用户渗透率高速增长。

金融机构运用大数据、云计算、人工智能、物联网等科技方式改变经营方式、创新金融产品、优化业务流程，金融数据价值日益凸显，金融产品服务朝着精细化、多元化、智能化、场景化方向快速发展，金融科技变为践行普惠金融、发展数字经济的新动力。

（2）我国发展金融科技需要遵循的基本原则包括：①守正创新；②安全可控；③普惠民生；④开放共赢。

（3）金融科技发展的重要意义。

①金融科技成为推动金融转型升级的新引擎。

②金融科技成为金融服务实体经济的新途径。发展金融科技能够快速捕捉数字经济时代市场需求变化，有效增加和完善金融产品供给，助力供给侧结构性改革。

③金融科技成为促进普惠金融发展的新机遇。

④金融科技成为防范化解金融风险的新利器。运用大数据、人工智能等技术建立金融风控模型，有效甄别高风险交易，智能感知异常交易，实现风险早识别、早预警、早处置，提升金融风险技防能力。运用数字化监管协议、智能风控平台等监管科技手段，推动金融监管模式由事后监管向事前、事中监管转变，有效解决信息不对称问题，消除信息壁垒，缓解监管时滞，提升金融监管效率。

高级经济实务（金融）仿真模拟卷

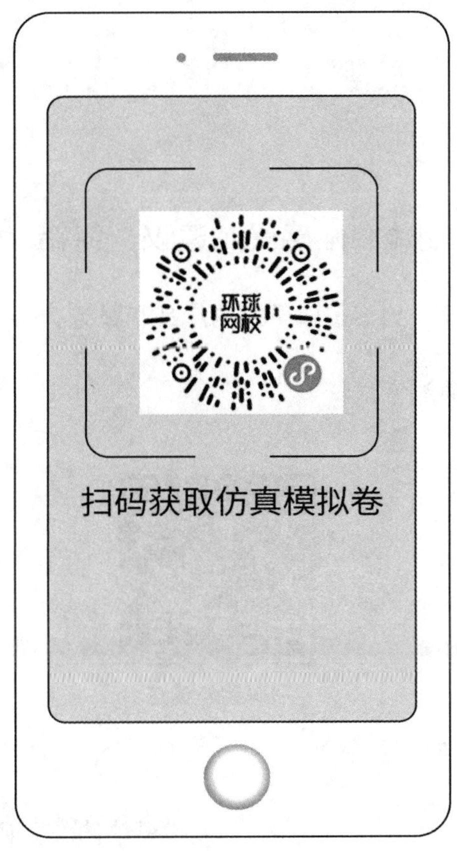

亲爱的读者：

如果您对本书有任何**感受、建议、纠错**，都可以告诉我们。我们会精益求精，为您提供更好的产品和服务。

祝您顺利通过考试！

扫码参与调查

环球网校经济师考试研究院